Mapas del amor y la terapia de pareja

Javier Vicencio

EL LIBRO MUERE CUANDO LO FOTOCOPIAN

Amigo lector:

La obra que tiene en sus manos es muy valiosa. Su autor vertió en ella conocimientos, experiencia y años de trabajo. El editor ha procurado una presentación digna de su contenido y pone su empeño y recursos para difundirla ampliamente, por medio de su red de comercialización.

Cuando usted fotocopia este libro o adquiere una copia "pirata" o fotocopia ilegal del mismo, el autor y editor no perciben lo que les permite recuperar la inversión que han realizado.

La reproducción no autorizada de obras protegidas por el derecho de autor desalienta la creatividad y limita la difusión de la cultura, además de ser un delito.

Si usted necesita un ejemplar del libro y no le es posible conseguirlo, escríbanos o llámenos. Lo atenderemos con gusto.

Editorial Pax México

Título de la obra: *Mapas del amor y la terapia de pareja*

COORDINACIÓN EDITORIAL: Matilde Schoenfeld
PORTADA: Víctor M. Santos Gally
DIAGRAMACIÓN: Ediámac

© 2011 Editorial Pax México, Librería Carlos Cesarman, SA
Av. Cuauhtémoc 1430
Col. Santa Cruz Atoyac
México DF 03310
Tel. 5605 7677
Fax 5605 7600
www.editorialpax.com

Primera edición
ISBN 978-607-7723-98-1
Reservados todos los derechos
Impreso en México / Printed in Mexico

A mi abuela,
que todavía me prende una lámpara
cuando aparece un amor verdadero

ÍNDICE

Agradecimientos vii
Introducción xi

CAPÍTULO 1. LA PAREJA Y LA TERAPIA 1
    En la búsqueda de una opinión más informada: la investigación 5
CAPÍTULO 2. LA PAREJA COMO INSTITUCIÓN AMOROSA 13
    ¿Cuáles son los factores que explican este cambio? 13
    La pareja no flota en el espacio 20
CAPÍTULO 3. LA TERAPIA DE PAREJA EN EL TIEMPO 27
    Breve historia de la terapia de pareja 29
CAPÍTULO 4. LA CREACIÓN DE UN MODELO TERAPÉUTICO 53
    Pasos para la construcción de un modelo 55
    La pregunta por la consulta en lugar de la pregunta por el problema 59
    La exploración de la danza por medio del dolor
        en lugar del reproche 62
    La pareja como institución no flota en el espacio 66
    La pareja tiene un sentido que le da significado 68
    La pareja gira sobre su eje para que el amor madure 77
CAPÍTULO 5. LA PRIMERA ENTREVISTA 89
    Tipo de problemas más frecuentes en la consulta 114
CAPÍTULO 6. CUANDO EL INCIDENTE ES EL PROBLEMA:
    SEPARACIÓN, INFIDELIDAD Y VIOLENCIA 119
    La terapia cuando el discurso amoroso
        se interrumpe: la separación 126
    Cuando el incidente que promueve la consulta es un
        problema en sí mismo: la infidelidad y la violencia 132
    Del incidente a la estructura del self 149
CAPÍTULO 7. DEL INCIDENTE A LA TERAPIA 153
    Cuando la infidelidad es una oportunidad
        para la terapia 161
    Cuando la infidelidad es una oportunidad
        para el cambio de la pareja 165
CAPÍTULO 8. LA CONSULTA DE PAREJA EN EL CONFLICTO CRÓNICO 171
CAPÍTULO 9. LA TERAPIA EN EL CONFLICTO CRÓNICO 189
CAPÍTULO 10. EL SISTEMA DE CREENCIAS DE LA PAREJA Y LA TERAPIA 205

Capítulo 11. El eneagrama en la terapia de pareja 221
    Eneatipo I 225
    Eneatipo II 227
    Eneatipo III 229
    Eneatipo IV 230
    Eneatipo V 232
    Eneatipo VI 233
    Eneatipo VII 235
    Eneatipo VIII 236
    Eneatipo IX 237
    El eneatipo y el amor 238
Capítulo 12. Las historias de amor como una construcción social 249
    La historia del primer amor y de su eventual fracaso 250

Epílogo 263
Bibliografía 267
Acerca del autor 269

AGRADECIMIENTOS

A lo largo de la escritura de este libro sobre la terapia de pareja que practico y enseño, han desfilado por el baúl de los recuerdos una serie de personas que me han ayudado en el recorrido que propongo para el lector, y que me gustaría que no estuviera limitado exclusivamente a los especialistas en el tema.

En primer lugar, reaparece como personaje mítico, por el estímulo y la gratitud que le tengo como seguro que también para quienes la escuchamos con cierto recogimiento: Violeta Parra, por su canción universal "Gracias a la vida, que nos ha dado tanto" que me ha ayudado a mantener la creencia de que no hay manera de escapar de amores y desamores que sea más efectiva que la que proporciona la confianza en la generosidad y el asombro que nos trae el día a día de la vida, tan generosa todavía... En efecto, me he preguntado con frecuencia por las razones que me han impulsado hacia la terapia de pareja más que a cualquier rama de la psicoterapia, luego de un primer fracaso matrimonial en Chile, que coincidió en el tiempo con otra tragedia descomunal: el Golpe Militar de Pinochet y el exilio consecuente. Inicio de un recorrido compartido por más de una generación de latinoamericanos, me proporcionaría sin embargo, la oportunidad de terminar mi formación bastante ortodoxa como psiquiatra y como terapeuta familiar y de pareja en Londres, compartiendo primero con los gestores del movimiento antipsiquiátrico y luego, como integrante de las primeras generaciones del Instituto de Terapia Familiar Británico a finales de los 70.

En segundo lugar, a mis pacientes-clientes que han compartido conmigo una serie infinita de experiencias, íntimas y dolorosas al mismo tiempo que han alimentado mi conocimiento y curiosidad sobre un tema que, a la manera de un "karma" personal no intencional, sigue siendo inagotable en su complejidad y riqueza.

En tercer lugar, a mis colegas-pares y en entrenamiento con quienes he tenido la oportunidad de discutir las particularidades del modelo en la medida que se iba construyendo a sí mismo. En Argentina, país vecino que me acogió tempranamente antes de dirigirme a Inglaterra, a Adela García y Jaime Winkler quienes me facilitaron la entrada en el gremio de la psicoterapia por la vía de la Gestalt, gracias al apoyo generoso de Adriana Schnacke, mi primera maestra de psiquiatría y también terapeuta e instructora de maratones y grupos en Chile, antes del Golpe.

En México, país de residencia por treinta años, a Ignacio Maldonado, Margarita Díaz y Estela Troya con los que fundamos el ILEF (Instituto Latinoamericano de Terapia Familiar) destinado a los estudios de la Familia y de la Pareja desde una perspectiva sistémica.

En Inglaterra, a Dennis Scott y a nuestra pandilla de psiquiatras latinos del Napsbury Hospital de Londres por iniciarme en la terapia familiar con esquizofrénicos usando la intervención en crisis como método de trabajo en Salud Mental comunitaria. A la Tavistock Clinic por acercarme a figuras tan emblemáticas como Bolwby, Byng Hall, Minuchin, Bentovin y otros con quienes tuve la posibilidad de formarme parcialmente.

En Estados Unidos, a los pioneros del boom de la terapia sistémica de la primera generación, especialmente a Peggy Papp, Olga Silverstein, Lynn Hoffman y luego a mis colegas de la segunda generación, la mía propia y con la cual me siento más identificado, especialmente con Marcelo Pakman, Peter Fraenkel, Paolo Bertrando, Michele Scheikman.

En Chile, a Claudio Naranjo, Humberto Maturana, Francisco Varela, Martín Cordero, quienes me han honrado con su cercanía y afecto. Lo mismo que mis colegas europeos más cercanos: Gianfranco Ceccin, Luigi Boscolo, Luigi Cancrini, Eia Asen y Julian Leff, a quienes hemos tenido de visita en Cuernavaca para diferentes eventos internacionales.

Y desde luego que a mis colegas y alumnos de Crisol, Centro de Posgrado en Terapia Familiar y de Pareja con quienes comparto el día a día de la práctica clínica y docente en las diferentes sedes de México.

Por último, a mis padres que permanecen felizmente casados por 65 años, luego de haberse unido, ella a los 20 y él a los 26 años, ahora que él cuenta con más de noventa y varios exilios a la espalda y que no habrían resistido sin el cariño y el respaldo de mi madre y la figura mítica de mi abuela, en realidad nuestra cuidadora primaria, en términos de Bolwby.

A mi colega y compañera de la práctica de la vida en pareja durante los últimos 12 años, Judith Gómez de León, quien me ha ayudado más de lo que ella misma se imagina para concluir con este texto, en el que ha colaborado, además, con la escritura de uno de sus capítulos, sobre eneagramas, al cual ha dedicado una parte importante de su práctica y reflexión.

A mi socio y amigo del alma, Ricardo Yocelevsky, quien ha destinado tiempo y trabajo para revisar el texto completo y sugerirme como mejorarlo.

A mi hijo Adrián, quien ha conocido más que nadie de mis dilemas para escribir sobre un tema que nos une y que ha sido tan frecuente en nuestras conversaciones, aún desde antes de que naciera.

Introducción

"¡Ay... cómo me duele quererte!"

Las relaciones amorosas han sido abordadas a lo largo de los años desde diferentes ángulos por disciplinas tan diversas como la literatura, la poesía, la historia, el cine, la canción popular, la psicología, el psicoanálisis, la terapia de pareja y el imaginario colectivo. En años más recientes, han aparecido, como una inquietud de la época, una cantidad de manuales de autoayuda que intentan proporcionar informaciones simples con la intención, por lo menos en apariencia, de que sean de alguna utilidad para enfrentar los problemas que en la pareja actual son frecuentes; el éxito de estas publicaciones, en lo que a la oferta y la demanda se refiere es quizá uno de los síntomas más evidentes de la modernidad, en la que como sujetos, nos vemos constantemente cuestionados con respecto a los valores, usos y costumbres de la práctica de la vida cotidiana. No hay duda que esta información es necesaria aunque a veces la modalidad de estos manuales les acerca a las recetas de cocina, que en modo alguno despreciamos pero que tratándose de asuntos amorosos, los hace banales y contribuye a un supuesto saber al cual no quisiéramos contribuir. En efecto, la terapia de los dolores que los amores nos producen ha sido uno de los caminos más transitados a lo largo de mi experiencia en la vida profesional, y al mismo tiempo la relación que, como individuo, me ha costado, en cuanto a su comprensión, más que ninguna otra porque en sus vaivenes no ha estado desprovista de emociones intensamente dolorosas y de un constante desasosiego que últimamente se ha replegado lo suficiente para que me sea posible emprender esta reflexión por medio de la palabra escrita.

Elegir a la literatura como punto de partida me parece un recurso válido y pertinente, en la medida que ha sido la que, en mayor o menor medida, acompaña el despertar de los afectos amorosos en la historia de cualquier sujeto. Para quien no cabe duda de los inicios del amor en Occidente es para Denis de Rougemont (1979)[1] que lo remonta al siglo XII de nuestra civilización, y lo ilustra con el romance de Tristán e Isolda, escrito anónimo de esa época y que el autor sitúa a la altura de un mito del Romanticismo. A continuación, casi en sus palabras, la novela:

"Tristán nace en desgracia. Su padre acaba de morir y su madre Blanca Flor no sobrevive a su nacimiento (de ahí el nombre del héroe). El rey Marcos de Cornualles, hermano de Blanca Flor, se lleva al huérfano a su corte y lo educa.

En su juventud, lleva a cabo su primera hazaña: la victoria sobre Morholt, gigante irlandés que acude periódicamente a su pueblo a exigir su tributo por medio de la entrega de jovencitos y jovencitas. Tristán lo mata pero recibe una estocada envenenada. Sin esperanzas, se embarca a la aventura en un barco sin velas ni remos, llevándose consigo solamente su espada y su arpa. Llega a la orilla irlandesa. La reina es la única que posee el secreto del remedio que puede salvarle, pero es la hermana del gigante. Por lo tanto, Tristán se guarda de confesar su nombre y el origen de su mal. Su hija Isolda, la princesa, lo cuida y lo cura.

Unos años más tarde, el rey Marcos decide casarse y manda a Tristán en busca de la mujer de la que un pájaro le llevó un cabello de oro. Una tempestad arroja al héroe de nuevo a Irlanda, donde combate y da muerte a un dragón que amenazaba a la población de la capital. Herido por el monstruo, es cuidado de nuevo por Isolda, quien descubre que el herido no es sino el asesino de su tío. Coge la espada de Tristán e intenta matarlo pero entonces, éste le revela su misión: el encargo del Rey Marcos de pedir su mano para el matrimonio.

Isolda se detiene, pues no deja de seducirle la posibilidad de acceder a un destino tan alto como el que se le ofrece: convertirse en reina.

Navegan ambos hacia la tierra del rey; el calor es pesado y la sirvienta, Brangania les da de beber, pero les sirve por error el vino con hierbas destinado a los esposos, que había preparado muy solícita, la madre de Isolda: un filtro de amor que dura tres años. Se confiesan su amor casi en el acto y ceden a él. La falta ha sido consumada, aunque Tristán continúa comprometido lealmente con la misión que le ha sido encomendada por el rey. La travesía continúa y venciendo múltiples tribulaciones, conduce finalmente a la entrega de Isolda al Rey.

La sirvienta Brangania, en un acto de total devoción a su ama, aunque ignoramos si con un cierto toque de erotismo personal, se presta para pasar la primera noche con el rey, salvando a Isolda de la deshonra.

A continuación, siguen una serie de intrigas dentro de la corte que descubren el amor de Tristán e Isolda y de las que escapan con una serie de escaramuzas que duran los años en que el filtro sigue actuando en su favor. Sólo cuando el filtro deja de actuar, Tristán se arrepiente e Isolda vuelve con el Rey.

Nuevas aventuras se llevan lejos al caballero. Cree que la reina ha dejado de amarle. Consiente en casarse, con otra Isolda, "la de las blancas manos", a quien en efecto dejará virgen, pues añora a la otra Isolda, "la de blonda cabellera".

Finalmente, herido de muerte, hace llamar a la reina de Cornualles, la única que puede curarle. Llega Isolda en un barco que enarbola una bandera blanca, signo de la esperanza. Atormentada por los celos, la otra Isolda lo engaña diciéndole que la bandera es negra. Tristán agoniza. Isolda, "la auténtica", desembarca en ese instante, ve a su amante, le abraza y muere en sus brazos".

En este relato, el amor romántico nace de la pasión y del adulterio y sus antecedentes previos se encuentran recopilados de igual manera en las historias de los trovadores de la Edad Media, que elevaban las almas, por lo menos hasta las alturas del purgatorio, por medio de sus canciones y romanceros. Condición de amor fantaseado y prohibido, de acuerdo con la estricta vigencia de las costumbres de la época, profundamente influenciada por la moral de la Iglesia Católica, aunque para ésta no hubiera dudas de su existencia y práctica, aunque en carácter de clandestino y confesional.

Actualmente, el adulterio no recibe necesariamente un castigo de pecado mortal, en el caso de cometerlo, pero es una causa frecuente de problemas de pareja, en algunos casos, irresolubles.

Pero lo más valioso de este relato es que proporciona los elementos que componen el amor romántico. En primer lugar, su característica de Amor Pasión, es decir de un afecto más fuerte que la razón y que las convenciones de la época y frente al cual, los protagonistas sucumben y se rinden en ambos sentidos: metafórico y literal.

¿De dónde, entonces, surge una intensidad tan profunda de los afectos que es capaz de hacer tambalear hasta los castillos de la fe?

El amor que conocemos ahora como tal, se consideraba como una debilidad e incluso una enfermedad para los griegos en tiempos de Platón. En efecto, en el Banquete y en Fedro que son las obras platónicas que describen más explícitamente las ideas que predominaban entonces, era la belleza del cuerpo del otro la que despertaba en el alma un episodio estético y espiritual que recibía el nombre de amor.

Pero la idea de amor humano viene precedida por la conmoción de la experiencia mística, el amor a Dios que funda a la mayoría de las religiones actuales. El interés por resaltar el origen divino del amor se debe, en gran medida a la relación que existe entre el Deseo del hombre por la inmortalidad y la existencia de Dios, que en la experiencia del Amor Pasión se resuelve de dos maneras: en la existencia terrenal, la fusión de los amantes que se pierden uno en el otro, sin que importe el tiempo ni el espacio, y que proporciona a quienes lo experimentan lo que algunos autores, dentro de los que se incluye a W. Reich[2] lo han descrito como instantes de Inmortalidad, es decir momentos de la existencia que quedan exentos de la angustia de muerte. Por otra parte, es la muerte de los héroes (Tristán e Isolda, Hamlet y Ofelia en Shakespeare) el destino apresurado del amor Romántico y también la forma en que culmina una relación tan intensa y paradigmática como la experiencia mística de Cristo, símbolo del catolicismo (descrita también como Pasión), y mito fundacional que, por medio del sacrificio en la vida terrenal, lo inscribe en el reino de los cielos.

El amor romántico nace así y goza de buena salud, aunque su final se ha modificado sustancialmente en los últimos 25 años: el 50% de las relaciones amorosas basadas en este vínculo no llegan a cumplir con el epígrafe mítico de "hasta que la muerte nos separe".

Nuevas modalidades han surgido en consecuencia, aunque el romanticismo y su mito prevalezcan como punto de partida para cualquiera que se enamore, todavía.

Una de estas modalidades, denominada por algunos autores como K. Gergen[3] de "moderna" se corresponde más o menos estrictamente con el modelo pragmático que predomina en el mundo anglosajón y que consiste en una unión basada en un contrato en el que ambos son socios y compañeros de la vida, con proyectos que se complementan o divergen pero que tienen en común el bienestar de ambos y de la familia: se trata de una complicidad en la coexistencia. De esta modalidad, a pesar de sus condiciones iniciales tan racionales, no surgen separaciones más civilizadas como podría esperarse, sino que una serie de convenios y condiciones prematrimoniales y severos juicios que alargan y encarecen un proceso, ya de por sí difícil y doloroso.

Para Gergen (1991), una nueva fase de la historia se hace presente, como resultado de la revolución producida por la computadora en el mundo de la comunicación y de la globalización de la información. La posibilidad de estar participando, no sólo como testigo como sucedía antes con el cine, la televisión y la literatura, sino que como sujeto virtual en otras realidades desconocidas, nos conduce a poner en entredicho nuestros valores culturales que han sido construidos por la sociedad a la que pertenecemos. Cuando esta sociedad se amplifica a dimensiones planetarias, las versiones que sobre el amor conocemos nos parecen estrechas y monotemáticas. El postmodernismo, en su vertiente más optimista convence más por su acoplamiento con las realidades insoslayables de la globalización, seduce y gana posiciones en cualquier campo, sin que se considere mucho su pasado vanguardista y crítico, lleno de ironía y nihilismo, con el cual resulta más fácil establecer una suerte de complicidades y convergencias para referirse a las relaciones amorosas.

En este marco actual postmoderno, las relaciones amorosas podrían dividirse en una serie de modalidades ni tan virtuales ni imaginarias, empezando por los *amantes*, es decir aquellos que se funden en el amor como pasión y que incluyen a la sexualidad como experiencia vital en la que los límites entre uno y otro se difuminan para alcanzar, a veces a un costo altísimo (ya que no se excluye la violencia, la locura y la muerte), instantes de aquella tan preciada Inmortalidad.

Otra modalidad aparte es la de la pareja que se une por la *amistad*, a la que consideramos como una relación que, aunque se funda en el cuidado y el cariño por el otro, no está exenta de atracciones de otro tipo y por lo tanto, fácilmente se desliza hacia la intimidad. En estos casos predomina la ambigüedad y la desilusión porque es muy difícil adivinar si ambos comparten expectativas con respecto a la relación; la mayoría de las veces termina mal, sin posibilidades de volver a la situación anterior y por lo tanto no perdura y pone en riesgo la propia definición de este vínculo: la regla implícita es que los amigos duran para toda la vida. Pero el riesgo más grande para estos amigos íntimos lo constituye la comunicación vía e-mail que facilita la participación en redes de seducción protegidas por el anonimato y que transforman a la amistad en un verdadero peligro, que en algunos casos conduce al delito y a la prostitución y en otros, al azar de un matrimonio surgido de la ignorancia y de la idealización romántica del otro, un desconocido virtual.

La *hermandad* también puede servir como fundamento para una relación amorosa, aunque en estos casos, la que sufre es la sexualidad porque es como debe ser, incesto dixit, pobre o inexistente. Domina, en cambio, la solidaridad y el afecto a toda prueba, incluso por encima de disgustos y desencuentros y por lo tanto, la seguridad de la compañía. No es raro que la elijan como protagonistas, sujetos que han tenido experiencias dolorosas y que prefieran no arriesgarse demasiado en una búsqueda más aventurada. Tiene como representantes a las parejas muy estables, sin mucho chiste y que también se encuentran esbozados en las fantasías de la ciencia-ficción, que el cine y otros medios se encargan de difundir, por medio de los "cyborgs" y otros personajes del mundo de la animación como una muestra de que no estamos tan solos sino que nos acompañan, en este viaje imaginario por el espacio virtual, fantasmas y sombras de los antiguos ángeles de la guarda que aún no desaparecen del firmamento de la infancia antes de que el sueño y la noche se hagan cargo.

La experiencia de compartir la práctica de la vida en un corto periodo en el recorte del tiempo, como por ejemplo en talleres, cursos o congresos, o en el pasado, por la militancia en algún partido político, lo cual predispone a un acercamiento en el marco de un proyecto compartido y que en el lenguaje de antes denominábamos como el mundo de "camaradas" o de "compañeros", sirve de fundamento para algunas parejas que comparten una *complicidad* a prueba de traiciones y deslealtades. En la época actual, sin embargo, en los comienzos del siglo XXI, este tipo de relaciones adopta un sello multicultural, en el sentido de favorecer la existencia de experiencias interraciales e interétnicas, en las que lo que se comparte en un periodo acotado de tiempo es la pertenencia a una cultura determinada que no es la propia.

En el esquema que sigue se introduce el primer mapa de la pareja, de acuerdo con la caracterización descrita antes, que incluye también una secuencia de periodos históricos que se entremezclan en la realidad cultural nuestra.

Pero la pareja que predomina en el imaginario colectivo es la que ha sido construida por el cine y la televisión, basada en el romanticismo aunque con guiones bastante melodramáticos, que proponen un final complicado sino es que imposible y que siguen una trama que se repite, con discretas variaciones de acuerdo con las características de los actores y de los países en donde se producen.

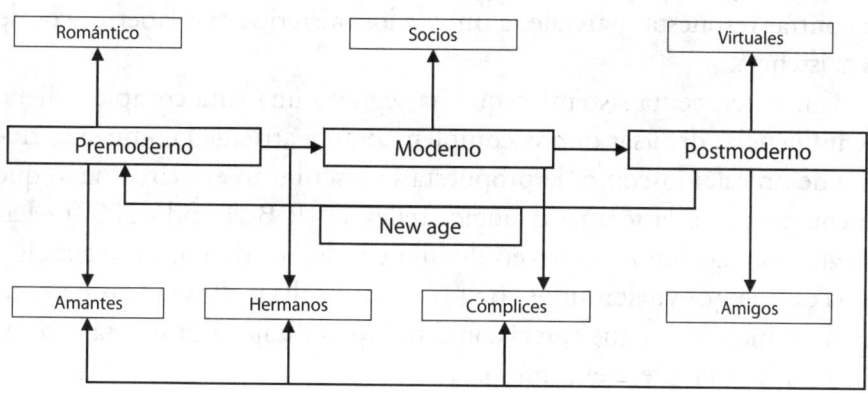

Mapas de la pareja

Tarea complicada es la que nos proponemos, entonces, la deconstrucción de la relación de la pareja, siguiendo distintos ejes que proporcionen la información necesaria para los interesados en el tema y también los ingredientes que faciliten la puesta en práctica de una terapia cuando los dolores que la aquejan así lo requieren.

Más complicada todavía la tarea de escribir un libro sobre el tema, que siga una trayectoria personal en ambas dimensiones, como un personaje más de diversos guiones amorosos como cualquiera de los lectores que se enamoran a lo largo de su vida y de un terapeuta que ha construido un modelo de terapia para la pareja como resultado de su experiencia que se inicia en Chile en 1973.

¿Por qué escribir ahora un nuevo libro sobre la terapia de pareja, cuando es uno de los temas actuales tratados tan extensamente por diferentes autores, especialmente por A. Gurman en las cuatro ediciones de su *Handbook of Couple Therapy* (2008).[4]

La respuesta no es fácil si se tratara de superar las extensas revisiones sobre los diferentes modelos que se practican en la clínica y que cuentan además con investigaciones basadas en la evidencia que demuestran su efectividad en un porcentaje cercano a 80%.

Por el contrario, es más bien un intento por reconstruir una experiencia que ha tenido al amor y a los dolores que produce como sus protagonistas principales, tanto en las voces de mis pacientes como en la mía propia y la de quienes me han acompañado en esta búsqueda por encontrar respuestas parciales a uno de los misterios más laberínticos de la existencia.

Como terapeuta sistémico que ha seguido una ruta compleja, llena de influencias diversas que se complementan y articulan como si se tratara de un caleidoscopio, la propuesta se inscribe en el marco de lo que se conoce como la terapia dialógica reflexiva (P. Bertrando 2007).[5] Las preguntas y las hipótesis sirven de hilo conductor de una conversación en la que damos vueltas unos con los otros, él, ella o ellos indistintamente, al mismo tiempo que con el constante aprendizaje, se aumenta la comprensión y se favorece el cambio.

Las viñetas clínicas que se incluyen, ilustran en el texto lo que se aborda en otros niveles y han sido elegidas de parejas que me han consultado en diferentes periodos, algunos recientemente, por lo que el énfasis no está puesto en la efectividad del método sino en la utilidad para la comprensión del mismo.

Naturalmente que están falseados para eludir la identificación de los consultantes y conservar la confidencialidad que me han depositado al mismo tiempo que su confianza para enriquecernos mutuamente.

---

[1] De D. Rougemont (1979). *El amor en Occidente,* Barcelona, Kairós. Sociólogo e historiador de origen suizo, Rougemont es uno de los primeros autores que se refirió al mito del amor, para lo cual utiliza como texto base al "roman" anónimo de Tristán e Isolda e insiste en que ellos no se aman sino que, en la ficción, aman el amor, el hecho mismo de amar y lo enuncia como su propósito central, de acuerdo con el prefacio a la edición de 1956: "describir el necesario conflicto entre pasión y matrimonio en Occidente central".

[2] W. Reich, psicoanalista judío discípulo de Freud y creador de la bioenergética, fue uno de los primeros autores dentro de la psicología que tuvo una influencia inicial en mi acercamiento personal al tema del amor y del cuerpo, y en consecuencia, del carácter que, según sus escritos, sería invadido por lo que llamaba metafóricamente la "plaga emocional" en los casos en que la experiencia amorosa no alcanzara al umbral del orgasmo total y se originaran bloqueos emocionales que trasformarían al cuerpo en una "armadura". Es interesante su acercamiento ideológico al tema de la sexualidad como un correlato inseparable de la intimidad y del crecimiento per-

sonal, aunque sus esfuerzos por la investigación sobre estos tema le causara la prisión en 1954 y luego la muerte en E.U. en 1957.

3 K. Gergen, *The saturated self*. Nueva York: Basic Books (1991) es uno de los psicólogos sociales postmodernistas más citados en la literatura de la terapia narrativa actual porque ha realizado una aportación teórica crítica a lo sistémico al considerarlo como un discurso científico mecanicista de tipo meta narrativo, como lo han planteado otros autores postmodernos opuestos a los grandes modelos, empezando por Lyotard, J.L. (1979), *La condition postmoderne*, Paris, Minuit.

4 A. Gurman. Es Profesor Emérito de Psiquiatría y director del entrenamiento en Terapia Familiar de la Universidad de Wisconsin; ha publicado las revisiones más amplias sobre el tema de la clínica de la pareja, en colaboración con numerosos autores en un texto que es un clásico en el tema: "Clinical Handbook of Couple therapy" con una cuarta edición recién publicada en 2008.

5 Uno de los autores actuales más respetados de esta corriente es P. Bertrando, psiquiatra y terapeuta sistémico entrenado con Boscolo y Ceccin en Milán que ha publicado en conjunto con Boscolo y, últimamente por su cuenta, una serie de textos en las que se conjugan una posición colaborativa con una escucha de las emociones como eje del diálogo terapéutico que propone como marco de referencia (Bertrando, P., *The Dialogical Therapist*, Karnac Books, Londres, 2007).

CAPÍTULO I

LA PAREJA Y LA TERAPIA

Uno de los principales motivos de consulta para un terapeuta, de cualquier orientación que sea, lo constituyen los problemas que surgen en la práctica de la vida amorosa de la pareja, ya sea de novios, esposos o convivientes, hétero u homosexuales. Si se le agrega, como motivo de consulta, a la experiencia de la separación, que es la crisis que con frecuencia cada vez mayor se presenta como uno de sus desenlaces posibles, la ruptura incluye como afectados no solamente a los amantes sino también a sus familiares.

En los inicios de la terapia de pareja, este tipo de problemas originaron a un nuevo profesional, el consejero matrimonial que comenzó a ejercer sus funciones alrededor de 1930, los años de la crisis económica conocida como la Gran Depresión que no sólo afectó a unos cuantos, en términos de ingresos y desempleo sino que también a muchos en su vida íntima, como lo atestigua la coincidencia temporal con los efectos en la condición humana producidos por el mal manejo de la economía en la actualidad.[1] Como siempre, un grupo de pioneros, en este caso de origen religioso, iniciaron una práctica basada en sus convicciones ideológicas sin alguna base teórica que les sirviera de sostén. Con los años, sin embargo, se fue consolidando como una profesión alternativa al psicoanálisis, la psicología y la psiquiatría que, como especialidades dedicadas a los trastornos de la salud mental, tenían un cartel más sólido dentro del marco científico y gremial, para establecerse legalmente como tal, por lo menos, en el estado de California, E.U., en 1964.

En esos años, para ser más precisos en 1956, el grupo de Palo Alto, encabezado por G. Bateson publicaba su célebre artículo sobre el doble vínculo como una característica de la comunicación entre el esquizofrénico y su familia, que marcaría un hito en la fundación de la terapia familiar como especialidad. No cabe duda que, aún sin haber tratado con éxito a ningún paciente afectado por esta enfermedad psiquiátrica, como lo reconocería el propio Bateson, con sus aportes propios y de su grupo de investigación, la terapia familiar obtuvo un fundamento científico moderno, basado en la cibernética y en la teoría de los sistemas aplicadas a la comunicación interaccional, inscribiéndola así, desde la partida, como una las disciplinas más actuales y efectivas dentro del convulso mundo de la Salud mental de los sesenta.

Por otra parte, las primeras investigaciones sobre la pareja también se realizaron en la década de los 30 y fueron publicadas en un libro por Terman (1938). La pregunta que intentaban responder sigue aún vigente: ¿qué es lo que hace la diferencia entre parejas que viven felices en su matrimonio de las que se declaran como infelices?[2]

Sus respuestas apuntaban a encontrar características en la personalidad de los integrantes de la pareja que ayudaran a resolver la incógnita. Apoyados en las teorías de personalidad vigentes en la época, que le otorgaban al individuo y a sus características una primacía exclusiva en el desarrollo del sujeto como ente psicosocial, no sólo se encerraban dentro de un prisma muy estrecho para la observación adecuada del fenómeno sino que además se equivocaban con respecto al método de investigación. Su diseño utilizaba el cuestionario de tipo inventario de los rasgos de la personalidad, el cual no se considera válido por razones metodológicas, ya que no mide las correlaciones existentes entre los distintos rasgos y el grado de satisfacción marital, una medida más actual de la felicidad dentro de la pareja.

Aún así, Terman no encontró un tipo de personalidad que garantizara un matrimonio feliz. En cuanto a los matrimonios infelices, se señalaron una gran cantidad de rasgos que no ayudaban ni a la felicidad del matrimonio ni a la investigación porque los datos no permitían una conclusión definitiva.[3]

Los aportes posteriores del grupo de Palo Alto y particularmente de P. Watzlawick a la comprensión de la pareja como una díada en constante interacción que, en su evolución va originando patrones recurrentes que definen las actuaciones de los participantes, por encima de las características individuales de los mismos, constituiría, en su momento, una contribución fundamental y diferente. El acento se situaba en otro lugar: en las secuencias que configuran la interacción y por lo tanto, en las propiedades de la relación y no tanto en las que poseen los individuos que la forman (Wazlawick, 1981) y Jackson, 1965).

Clásicas resultan ahora sus descripciones sobre estos ciclos recurrentes en los que el esposo, por ejemplo, se queja de su esposa porque ésta lo persigue, con sus dimes y diretes, y que ésta, por su parte, no tolera su distanciamiento, porque le duele como si se tratara de un rechazo. Todo un problema creado por una percepción distinta pero coherente porque surge desde el lugar que uno y otro ocupan en la relación, o en un lenguaje más técnico, por un artefacto de la puntuación.

La insistencia de G. Bateson por utilizar un diafragma visual imaginario para auxiliarse en la observación de los sistemas familiares tuvo no sólo consecuencias pragmáticas como es la utilización de la cámara de Gessell (Hoffman, L., 1981)[4] en la terapia sistémica y el entrenamiento del terapeuta familiar sino también teóricas, como por ejemplo, la diferenciación de las parejas de acuerdo con la presencia de patrones simétricos o complementarios (Bateson, G., 1978).[5] La detección de estos patrones constituye uno de los primeros pilares en la formación de los terapeutas de pareja, aún en la actualidad.

Don Jackson, otro de los integrantes del grupo de Palo Alto, conocido también como fundador del Mental Research Institute (MRI) e impulsor de la metáfora de la homeostasis en la familia (que ha dejado de tener vigencia sólo en las últimas décadas para ser reemplazado por la "coherencia sistémica"), propuso el concepto de "quid procuo" para analizar a la pareja en el nivel interaccional. En su definición original, se trata de "un enunciado metafórico que da cuenta del contrato implícito entre ambos cónyuges y que define las reglas por las que se rige su relación" (Jackson, 1965). Aunque se trata de un concepto que enfatiza la importancia de las reglas que se establecen a través de las secuencias conductuales que se observan y se repiten en la relación, Jackson no deja de lado los aspectos inconscientes debajo del ambiguo uso de los términos "metáfora e implícito".

Sin embargo, la esencia es conductual y cognitiva aunque encubre parcialmente la dimensión inconsciente en este contrato implícito y no escrito: se trata de responder al otro de tal manera que se preserve la identidad de cada uno, o por lo menos, no se estrelle con su seguridad afectiva.[6]

Pero es quizá Virginia Satir como integrante de este grupo quien mayor influencia tuvo a nivel de un público más amplio, en parte por la gran difusión y éxito de ventas que tuvieron sus publicaciones y por la actitud compasiva y enormemente empática que caracterizaba a sus presentaciones clínicas en vivo. En lo que respecta a su aporte conceptual, hay que enfatizar su tipología de estilos o estrategias de interacción en la pareja, que cumplen con la función de obstaculizar un crecimiento más profundo de cada uno de los cónyuges (Satir).

Cada estilo ocupa roles demasiado estereotipados y rígidos como por ejemplo "victima", "salvador", "rebelde", "conciliador" mediante los cuales V. Satir identifica patrones disfuncionales de comunicación en los que los cónyuges se muestran como sufrientes, ayudadores, desafiantes o muy razonables, como estrategias para mantener a flote una frágil autoestima mutua además de personal.

Los juegos interaccionales que las parejas crean en su interacción amorosa, con o sin convivencia de por medio, son innumerables aunque hay algunos que son más frecuentes que otros. A la lista proporcionada por V. Satir más arriba, podemos agregar algunos, a manera de ilustración:

"Yo estoy bien, tú estás mal"... muy parecido al título del libro más conocido de E. Berne (1966), creador del análisis transaccional, se caracteriza por el argumento siguiente: la que está mal eres tú (habitualmente la mujer), no sólo deprimida sino que mal de la cabeza, loca, no aprendes nunca. Además de poner de manifiesto una creencia machista, en la rigidez de la interacción, la descalificación constante produce su efecto, al estilo de una profecía autocumplidora, y no es raro que la víctima ponga en duda su salud mental y consulte a un psiquiatra o psicólogo que lo confirme.

En la consulta de una gran cantidad de terapeutas, algunos con una formación bastante sólida, abundan los casos de pacientes, habitualmente mujeres, que participan de este juego, que no se resuelve tan fácilmente, con independencia de las dotes y recursos del terapeuta, en ausencia del marido, porque éste se encarga de insistir en la existencia de un trastorno mental de su pareja, ahora que su asistencia continua y a veces bastante larga a un terapeuta lo atestigua.

"Gana siempre el que dice la última palabra"... es un juego de competencia en el que no importa lo que diga el otro, siempre que se pueda responder con un argumento más convincente. Sutil parodia de la competencia que domina en los medios intelectuales, en este caso es la mujer la que dispone de las mejores armas, su habilidad con el lenguaje que la torna en un enemigo casi imbatible. Las observaciones experimentales de discusiones de pareja muestran que las mujeres son las que con mayor frecuencia las inician y que las terminan como ellas quieren, a menos que el hombre se retire o diga basta, lo cual no significa necesariamente un punto final, aunque más a menudo sea experimentada por ella como una derrota.

"El que se enoja, pierde"... es un juego de control y manipulación que busca generar el descontrol en el otro, para quedar así en una posición triunfante. No es necesario ser obsesivo porque para implementarlo basta con temer el conflicto y buscar la manera de evitarlo. Estrategia más a menudo masculina, persigue por medio del control una victoria y consigue, sin embargo, el descontrol del otro(a) como una justificación para el alejamiento y la ruptura.

"Qué sería de mí, sin ti"... típico juego de víctima dependiente que induce en el otro un papel de salvador. En muchos casos, es un reflejo de la posición dependiente de la mujer en el matrimonio, cuando su libertad para conseguir su autonomía se ve coartada por el marido o por la propia condición de desigualdad de género, que no le facilita un ingreso generoso que asegure su independencia económica.

El papel de víctima un poco masoquista que la mujer se ha visto obligada a asumir durante mucho tiempo como estrategia para sentirse querida y cuidada por el varón está llegando a su fin, afortunadamente, y puede que este juego pierda su vigencia en la medida que los hombres y mujeres seamos más iguales.

Aunque esta lista podría continuarse con una serie de juegos más o menos frecuentes, lo que se intenta es ilustrar con ejemplos el concepto de *quid procuo* como metáfora del juego interaccional que ocupa el primer reglón de la pareja que el terapeuta observa, con el agregado de un perfil de género que no puede estar ausente en cualquiera de estas caracterizaciones, si consideramos a la relación amorosa como una construcción social.

En la búsqueda de una opinión más informada: la investigación

Como señalábamos anteriormente, las primeras investigaciones sobre la pareja que fueron publicadas por Terman y Col en 1938 intentaban contestar a una pregunta que continúa vigente hasta nuestros días, a saber, ¿qué hace que algunas parejas sean felices y otras no?

Sus resultados no fueron muy concluyentes, porque enfocaba su mirada a las características de la personalidad individual de los participantes, lo que resultaba tan difícil como buscar a una aguja en un pajar, ya que los rasgos de la personalidad son innumerables y no era muy sencillo atribuirle a uno u otro la causa de la insatisfacción marital.

En los últimos 20 años se han hechos avances bastante significativos en esta área, a partir del cambio de paradigma, de lo individual a lo sistémico interaccional, que atribuye a las pautas redundantes de la relación de la pareja más que a lo que cada individuo aporta a la relación los resultados de la misma, en cuanto a la frecuencia y el tipo de conflictos, satisfacción marital, duración, cercanía y sexualidad.

En efecto, con los adelantos técnicos que permiten acoplar sistemas de filmación en video y el análisis realizado por computadoras de las observaciones de microsecuencias cuando la pareja es estudiada en un laboratorio, Gottman en Seattle (1999) ha realizado múltiples estudios destinados a contestar parcialmente esta pregunta.

En primer lugar, se encarga de despejar la duda sobre la importancia de los malentendidos y dobles vínculos, contradicciones y paradojas en la comunicación de la pareja, identificados por los integrantes del grupo del MRI como posiblemente "patogénicos".

Aunque el mismo Bateson se retractara de lo implícitamente causal de su primer artículo sobre el doble vínculo y la esquizofrenia y lo considerara posteriormente como resultado de un error epistemológico, por adoptar una lógica lineal que acusaba a la madre de "esquizofrenogénica" en lugar de la circularidad que no se preocupa por las causas sino por los efectos, sus seguidores y especialmente Jackson y Watzlawick insistieron en que la terapia de pareja debía enfocarse a modificar estos problemas de la comunicación para lograr un cambio.

Las observaciones de Gottman no comprueban la presencia de estos problemas de comunicación en la observación de parejas en conflicto pero en cambio, identifican otros patrones negativos y redundantes como son: críticas dirigidas a los defectos del otro como persona más que a lo que hace y no le gusta, desprecio y sarcasmo, actitudes defensivas que incluyen a la irritabilidad y agresión y, por último, actitudes evasivas que levantan una pared de hielo infranqueable para ambos. Los denomina acertadamente **"los cuatro jinetes del Apocalipsis"** porque su presencia se asocia con una alta incidencia de divorcios en el futuro

Los cuatro jinetes del apocalipsis

próximo de la pareja como demuestra la observación experimental longitudinal.

Según J. Gottman (1994), si a la presencia de los cuatro jinetes se le agrega una actitud de abatimiento y fracaso en los intentos de desagravio, el divorcio se producirá en el 96% de los casos en un periodo no mayor a los cuatro años.

Más interesante aún, en estudios longitudinales a futuro realizados con parejas de novios o recién casados, se logró predecir con un índice cercano a 90% cuáles de ellos se divorciarían y cuáles no en un plazo de 4 años. Aunque sus investigaciones se enfocan a los patrones conductuales que se repiten a la manera de redundancias, como la pareja es, antes que nada, una relación afectiva en la que lo emocional es lo predominante, su eje de cuestionamiento fue cambiando paulatinamente para incluir así a los patrones afectivos, ya que forman parte inseparable de las conductas. De esta manera, se pudieron identificar varios tipos de relaciones de pareja, de acuerdo con la predominancia de estos patrones y la duración posible de los mismos.

Cuando lo que predomina son los patrones redundantes (descritos por Gottman como los cuatro jinetes del Apocalipsis), las configuraciones más frecuentes que la pareja adopta son las que caracterizan a la escalada del conflicto de tipo simétrico o complementario como había sido enunciado previamente por Bateson (1978) y P. Watzlawick (1989).

Se trata de parejas que discuten arduamente, que llegan a situaciones de violencia verbal e incluso física, que intentan reparar posteriormente con un acercamiento incluso sexual que tiende a perpetuar el ciclo de la violencia (parejas simétricas);o, por el contrario, cuando uno de los dos ataca, el otro usa la retirada emocional o física como estrategia defensiva (en parejas complementarias). Por último, es posible que ambos adopten un distanciamiento emocional que los haga funcionar en paralelo, sin tocarse ni acercarse para evitar así el conflicto.

La terapia propuesta por Gottman consiste en identificar los patrones redundantes, particularmente los "jinetes" como el resultado de problemas irresolubles que provienen de las diferentes posiciones adoptados por los integrantes de la pareja que les han llevado a alejarse desde el predominio de las defensas y las críticas mutuas. En un segundo momento, intenta que cada uno admita su responsabilidad en la forma de manejar el conflicto y promueve actitudes de amistad y colaboración para que hagan un nuevo intento para discutir sobre el mismo tema en presencia de una cámara de video durante 6-8 minutos. Esta discusión sirve de base para iniciar la terapia en la que se revisa el video y se intenta adoptar actitudes diferentes a las iniciales, en la primera consulta.

Lo más interesante de su propuesta es la cercanía con la investigación y la utilización de sus hallazgos en una serie de talleres con parejas que requieren de información prematrimonial sólida y bien fundamentada. El autor realiza talleres en diferentes lugares con parejas y también con terapeutas que se interesan por conocer su metodología.

Otro tipo de investigaciones se ha preocupado por la evolución de las relaciones amorosas a lo largo del tiempo, siguiendo el esquema del ciclo vital, aunque modificado para aplicarlo a la pareja en lugar de la familia. Autores franceses, más preocupados por la calidad de la relación en cuanto a la intimidad y la sexualidad, plantean que el amor no dura 100 años como podríamos durar nosotros si es que la curva de longevidad siguiera aumentando, sino un promedio de 10 años, con altibajos, dentro de los cuales, uno de los más importantes se corresponde con el nacimiento de los hijos (Neubarger, *Nuevas parejas*, 1997). Esta observación concuerda con la experiencia clínica que muestra a una serie de parejas que consulta al final de este lapso de tiempo, a veces por una separación pero las más de las veces por un conflicto que se traduce en alejamiento mutuo e insatisfacción. La dificultad es mayor cuando se trata de parejas convencionales que provienen de una ideología católica tradicional, que no conciben que el amor también se agote con el tiempo y no consultan sino cuando es demasiado tarde.

En realidad, las parejas que mantienen una relación duradera con la misma persona han debido atravesar por periodos de ruptura y de divorcio emocional que los alejará por un tiempo aunque luego vuelvan a juntarse, considerando que ambos han cambiado como sucede con personas en constante transformación y que sin embargo, establecen los términos en que la relación pueda continuar con personajes que ya no son los mismos que al principio. Es por esta razón que estamos de acuerdo con M. Mead,[7] quien planteaba que los contratos matrimoniales debían durar un máximo de diez años, con posibilidades de reanudación, siempre y cuando en consenso mutuo se establecieran las nuevas condiciones.

La mayoría de los autores que analizan los cambios en las relaciones de pareja hacen referencia a la interferencia que los hijos traen a la evolución amorosa de la misma, porque inducen la aparición de una serie de emociones contradictorias, desde la satisfacción y alegría por cumplir con esa ilusión romántica que, por otra parte a nivel ontogénico, asegura la preservación de la especie pero que sin embargo, conduce a un parcial alejamiento que proviene, entre otras cosas de que siempre es más sencillo enamorarse de un bebé si además es hijo propio, que de un adulto, lleno de defectos e imperfecciones ya conocidas.

El ciclo vital de la pareja ha sido abordado por diferentes autores desde una perspectiva psicosocial, psicoanalítica y cognitiva. Nos parece que la propuesta de Tzeng de acuerdo con un modelo de origen psicosocial y que considera para cada etapa componentes cognitivos, afectivos y conductuales es la más apropiada para nuestros fines cercanos a la propuesta del construccionismo social y porque además ha sido retomada y modificada en una población latina por Diaz Loving (2002). Según éste último, las etapas que la pareja atraviesa en su ciclo vital son las siguientes:

1. Extraño-desconocido: Predominan el desconocimiento, la ausencia de emoción y la indiferencia.
2. Conocido: aparece por medio de un proceso de evaluación cognitiva mutua, la simpatía y la búsqueda de afinidades.

3. Amistad: se acentúan las afinidades, el cariño y la conversación más íntima.
4. Atracción: se despierta un interés mayor que se acompaña de atracción física, agrado y conductas de seducción.
5. Pasión: entrega, abandono, desbordamiento emocional, deseo sexual intenso, necesidad constante de compañía, cercanía física continua y fusión.
6. Romance: predomina una mezcla de compromiso y deseo, confianza y ternura, comunicación profunda y ganas de compartir.
7. Compromiso: Se cree que la relación es sólida, formal y voluntaria. Además, se crean acuerdos, proyectos y se consolida la seguridad que el amor es eterno.
8. Mantenimiento: se crea la estabilidad, el interés por la pareja y la familia sobre la base del respeto y el apoyo mutuo.
9. Conflicto: aparecen las dificultades para el consenso y la conciliación, los problemas por falta de entendimiento y comprensión, acompañadas de frustración, angustia y agresividad.
10. Alejamiento: predominan el distanciamiento físico y emocional, pérdida de interés mutuo, dolor, tristeza y depresión acompañados de conductas de evitación, indiferencia e incomunicación.

Aunque el autor incluye, a continuación, otras etapas como el desamor, la separación y el olvido las pasamos por alto, por ahora, con el objeto de resaltar que su ciclo está basado en dos dimensiones: distancia-cercanía y satisfacción marital-conflicto, que consideramos como las que han sido más estudiadas desde la perspectiva psicosocial.

Resulta interesante, sin embargo, que este autor se refiera en su esquema a un principio y a un final, siguiendo una temporalidad que está más de acuerdo con la realidad que con el mito del amor eterno.

Existe, por último, una dimensión transversal, vertical o jerárquica, que se relaciona con el ejercicio del poder y la autoridad dentro de la pareja pero los resultados no son muy concluyentes. En todo caso, se confirma que las preferencias en las elecciones de pareja de larga duración de las mujeres recaen en hombres mayores con mejores recursos económicos y que, a su vez, los hombres prefieren a las mujeres más jóvenes con habilidades domésticas y familiares. Aunque estas investigaciones están basadas en los roles sociales y, en consecuencia reproducen los discursos culturales dominantes, representan un remanente del patriarcado que subsiste como un estilo de coexistencia lleno de asimetrías y desigualdades de género, especialmente en sociedades preindustriales como la mexicana y latina.

---

[1] No es tan diferente a la situación actual en la que la crisis económica global ha estado precedida de una serie de cambios en la vida de pareja, que incluyen, entre otras situaciones, el aumento de la edad para el matrimonio, el desarrollo personal de hombres y mujeres previo al matrimonio, el menor número de hijos y la tendencia a la no convivencia obligatoria como parte del vínculo amoroso. Gracía Fuster, E. (2000), Psicología social de la familia, Barcelona, Temas de psicología, Paidós. Vicencio, J., "La familia, la pareja y la psicología social", Psicoterapia y familia, 2003, vol. 16, Núm. 1.

[2] Una de las publicaciones más recientes sobre el tema de la felicidad en el matrimonio la escribe J. Wallerstein y S. Blakeslee (1996), *The Good Marriage,* Warner Books, Nueva York, resultado de un estudio de 50 parejas en las que identifica 10 tareas (aprendizajes) que reportan quienes se consideran protagonistas de un buen matrimonio. Las mismas autoras realizaron anteriormente una serie de investigaciones de tipo longitudinal para identificar los efectos de la separación en la pareja y la familia.

[3] Esta última dificultad en cuanto al análisis de los datos de investigación sobre satisfacción en la pareja, se ha superado con una variación que cambia la intención de la pregunta: se intenta correlacionar el grado de satisfacción marital solicitándole a cada uno de los esposos una descripción de la personalidad del otro, con lo que se logra que las características de la personalidad seleccionados tengan más que ver con la felicidad. Family Process, vol. 41 Núm. 2, Verano 2002, número especial sobre terapia de pareja.

[4] Aunque Gessell hizo uso del espejo unidireccional en la observación del desarrollo emocional y cognitivo de los niños, su utilidad para la observación de las secuencias interaccionales en la terapia familiar sería primordial desde un comienzo, lo cual fue resaltado como un efecto indirecto de la influencia de G. Bateson por L. Hoffman en su libro clásico sobre los fundamentos teóricos de la terapia familiar de 1983 (Hoffman, L. (1987), *Fundamentos de la terapia familiar,* México, Fondo de Cultura Económica.

[5] Bateson utilizó un esquema visual para describir las diferencias que se pueden identificar en el estudio de los grupos sociales y que denominó "esquizmogénesis" (y no génesis de la esquizofrenia), mal término en la medida que daría origen a confusiones entre los interesados en la clínica, y que le permitía diferenciar a los grupos en los que predominaba la simetría o la complementariedad como modalidad relacional. Bateson, G. (1978), *Pasos hacia una ecología de la mente*, Buenos Aires: Lohlé.

6 La mayoría de los terapeutas familiares y de pareja que dieron inicio a la práctica sistémica provienen inicialmente de una formación psicoanalítica, que en el caso de Watzlawick es junguiana y en el de Jackson se remonta a H.S. Sullivan (psicoanalista americano, especialista en psicosis), de la cual ambos reniegan posteriormente en un afán por delimitarse del psicoanálisis, como fuera necesario en los comienzos de la terapia familiar sistémica por razones de territorio.

7 Mead (1928), *Coming on age in Samoa,* Nueva York, Morrow, célebre antropóloga americana, segunda esposa de Bateson y madre de Catherine, a quien se le atribuye un papel protagónico en los metalogos, es más conocida por sus investigaciones iniciales en Samoa, en las que descubre la existencia de determinantes culturales que contradicen la formulación clásica del complejo de Edipo de Freud, publicados en "Sex and Temperament in three Primitives Societies" (1936).

CAPÍTULO 2

LA PAREJA COMO INSTITUCIÓN AMOROSA

La existencia de la pareja como institución social tiene una historia más larga que la relación amorosa que hemos estado analizando, basada en el romance, la pasión y la libre elección de los protagonistas. En efecto, se puede decir que la pareja amorosa como la conocemos actualmente, es una invención "reciente", que no tiene más allá de 150 años de evolución en la historia social del hombre.

En los últimos 50 años, la pareja ha cambiado radicalmente en cuanto a su estado, especialmente en lo que se refiere a su permanencia y terminación. De cifras que no sobrepasaban el 10% de divorcios en 1867 hasta la muerte como el final predecible en 70% de los casos como ocurría a principios del siglo XX, se ha llegado al divorcio como el desenlace final más posible, al cabo de 20 años de matrimonio, a partir de 1974, año en que el mayor número de separaciones se produjo, de acuerdo con las estadísticas demográficas en EU y de otros países europeos. Desde entonces, las cifras del divorcio se mantienen alrededor de 50%.

¿CUÁLES SON LOS FACTORES QUE EXPLICAN ESTE CAMBIO?

El factor más importante, de acuerdo con diversos autores, es el aumento en la expectativa de vida experimentado a lo largo de este siglo. En efecto, la vida se ha alargado en 25 a 30 años, como resultado de los avances de la medicina y de la calidad de vida, por lo menos en los países occidentales, dentro de los cuales América Latina se ubica en un lugar ambiguo si se toma en cuenta sus niveles de desarrollo, especialmente cuando los índices de pobreza ascienden en México, por ejemplo a cifras cercanas a 50% de la población.

Las parejas tienen demasiados años por delante para envejecer juntos y, por lo tanto, el amor tendría que durar cerca de 40 años y no como antes, que con 15 o 20 años era más que suficiente porque lo más probable era que terminara con la muerte en lugar del divorcio.

El segundo factor se relaciona directamente con los cambios sociales y laborales experimentado por las mujeres a lo largo de la segunda mitad del siglo XX, y no se trata únicamente del feminismo, que también ha jugado un papel importante en esta transición: el cambio comenzó con la práctica del uso de los anticonceptivos en sus diferentes modalidades, que tuvo como consecuencia natural un descenso considerable en las tasas de fecundidad y una mayor capacidad para lograr su autonomía e independencia.

En efecto, la fertilidad bajó de 3.5 % en 1961 a 1.5-1.2% que es la cifra que actualmente prevalece en EU y en los países europeos, entre los cuales España lleva la delantera, por debajo de las cifras de mortalidad.

Por otra parte, el ingreso de las mujeres al mercado de trabajo y el ascenso en el ingreso les ha abierto la opción de separarse también a ellas, al conseguir una independencia económica que antes no tenían, debido a la total o parcial dependencia del esposo. Para una mujer no basta con *querer* separarse: primero tiene que luchar, recuperarse de la depresión que resulta de no haber podido cuidar lo suficiente de la relación (papel que asumen por una socialización de género que les encarga que las relaciones familiares funcionen bien) y poseer los medios económicos para liberarse, ya que es muy probable que no cuenten con el apoyo económico ni emocional del esposo en el corto plazo y menos aún cuando el tiempo pase.

En tercer lugar, un factor que no ha podido establecerse con claridad, se relaciona con la representación social que el matrimonio otorga y la identidad que conlleva para los contrayentes y que no se corresponde con los cambios culturales y legales que han tenido lugar como resultado del aumento de los divorcios. En realidad, aún permanece la creencia que mantener un matrimonio es mejor que separarse, salvo pequeñas excepciones de autores que le atribuyen al divorcio un valor positivo. Lo que ha disminuido es el estigma, especialmente cuando a la mujer divorciada se le atribuía el calificativo de "demasiado fácil". La verdad es exactamente la opuesta, porque la mayoría de las mujeres divorciadas no se arriesgan a una segunda opción tan a menudo como los hombres.

Para algunas mentalidades más tradicionales, de profundas convicciones religiosas, con una historia familiar exenta de divorcios y que saben que serán reprobados por su contexto social en caso de tener que recurrir al mismo, la separación es casi imposible de concebir y menos de llevar a la práctica. En Chile, por ejemplo, país en el cual se ha promulgado recientemente una ley de divorcio para reemplazar al subterfugio legal que permitía la anulación por supuestos errores en el domicilio de los contrayentes, se aducía que no era conveniente legislar sobre este tema, porque conduciría a una epidemia de divorcios, sin considerar que no hay datos que confirmen que las parejas se separen más o menos en función de las dificultades que el sistema judicial les imponga.

Conviene entonces preguntarse, ahora que las posibilidades que las uniones amorosas se interrumpan son iguales o incluso mayores de que se continúen, ¿será que la monogamia humana es tan real como se sostiene habitualmente o más bien se trata de que existen individuos con inclinaciones para mantenerla como opción preferencial y que para otros, a la inversa, la opción más viable sea la poligamia o, por lo menos, una monogamia seriada? O más claramente ¿el amor es un elixir que dura para siempre o se agota igual que lo advierte Tristán, al cabo de los años?

La respuesta no es sencilla ya que existe una serie de factores que ayudan a que prevalezca la continuidad en las relaciones amorosas a diferentes niveles: en lo social, interaccional e individual.

Por ejemplo, a nivel social, aun cuando las condiciones económicas, culturales y de pertenencia a un determinado contexto religioso o ideológico sean equivalentes, es más probable que predomine la tendencia a la unión y no a la separación por razones que derivan de las tradiciones familiares que provienen de las generaciones previas que preferían soportarse en lugar de separarse.

Además, las parejas se constituyen entre sujetos que pertenecen a un medio homogéneo, con relaciones sociales de afinidad entre ellos, que une y configura redes de pertenencia y complicidad que tiene reglas de lealtad que no simpatiza con las rupturas.

A nivel interaccional, las investigaciones de Gottman se han encargado de demostrarnos que existen cuatro factores o "jinetes del Apocalipsis" que, con su presencia en una filmación de no más de cinco minutos, le son suficientes para predecir el divorcio en casi el 100% de los casos al cabo de 4 años. Sin embargo, no está tan claro cuántas de estas parejas, destinadas al divorcio o a la infelicidad en cautiverio, procedan a una separación efectiva o se mantengan unidos por otras razones.

A nivel individual, las respuestas sobre la continuidad o la ruptura requieren abordar las características y compatibilidades derivadas de la personalidad de cada uno, aunque como ya lo hemos señalado, ahí surgen una serie de ambigüedades en lo conceptual y metodológico.

Aún así, según McAdams (1995) la personalidad podría dividirse en tres componentes para tomar en cuenta, desde lo más profundo y por lo tanto genético hasta lo más superficial y por ende, contextual: temperamento, construcciones personales e identidad.

Para los investigadores de la personalidad ha sido más sencillo ponerse de acuerdo sobre el primer componente, o sea la disposición temperamental, hereditaria, trasmitida genéticamente y compuesta, a su vez, según los estudios clásicos de H.J. Eynsenk (1963, *Eynsenk Personality Inventory*, Londres, University of London Press) por cinco factores: extraversión-introversión, grados de neuroticismo, disposición hacia nuevas experiencias, disposición al orden y método, y grados de agradabilidad. Es fácil especular que es difícil para alguien que sea tímido o demasiado preocupado, o ansioso y además no muy agradable socialmente, mantener una relación amorosa por mucho tiempo o a la inversa, quien esté dispuesto a soportarlo.

El segundo componente, de las construcciones personales, es más interesante porque se refiere al sistema de creencias, valores, mecanismos de defensa, estilos de apego y estrategias para enfrentar la carencia de amor experimentada en las primeras experiencias de vida en contacto con las respectivas familias de origen.

Desde hace varios años en el trabajo terapéutico con parejas que se separan y acuden a terapia por ese motivo, es decir, para superar la crisis y el duelo que le sigue, ha sido muy útil un mapa que aborda este nivel específicamente. Difundido por Claudio Naranjo (1994) aunque proveniente de las enseñanzas de Gurdieff y de O. Ichazo, y conocido como Eneagrama, me ha servido para conducir la indagación a niveles más profundos, en concreto el de las construcciones personales.

En efecto, el dolor de la separación es habitualmente tan intenso que lo que ayuda a tolerarlo un poco más en lugar de sucumbir a la angustia de un final casi insoportable, lo proporciona la estructura del carácter, aunque se refiera a este mismo nivel, es decir, de las construcciones personales tempranas.

La inclusión de las construcciones personales de acuerdo con el eneagrama, de origen transpersonal y también sistémico en el sentido de lo organísmico, ha sido entonces una necesidad que ha surgido de la actividad clínica, para recorrer el territorio que la separación deja a su paso de quienes nos consultan.[1]

Consideramos a la separación como una ruptura del discurso amoroso derivada de conflictos insuperables que conducen a un funcionamiento defensivo mutuo que produce, como consecuencia, un continuo desgaste de la relación y por consiguiente, del amor y de sus protagonistas, que se agotan tanto que no queda más remedio que disolverla. Para esto, se sigue un proceso más o menos prolongado aunque a veces se produzca de una manera brusca e inesperada.

El primer mito de quienes enfrentan la separación como desenlace amoroso se genera como consecuencia de la inocencia y de los buenos deseos: es el que propone que "con la separación se acabarán los problemas". No se puede negar, en efecto, que en la mayoría de los casos en que se decide seguir el camino de la separación, ésta es una solución.

Sin embargo, el conflicto central que ha causado el distanciamiento no desaparece y sus efectos se intensifican. A menudo decimos que la modalidad que el divorcio adquiere es una versión exagerada del conflicto que tuvieron durante el matrimonio, y que es necesario, en la terapia, seguir el camino de la hebra que une al amor con el conflicto y la ruptura. Esta lectura, en algunos casos, la dramatizamos, con una soga que les presentamos a ambos, junto con una tijera, para que la corten a su medida y luego jueguen con ella, disponiéndola como cada uno quiera, para representar su posición y los dilemas que de ahí se derivan como consecuencia de la separación.

De esta forma, el discurso se retoma donde se había interrumpido y la terapia se sirve de los hilos que han quedado anudados todavía. La importancia de esta terapia de la separación que será abordada en detalle más adelante, consiste en que ayuda a revisar las conexiones que existen entre las carencias afectivas tempranas y el tipo de elección amorosa. Además, sirve de preparación para una nueva experiencia amorosa para quienes han accedido a un nuevo encuentro pero con las ventajas que derivan de un profundo aprendizaje.

Queda por abordar el último componente de la personalidad para obtener todavía más elementos que nos auxilien para responder a la pregunta sobre los factores que determinan que una relación amorosa se perpetúe. Se trata del nivel de la identidad, de la historia personal, de la narrativa que nos sujeta como sujetos a una historia, a una trama. Quien la ha estudiado más de cerca en relación con la pareja es R. Sternberg, destacado investigador de la Universidad de Yale, quien se dedicó durante años al análisis computacional y matemático de la inteligencia. No conocemos las razones de su cambio con respecto a su objeto de estudio, aunque es revelador que un experto en matrices de la inteligencia se pregunte por las historias de amor que, como todos sabemos, son las que se graban para siempre en la memoria en sus diferentes episodios, sin consideraciones por la inteligencia, en lugares y escondrijos que incluso se identifican por intermedio del olfato, reminiscencia de nuestro pasado animal más reciente.

Según R. Sternberg (1998), el amor es una historia, con un guión más o menos simple, con una trama que proporciona una estructura de sentido y de significado, es decir, una narrativa, un discurso, un texto no escrito pero identificable.[2]

Los protagonistas de esta historia de amor la escriben en un registro imaginario, en el que cada uno ordena los episodios a su manera, de acuerdo con ciertos patrones que apuntalan la singularidad de cada uno y por ende, su identidad.

La situación que la revela más dramáticamente es, justamente, la separación, en la que cada uno relata una historia tan independiente y diferente del otro que hasta se pone en duda que hayan compartido un periodo de vida junto al otro, habitando en guiones paralelos. Lo más probable, sin embargo, es que ambos construyan una historia común en la que se reconozcan, aunque sea con algunas variantes, y que participen como protagonistas, en el cuento que se cuentan, con un guión (script) que revela esquemáticamente lo particular de su relación amorosa en la que se acomodaron por un tiempo.

Aún cuando para este autor las historias sean innumerables o que incluso se pudiera participar en varias al mismo tiempo (adoptando una postura digna del postmodernismo irónico más crítico y no precisamente políticamente correcto), se encarga de identificar a 24 de ellas que se describen en detalle más adelante.[3]

Su aproximación teórica es apasionante, porque representa un aporte bastante sólido a la concepción de la pareja como una construcción social, a la que deconstruye siguiendo diferentes tramas o guiones que identifica como las más frecuentes. Además de la construcción del cuadro de las historias de amor, sugieren que las dificultades que la pareja experimenta no se deben a problemas de la comunicación, de la conducta o de las construcciones personales sino a las fracturas en las historias compartidas. En su opinión, en la práctica de la vida dentro de una cultura y de una familia, construimos una historia ideal que sirve de guía para las historias de amor que protagonizamos más tarde. El problema surge cuando la historia actual se sale de cauce y amenaza a la historia ideal de tal manera que no podemos seguir en ella y, por lo tanto, nos urge a desembarcarnos, para no tensar demasiado los finos hilos que configuran la identidad personal en el mundo de audiencia y pertenencia cultural que nos circunda.

Con todos estos elementos enunciados ¿qué se puede decir con respecto a la pregunta inicial sobre la monogamia o la poligamia, luego de analizar los factores que con mayor peso influyen en el alto índice de separaciones y divorcios que se presentan en la actualidad y que facilitan la existencia de varias parejas a lo largo del tiempo de una vida que se alarga más y más?

En primer lugar, que la pareja como institución ha experimentado un cambio estructural en las últimas décadas, de tal manera que es necesario abandonar la creencia en la muerte como su final más probable y aceptar al divorcio y la separación como uno de sus desenlaces más posibles.

Esta realidad psicosocial tiene una serie de consecuencias, empezando porque promueve, con respecto a la pregunta, la existencia de una monogamia seriada como la alternativa más probable. Además, hace surgir nuevas formas de pareja, como la cohabitación sin matrimonio, la pareja sin cohabitación, la pareja de segundas nupcias en la que ambos contribuyen con hijos propios, la pareja de la madre soltera, la que decide por no tener hijos o incluso entre homosexuales que se casan o conviven y adoptan hijos para formar una familia.

En segundo lugar, con respecto a la pareja de la madre soltera, que representa más de 10% de las familias a nivel mundial y es el segmento de la población que mayor crecimiento ha tenido en los estudios demográficos de los últimos 20 años.[4] se podría decir que las mujeres han continuado desempeñando su ancestral papel de preservar la especie por medio del ritual de la maternidad, pese a los cambios descritos en la relación amorosa y aunque el matrimonio como ceremonia no tenga la misma vigencia que antes. Se podría concluir, en consecuencia que aunque la pareja no permanezca unida, las posibilidades de continuar con la maternidad no se ven obstruidas sino que encuentran formas de convivencia que no ponen en riesgo la subsistencia de la especie.

Por otra parte, estas variaciones en la experiencia de la vida en pareja conducen a cuestionar la vigencia de la convivencia como el mejor remedio para que el amor se perpetúe. En efecto, si se considera que la presencia de los hijos es uno de los factores que a menudo perturban las relaciones amorosas de la pareja y que al mismo tiempo justifican y promueven la convivencia con "amantes", no sería demasiado extraño que con el tiempo se encontraran otras formas para facilitar la continuidad de la historia de amor que nos impulsa a mantenernos dentro de una relación en coexistencia permanente.

En tercer lugar, es válido preguntarse si Engels (1884) tendría razón cuando, en *El Origen de la familia*, basado en los estudios de Morgan, planteara que el matrimonio era una manifestación más del régimen patriarcal, que necesitaba que el padre asegurara su herencia para los hijos de sangre y que para estos fines propuso la celebración de la boda, ilusión universal de niñas, adolescentes y de la mayoría de mujeres adultas, que encubre sin embargo, un doble código: monogamia para la mujer y poligamia para el hombre.

En consecuencia, se podría sugerir que para el futuro del matrimonio como institución, la monogamia y el amor han de ser considerados como una condición temporal, con una duración aproximada de diez años, que es lo que la mayoría de las relaciones amorosas duran antes de fracturarse, reformularse o abandonarse.

La pareja no flota en el espacio

Las consideraciones anteriores sobre la pareja como construcción social en acelerada transformación reflejan también el final de la creencia en la estabilidad de los grandes proyectos que caracteriza al postmodernismo actual (Fischer, H.R., 1997, *El final de los grandes proyectos*, Barcelona, Gedisa). Es necesario acercarse a una deconstrucción más minuciosa de los distintos discursos culturales que se refieren a la misma, especialmente en los renglones que tienen que ver con el género y el poder en la medida que avanza la crítica hacia el patriarcado que agoniza lentamente.

En el terreno de la terapia sistémica, inicialmente muy influenciada por una concepción contextual, se consideraba a la pareja como un subsistema de la familia que no requería de un acercamiento teórico ni técnico diferente al que se utilizaba en la terapia familiar, aunque no se oponía a sesiones de pareja en presencia o no de los hijos, de acuerdo con la temática que se abordara en el curso del tratamiento. Para Minuchin, por ejemplo, la familia estaba en primer lugar, aunque en las sesiones el foco de las intervenciones se desplazara a los diferentes subsistemas de acuerdo con el acento elegido para intervenir y activar un cambio.

Por esta razón, el contexto natural de la pareja para el modelo estructural era la familia y su ciclo vital. En consecuencia, la pareja estaba en segundo lugar, y su abordaje consideraba las distintas etapas del ciclo vital familiar para comprender mejor lo que le acontecía. Desde esta perspectiva, la familia es equivalente a una entidad biológica, como una planta que crece y evoluciona dentro de un jardín (Sternberg, 1998).[5]

En la medida que la terapia sistémica incursiona más directamente en la pareja, las consideraciones sobre el género y el poder dentro de la misma ocupan un primer plano, inicialmente por la influencia de un grupo de mujeres feministas entre las que destacan L. Hoffman, P. Papp y O. Silverstein como parte de su trabajo como equipo de terapia breve en la Clínica Ackerman de Nueva York en los comienzos de los 80. Sus críticas a la terapia sistémica de esa época están resumidas en la "Red invisible", texto en el que plantean, además, cuáles son los ingredientes necesarios de una terapia sensible al género, no exclusivamente femenino.[6]

La psicología de género ha evolucionado desde las comparaciones iniciales que mostraban que hombres y mujeres tenían "cuerpos diferentes" o se encontraban con experiencias derivadas de enfrentarse con "universos diferentes" que, en el sistema social predominante en Occidente (y peor en Oriente), les otorgaba diferentes posiciones o estatus y poder. Desde esta perspectiva, los individuos nacen con un "self definido por el género" o lo desarrollan de acuerdo con las expectativas familiares y roles sociales que ocupan, que les asigna posiciones desiguales en relación con el poder.

La consideración de la dimensión de género desde el construccionismo social se ha convertido paulatinamente en uno de los discursos dominantes sobre el tema. De esta forma, se ha descuidado la importancia de otros factores como por ejemplo, la biología y la importancia de los factores hormonales en la gestación y en la adquisición de habilidades cognitivas diferenciadas.

Sin embargo, lo más importante consiste en que se han ignorado las relaciones existentes entre género y raza, clase social, orientación sexual, edad, inmigración, de tal manera que lo que inicialmente se proponían los estudios en esta área, es decir incluir a la mujer en las disciplinas que tenían una orientación predominantemente masculina, ha terminado excluyendo a otros factores que es necesario considerar para explicar las asimetrías de poder de una forma más compleja e inclusiva.

Estos factores que amplifican las diferencias de poder entre los integrantes de una pareja heterosexual u homosexual también erosionan y desgastan a las relaciones amorosas hasta llevarles al agotamiento.

En resumen, los amores se agotan con el tiempo en lugar de durar para siempre porque los conflictos crónicos pueden producir un estilo de enfrentamiento de los conflictos en el que predomina el funcionamiento defensivo del carácter (de acuerdo con el Eneagrama), porque la historia de amor se fractura y no sobrevive (de acuerdo con Sternberg) o porque se desgastan debido a las desigualdades de poder y estatus que resultan, a la larga, inaceptables.[7]

Por otra parte, la importancia adquirida por los sistemas de lenguaje en la terapia sistémica debido a la influencia creciente del construccionismo social no está muy lejana de lo escrito por Wittgenstein en *Investigaciones filosóficas* (1988, (trad. por García Suárez, Instituto de Investigaciones Filosóficas, UNAM-Editorial Crítica, Barcelona) aunque en la cita que sigue no se refiera a la pareja específicamente sino que a los caminos que se recorren en los diálogos y que pueden ser los amorosos:

> ..."el lenguaje ha preparado las mismas trampas para todos: la inmensa red de caminos equivocados transitables. Y es así como uno tras otro siguen los mismos caminos y sabemos dónde van a doblar, dónde seguirán derecho sin ver la desviación, etcétera, etcétera. Así, pues, yo debería poner señales en todos los lugares de los que parten caminos equivocados, para ayudar a pasar los puntos peligrosos."

Este "cruce de caminos" tiene otras dimensiones que aportan al diálogo amoroso un lenguaje que se sitúa en el territorio del deseo y de la pasión, imposible de evadir si se entiende que el erotismo es una de sus bases. Tampoco se escapan las emociones y los sentimientos, que constituyen el círculo de lo que se expresa con el cuerpo, además de las palabras en la medida que el vínculo afectivo se construye paso a paso y compromete a ambos en la elección y la permanencia.

El amor, en breve, consiste entonces en una relación afectiva que surge desde antes que el lenguaje se forme como tal y que por lo indecible de sus discursos se llena de poesía y nos da un sentido, especialmente cuando nos transforma profundamente en seres más virtuosos.

Pero si de definiciones se tratara, podemos intentarlo de la siguiente manera:

El amor es, en este gráfico, una interacción significativa entre dos amantes a quienes los une el deseo y los sentimientos al mismo tiempo que comparten una historia de amor como sujetos.

El amor en la pareja: un sistema complejo

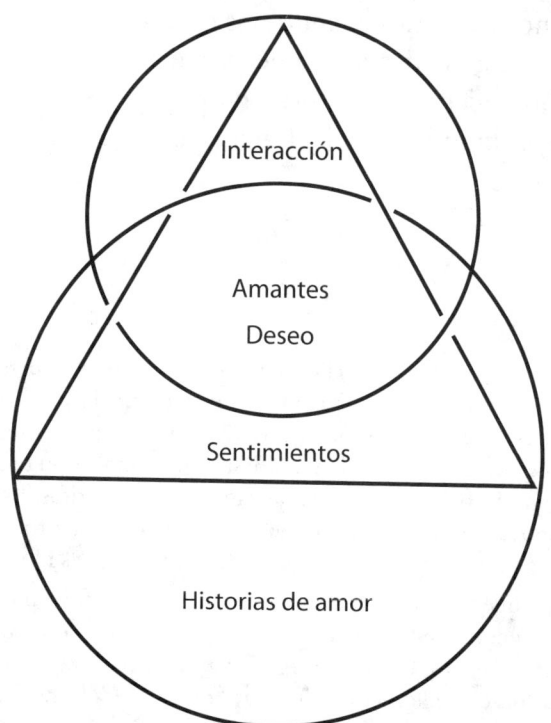

Cuando se intenta una puntualización más estricta de esta definición, se pueden formular los siguientes enunciados sobre este nudo amoroso que es tan vital como complejo.

Se trata de:

1. Una de las interacciones afectivas más significativas que se nutre inicialmente de los mapas de funcionamiento mental derivados del apego temprano y de las carencias emocionales infantiles y que, por su intermedio, se intentan sobrepasar.
2. Una relación íntima entre amantes que se atraen mutuamente por el deseo y que se reconoce, en su dimensión ética, por el respeto a la legitimidad del otro y por la certeza de que no se hará nada con su cuerpo que no sea voluntaria y mutuamente aceptado con placer y goce.
3. Una construcción social que posee una dimensión institucional e histórica culturalmente determinada, en la que se inscriben discursos y textos escritos y no escritos que dejan signos indelebles en la constitución de cada uno de nosotros como sujetos sociales, en la medida en que los sentimientos dan origen a las diferentes historias de amor que nos contamos cuando nos enamoramos.
4. Una experiencia estética en la que las palabras se apoderan de uno y de otro u otra mientras les anuda en diversos juegos de lenguaje que, con suerte les impulsan hacia dimensiones místicas y poéticas.

---

[1] La existencia del eneagrama como herramienta para el trabajo personal es muy antigua ya que proviene de la filosofía sufí y fue introducida a Occidente en el siglo pasado, en el cual se establecieron puentes de contacto muy estrechos y fecundos, entre otros por Gurdieff. Bateson lo manifiesta a menudo, en su referencias frecuentes a los koanes zen, como notas al pie de página de sus escritos. Es posible plantear que lo que conocemos como pensamiento sistémico sea una traducción científica de lo que es una parte constitutiva del sentido común, en las filosofías orientales.

[2] Este enunciado, que podría atribuirse a un terapeuta narrativo postmoderno, comprueba que esta nueva tendencia en la terapia basada en el construccionismo social tiene antecedentes previos en la investigación psicosocial, como lo atestigua J. Bruner (1985), En busca de la mente, México, Fondo de Cultura Económica, con su dilatada carrera en las teorías del aprendizaje social, que lo sitúan como continuador

de L. Vygotski (1988) *Pensamiento y lenguaje*, México, Quinto Sol, en una cierta competencia con el constructivismo más biológico de J. Piaget (1972) *Psychology and Epistemology*, Londres, Penguin Books.

[3] En México se estudiaron las historias de amor que postula Sternberg, considerando la importancia que tiene la cultura en la forma que adquiere una historia por los investigadores del Dpto. de Psicología Social de la UNAM y los resultados se correspondieron en alta medida a los obtenidos por el autor norteamericano. Diaz-Loving (2002).

[4] Estas cifras se acompañan de otros datos complementarios. Por ejemplo, en Europa se alcanzan cifras de 25% de hijos nacidos fuera del matrimonio aunque en Inglaterra y en los países escandinavos, en las que la legislación protege a los niños, sin importar la paternidad, esta cifra asciende a 50% (Vicencio, J., "La familia, la pareja y la psicología social de la familia", *Psicoterapia y familia*, vol. 16, 2003).

[5] Curiosamente, la historia de amor como un "jardín" que crece y embellece, de acuerdo con el cuidado que se le ponga (según Stemberg) es una de las más frecuentes entre las mujeres y varones entrevistados en sus investigaciones.

[6] La pareja como institución es como un "cruce de caminos" entre amantes de igual o distinto sexo en un mapa que ya no dispone más de una cartografía tan precisa. Se sitúa en un territorio muy concreto que incluye una serie de metaniveles contextuales, que además del género, influyen directamente en el status y las asimetrías de poder entre el hombre y la mujer, como por ejemplo: el trabajo, las circunstancias económicas, la religión, la vivienda, el barrio, la profesión, la migración, etnia, lenguaje y los discursos multiculturales.

[7] Según el reporte de las Naciones Unidas sobre la democracia, las mujeres alcanzan 64% de analfabetismo en los adultos; sus ingresos corresponden a 75% de lo que reciben los hombres ubicados en puestos de trabajo equivalentes y su participación política en el Parlamento está muy por debajo de los hombres, que ocupan 86% de los escaños. United Nations Development Programme (2002), UNDP *human development report: Deepening democracy in a fragmented World*, Nueva York, Oxford University Press.

CAPÍTULO 3

LA TERAPIA DE PAREJA EN EL TIEMPO

Desde mucho antes que existiera la terapia, incluso la literatura escrita como lo atestigua la tradición oral y los mitos griegos, reaparece en los textos romanos de los primeros siglos después de Cristo y en la actualidad, en la que las telenovelas que han sido sobrepasadas por los "reality shows", los conflictos amorosos destacan por el interés que despiertan en la amplia audiencia que los escucha diariamente.

La historia de la terapia de pareja es más reciente. La mayoría de los autores la remonta a los comienzos de los 30, en que simultáneamente se crearon uno o dos centros en Estados Unidos en los que se formaban como consejeros matrimoniales a sacerdotes, ministros y pastores protestantes, médicos obstetras, enfermeras y trabajadores sociales para que desempeñaran un rol de apoyo para parejas que atravesaban una situación difícil. En muchos casos, se trataba de proporcionar ciertas guías de tipo preventivo y educativo para evitar desastres mayores, sin contar con un apropiado desarrollo de teorías ni de técnicas que les sirvieran de base. Sin embargo, el consejero matrimonial se fue consolidando como un profesional de buena fe, que habitualmente se desempeñaba en ambientes religiosos o de la salud hasta mediados de los 60, cuando fueron finalmente incorporados a la AAFMT (Asociación Americana de Terapia Familiar), en el caso de que cumplieran con los requisitos más formales, que los acreditara como terapeutas de familia y de pareja al mismo tiempo.

Como consecuencia de esta incorporación, el final del consejero matrimonial como profesional sería bastante abrupto ya que por un lado, se habían afiliado inicialmente al psicoanálisis, en búsqueda de una teoría que les sirviera de sostén para la comprensión de las "distorsiones" en la comunicación que habían observado como una constante en los individuos que se aquejaban de conflictos de pareja y por el otro, surgía la terapia familiar basada en una lectura sistémica de los trastornos mentales, en abierto antagonismo con el psicoanálisis como explicación de los mismos y que se transformaría en un eje conceptual más adecuado para comprender a la pareja como una interacción entre pares.

Desde otra perspectiva, en la medida que la pareja no fue, como la familia, el *locus operandi* de esta nueva teoría basada en la cibernética y la pragmática de la comunicación, la terapia marital se alimentó de diversas fuentes: el psicoanálisis (principalmente la escuela inglesa de las relaciones objetales), el conductismo (la teoría del aprendizaje social), las terapias centradas en la experiencia emocional (proveniente de los escritos de Virginia Satir (1967) y del Instituto Esalen) y eventualmente de la terapia sistémica.

Resulta entonces que, aunque la terapia de pareja es una disciplina más antigua que la terapia familiar, no ha seguido el mismo curso histórico. Incluso en los textos clásicos de Terapia Familiar se menciona a la pareja sólo colateralmente, desconociendo que, en la práctica, la mayoría de las consultas, a nivel público y privado se derivan de la demanda de parejas o de individuos que presentan conflictos conyugales (63% de las quejas que se presentan como motivo de consulta en una investigación hecha con terapeutas familiares por Rait (1988) se refieren a la pareja).

Revisiones más recientes como las realizadas por Simmons (1995) y Doherty (1996) señalan que quienes practican terapia familiar en EU tratan a dos parejas por una familia y que los problemas de pareja ocupan el 59% de las consultas. En México no existen datos de investigaciones sobre el tema, pero no habría razones para pensar que la situación sea muy distinta. Por el contrario, con la influencia del postmodernismo y la terapia narrativa, la familia y la pareja han sido reemplazadas por individuos que consultan y son tratados en forma individual por problemas familiares o de pareja. No sucede lo mismo con las parejas, ya que la práctica más común consiste en la entrevista marital conjunta, salvo para los psicoanalistas, que se resisten al cambio de encuadre y prefieren las entrevistas individuales con cada uno de los integrantes para centrarse en el análisis de la transferencia con el terapeuta y/o entre los mismos cónyuges como elementos centrales para lograr el *insight* y la eventual transformación de los problemas que los aquejan.

Si se considera el creciente índice de separaciones y divorcios que habitualmente producen una crisis familiar y que requieren de una atención especializada y se le agregan otros motivos de consulta frecuentes, como por ejemplo: el distanciamiento emocional, luchas por el poder, dificultades para resolver conflictos, problemas de comunicación, celos e infidelidades, insatisfacción sexual, violencia, violaciones, abuso sexual, el panorama del problema adquiere magnitudes más grandes.

En efecto, si se considera en conjunto a las adicciones y a los conflictos de pareja, éstos se convierten en los problemas psicosociales más frecuentes en lo epidemiológico, y no cabe duda que representan el mayor reto para quienes nos dedicamos a las diversas disciplinas de la Salud Mental.

La situación empeora un poco más cuando se considera a otros problemas asociados indirectamente con dificultades conyugales como por ejemplo: ansiedad, depresión, intentos de suicidio, homicidios, predisposición a los accidentes, a las enfermedades agudas y crónicas (infarto e hipertensión arterial), y al contagio más frecuente de enfermedades transmitidas sexualmente. Más aún, si se considera que los niños que conviven en hogares con conflictos de pareja sufren de ansiedad, depresión, trastornos de conducta y fragilidad generalizada frente a las enfermedades epidémicas, el número de afectados aumenta exponencialmente.

Aunque la frase de H. Maturana cuando define lo que describe como la biología del amor no es pertinente, por estar fuera de contexto, viene al caso repetirla, para subrayar la magnitud del problema: en su opinión, cuando menos el 80% de los males que conocemos como enfermedades se deben a la falta de amor.

Una forma de darle continuidad a esta frase consiste en definir a la terapia de pareja como la disciplina que se ocupa de los dolores que los amores producen para que, con el arte de las palabras, de preguntas, intervenciones y rituales, en una conversación en la que damos vueltas en conjunto con los propios afectados, intentamos disolverlos para remediarlos.

BREVE HISTORIA DE LA TERAPIA DE PAREJA

Además de los consejeros matrimoniales de origen religioso, los psicoanalistas también se interesaron por la pareja desde los años 30, con temas tales como los determinantes de la elección amorosa, el efecto del psicoanálisis sobre el cónyuge que no estaba en terapia y la *folie a deux*.

En efecto, Oberndorf, (1934) describía este cuadro como resultado de una neurosis mutua que entrelazaba a ambos por sus mecanismos de defensa y recomendaba para su abordaje a dos analistas, uno a continuación del otro, para desbloquear el nudo compartido.

Más tarde, Mittelman (1948) reportó un caso de pareja en el que ambos eran tratados al mismo tiempo por el mismo terapeuta, aunque en un formato individual, contraponiéndose a las recomendaciones de la ortodoxia freudiana. En Nueva York, el propio Ackerman se atrevió a ver parejas en consulta aunque no más que en el 20% de los casos.[1]

Sin embargo, la teoría y la técnica se mantendrían invariables. En efecto, el método consistía en el análisis de la transferencia con el terapeuta en vez de considerar, en primer lugar, a la transferencia entre los miembros de la pareja como eje del trabajo de las interpretaciones y que, con el tiempo, por la influencia de H Dicks (1967), psicoanalista inglés, autor de "Marital Tensions", impulsaría el giro teórico hacia las relaciones objetales como marco de referencia para la terapia de pareja. Aún así, en parte por la dificultad del psicoanalista de abandonar la importancia concedida al contenido del discurso de cada individuo, la escasa efectividad de las interpretaciones para inducir un cambio en las relaciones y el surgimiento de la terapia familiar como competidor y antagonista, el psicoanálisis desapareció del escenario de la terapia de pareja a mediados de los 60, salvo en Francia y en Inglaterra, países en los que la influencia de la terapia familiar sistémica no fue tan masiva.

El desplazamiento paulatino de otras escuelas por el "boom" de la terapia familiar como una opción en EU no fue solamente una consecuencia del carisma de sus precursores o de la efectividad y brevedad de sus intervenciones. Se trataba, en realidad, de la necesidad de una comprensión más integral de los trastornos mentales y emocionales que incluyera a lo social y a lo cultural como contexto y que sobrepasara al individuo como eje del análisis para que su lugar como actor privilegiado fuera solamente el de un sujeto participante de relaciones significativas.

La familia, institución intermediaria entre el sujeto y lo social, era el blanco natural para la experimentación de estas nuevas teorías y prácticas derivadas del amplio paradigma de la cibernética aplicada a los seres humanos. El resultado de esta coincidencia, tan azarosa como todas las que promueven el cambio, dio como resultado una disciplina nueva que, haciendo a un lado al individuo, puso al frente las interacciones entre ellos, especialmente cuando se trataba de integrantes de una célula psicosocial tan estrechamente ligados entre sí.

Con respecto a la pareja, en la medida que el foco del análisis se desplazara hacia las interacciones entre sus miembros en lugar de las características de los individuos, este nuevo paradigma daría sus frutos.

La primera señal de su influencia surgió del grupo de Palo Alto, primero con Jackson pero luego con Watzlawick, quien acostumbraba a plantear con ejemplos de pareja las redundancias que a la manera de patrones y ciclos se repetían hasta el cansancio. Por algunos años, la fascinación que ejerció este modelo por el uso tan refinado del reetiquetamiento y de las intervenciones paradójicas serviría para ilustrar inicialmente su modelo terapéutico en el cual se utilizaba una entrevista estructurada de pareja en la que se les preguntaba por su encuentro inicial, sus intereses y gustos, es decir y en buenas cuentas, por su noviazgo. No es necesariamente inútil en la terapia, siempre que se use como un instrumento para identificar las características de sus interacciones actuales ya que de otra forma, se pierde el tiempo concentrándose en la historia generalmente positiva de un noviazgo ya lejano, o en el resumen de sus episodios más relumbrantes o dolorosos, según sea el caso. En efecto, para Watzlawick, por medio de esta entrevista se podían observar más fácilmente las interacciones de la pareja en el presente y el procedimiento servía para que, siguiendo por un rodeo, se llegara más rápidamente a reconocer los diferentes pasos de la danza interaccional, para identificar así los patrones redundantes, eje de intervenciones paradójicas que alteraran el equilibrio y la homeostasis.

De este grupo fue más importante la influencia de C. Sluski quien describiría paso a paso, a manera de prescripciones para el terapeuta, lo que se debía hacer para entrevistar a una pareja sin perder el hilo sistémico interaccional.

También fue relevante la influencia de D. Jackson y su metáfora del "quidprocuo" para referirse al contrato inconsciente que define a una relación, y que ayuda para identificar los juegos interaccionales como punto de partida de cualquier terapia de pareja.

Aunque Minuchin no se define a sí mismo como especialista en la pareja, sus intervenciones centradas en la complementariedad y su utilización de la metáfora como una herramienta clínica llena de intuición artística, con seguridad que tiene cabida como una influencia importante para la mayoría de los terapeutas familiares que utilizan técnicas estructurales para la terapia de pareja.

En resumen, la terapia familiar estructural estratégica con sus figuras más relevantes proporcionarían los fundamentos de la terapia de pareja en la época de su gran florecimiento en EU a partir de 1960 hasta la fecha.

En México, al igual que en Inglaterra, la influencia sistémica para la terapia de familia y de pareja fue posterior y comenzó como tal a mediados de los años 70.

En mi experiencia personal como psiquiatra en entrenamiento en Londres desde 1975 a 1979, la formación como terapeuta familiar se iniciaría con el uso de "intervenciones en crisis" con pacientes psicóticos que requerían de la hospitalización para continuar luego con terapia familiar y grupal, con la ayuda de la teoría psicoanalítica para la comprensión de la psicosis y la familia.

La influencia de la antipsiquiatría era entonces muy marcada, especialmente por la presencia mediática de R. D. Laing quien había marcado una huella muy honda en quienes lo conocimos a partir de su investigación sobre las percepciones interpersonales en familias esquizofrénicas, su tesis doctoral en la Clínica Tavistock publicada en 1978.

La escuela inglesa de terapia familiar estaba entonces en formación como una rama tardía del psicoanálisis de grupo del cual se desprendería más tarde, con R. Skynner a la cabeza, quien sería uno de los fundadores del Instituto de Terapia Familiar actual. La influencia más importante de la teoría sistémica y del modelo estructural fue fruto de una coincidencia circunstancial: la estadía de S. Minuchin en Inglaterra durante un año sabático.

A partir de entonces y luego en México desde 1979, con la influencia de una serie de colegas con quienes he tenido un contacto más cercano y de mis pacientes y alumnos, me ha sido posible generar un modelo de terapia de pareja que integra en múltiples niveles lo que me parece más útil y relevante. Aunque sin contar con los recursos que en otros países han facilitado las investigaciones en este campo, que le han dado a la terapia de pareja una validez bastante considerable como lo registran las revisiones más recientes, concordamos en la necesidad de una integración que, permaneciendo fiel al paradigma sistémico, incluya aspectos provenientes del construccionismo social, género, multiculturalismo y narrativa por un lado, y no excluya los avances del psicoanálisis, el conductismo, la psiquiatría y el postmodernismo centrado en los sistemas de lenguaje, por el otro.

La influencia de una gran cantidad de terapeutas familiares y de pareja con los que he tenido la suerte de interactuar en mayor o menor medida a lo largo de mi desarrollo profesional ha sido fundamental para la construcción de este modelo, y en el cuadro que se presenta a continuación se identifica a los colegas que han tenido mayor influencia en esta tarea.

La gráfica ubica en cuatro círculos concéntricos a los modelos terapéuticos que han prevalecido a lo largo de la historia, tan breve aún, de la terapia familiar y de pareja, ordenadas con respecto a una cronología conceptual que permite establecer diferentes ejes de acuerdo con las orientaciones particulares de los autores mencionados.

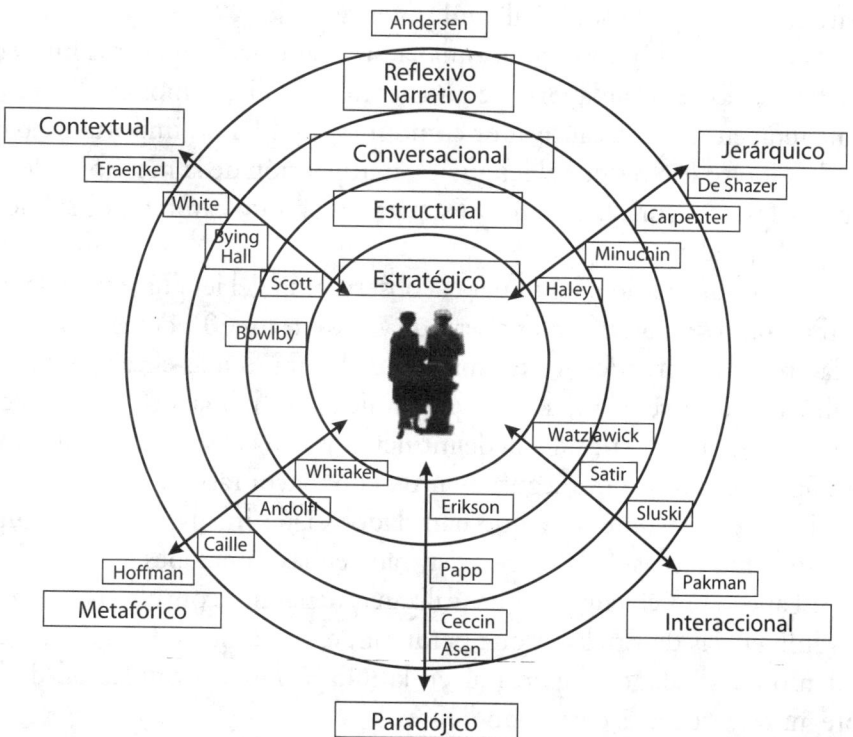

Terapia de pareja

Influencias del modelo

En el primer círculo se ubica a los modelos estratégicos más antiguos, que se definen por su interés en la cibernética de primer orden, retroalimentación y homeostasis, además del énfasis por la terapia breve centrada en intervenciones de tipo instructivo que alteraran el equilibrio de la pareja entendida como un sistema estable.

No obstante las críticas y desacuerdos con estos modelos por la aplicación de una teoría mecanicista que no comparto, especialmente cuando sus principios y técnicas se aplican de un modo normativo y jerárquico, no se puede desconocer su profunda influencia inicial, cuando cambiar de paradigma, de la causalidad lineal a la circular, era lo fundamental. Todavía lo sigue siendo para los alumnos que se forman como terapeutas en la mayoría de las instituciones de formación en diferentes partes del mundo.

A Milton Erickson se le conoce como el iniciador de lo estratégico desde antes que existiera lo sistémico, y a J. Haley (1976), por su descubrimiento, como lo atestigua en diferentes referencias bibliográficas, pero especialmente en "Uncommon therapy" (Terapia no convencional"). Su influencia es notable para el grupo de Palo Alto en sus comienzos, en particular para Jackson, Weakland y Watzlawick.

Pero no es la hipnosis ericksoniana precisamente lo que más influencia ha tenido para la mayoría de quienes nos familiarizamos con su abordaje terapéutico, tan cautivador como mágico. Lo más importante para mí ha sido su interés por el lenguaje, su utilización de la metáfora, de los cuentos y los recursos de la retórica para inducir un cambio por influencia de la palabra.

Su extraordinario talento para la observación del lenguaje verbal y no verbal como se muestra en una serie de videos de los 60, además de su agilidad para comprender el síntoma como el camino más eficaz para prescribir una intervención, a veces paradójica pero la mayoría de las veces tan ingeniosa y artística, llena de intuición y ajena al sentido común, me persiguen todavía como seguramente y con mayor razón a quienes lo conocieron personalmente y que han dado origen incluso a las versiones más postmodernas de la terapia centrada en las soluciones.[2]

El apego por el lenguaje que utilizan quienes nos consultan es otra de las influencias de Erickson que perduran, especialmente para dar seguimiento a las palabras "apertura" en la indagación y formulación de las preguntas circulares correspondientes.[3]

El interés por la díada de P. Waszlawick se evidencia en sus numerosas publicaciones y lo sitúa como precursor de la terapia de pareja desde el enfoque interaccional. Sin embargo, la entrevista estructurada de la pareja en la que se indaga sobre el noviazgo no es lo mejor a mi juicio, especialmente cuando la pareja consulta por un dolor insoportable. Me resulta incluso irrespetuoso, cuando se trata de crear un sistema terapéutico que sea empático con las emociones de quienes nos consultan y no intente forzar una mirada positiva antes de tiempo.

El arte con que emplea el "reetiquetamiento" del problema no tiene un representante tan articulado y coherente como lo atestiguan sus intervenciones clínicas, descritas magistralmente en "Cambio" (1989) y con mayor detalle en "Técnicas del cambio" (1989) escrito en conjunto con los demás integrantes del grupo de Palo Alto cuando ya se habían establecido como una escuela propiamente tal.

El énfasis de esta escuela por las soluciones intentadas para la comprensión del problema, desde la búsqueda de coherencia entre el problema y los intentos de solución me siguen siendo útiles aunque no para el diseño de intervenciones sino para hacer preguntas que den como resultado la información relacional que el sistema terapéutico necesita para intervenir.

En lo que no me cabe duda es en la influencia con respecto al cuidado por las palabras para que sean más eficaces en el momento de efectuar una intervención estratégica, especialmente como resultado de una primera entrevista en la que se intenta coincidir en una definición del problema como punto de partida para la terapia.

El cuidado por definir o construir un problema diferente al que la pareja trae a la consulta es uno de los pilares para cualquier terapeuta sistémico pero especialmente para quienes nos identificamos con el modelo interaccional inicialmente.

La postura estratégica jerárquica de J. Haley como recomendación para el terapeuta en la conducción de la sesión es comprensible en su contexto histórico ya que entonces, a mediados de los sesenta, se intentaba conseguir un lugar para la terapia breve familiar y de pareja en abierta oposición al psicoanálisis, al cual se le criticaba por la posición de una escucha demasiado neutral y pasiva que se interesaba por el cambio basado en el pasado y en la historia del paciente.

Sin embargo, lo más importante de su influencia consiste en el ingenio que demuestra en la construcción de tareas, paradójicas o no, que se prescriben para intentar un cambio de la pareja en el intervalo entre sesión y sesión, y que a veces resultan un excelente recurso para dar comienzo a una terapia cuando la información obtenida es confusa y contradictoria.

A veces me sorprende encontrarme utilizando una intervención basada en la inversión de roles, en la cual les solicito a cada uno que ponga en práctica alguno de los intentos de solución de su pareja, una de sus técnicas favoritas, aunque su recomendación sea más literal, es decir, proponer una inversión de roles en el curso de la sesión como técnica de modificación sobre la marcha.

En la supervisión de terapeutas en formación es cuando la posición estratégica de Haley es más útil, especialmente cuando alguno de los integrantes de la pareja no acude a la consulta. Es frecuente que sea necesario ejercer cierta presión para convertir una consulta individual en consulta de pareja, especialmente cuando quien acude insiste en que su problemática es conjunta.

Un intento por incluir al ausente consiste en informarle por escrito de lo más relevante de la sesión, con el consentimiento del que asiste y en un lenguaje accesible para concluir con una invitación a una entrevista individual que los deje a ambos en igualdad de condiciones. A veces incluso, se requiere prevenirles de la posibilidad (que existe y es alta) de que una terapia individual destinada a resolver un conflicto de la pareja termine con la separación o el divorcio como probable desenlace de la misma.

Ejercer este tipo de presión debe evaluarse cuidadosamente desde una perspectiva ética, aunque la información que se proporciona sea absolutamente verídica y fundamentada por diversos autores. Aún así, se ajusta más a la posición de esa época, de contienda estratégica entre el terapeuta y los integrantes de la pareja o de la familia.

En la actualidad, esta posición ha sido fuertemente cuestionada por su connotación jerárquica, ya que ha sido abusada por algunos terapeutas que no cuidan del ejercicio indebido de su poder.

Por lo tanto, en consonancia con una posición más colaborativa, es preferible proporcionar al consultante, a menudo ella quien consulta primero, la información que se conoce sobre el problema y plantear sugerencias para incluir a quien no asiste, incluso a través del relato de lo que se ha aprendido con otros casos similares.

La influencia de Bowlby, psicoanalista británico, aunque se incluya dentro del grupo de los terapeutas estratégicos, está relacionada con su teoría del apego temprano y en los efectos que la inseguridad-seguridad de esta relación pudiera tener sobre el tipo de relación de pareja que se prefiera como elección o como estrategia para el manejo de los conflictos de la misma.

Habitualmente la pareja que consulta se queja de un dolor emocional muy intenso que, para S. Johnson (2003), creadora de la terapia focalizada en las emociones, tiene las características de una "herida" que tiene que sanarse por medio de intervenciones terapéuticas que no evadan el drama afectivo ya que, en muchos casos, es el resultado de una reescenificación de episodios ligados al apego temprano. De acuerdo con ella, las parejas requieren de una experiencia terapéutica que no se despegue de los sentimientos, por muy dolorosos que sean, para lograr que se repare una herida que no es nueva sino que es intergeneracional, ya que proviene del tipo de apego de la niñez temprana.

En este sentido, el aporte de Bowlby, retomado con fuerza en los últimos tiempos como una teoría que se complementa bastante con lo sistémico, consistió en proporcionarme una base más sólida para comprender la intensidad de los dramas personales que se ponían de manifiesto en mi práctica clínica temprana con la utilización de técnicas derivadas de la terapia Gestalt, que fueron las que aprendiera inicialmente en Chile a comienzos de los 70.

Su inclusión en lo estratégico es entonces solamente personal porque me proporcionó las bases para establecer un puente de unión entre la Terapia de la Gestalt y el Psicoanálisis, en una época en la que al propio Bowlby se le señalara como uno de los precursores de la terapia familiar que no nacía todavía como disciplina, por lo menos en Inglaterra.

La influencia de Whitaker es similar a la de Bolwby, es decir de una figura que me ayudó a construir puentes, en este caso entre lo intrapsíquico y lo sistémico como lo relata a manera de experiencia personal en su libro *From psyque to systems*.

Sin embargo, en Inglaterra era más fuerte entonces la importancia adquirida por la antipsiquiatría, con personajes tan carismáticos como R.D. Laing y D. Cooper, en gran parte como resultado de sus incursiones en el mundo interno de los esquizofrénicos y de sus familias a finales de los 60, no sólo resistida por los psiquiatras sino también por los psicoanalistas porque se atrevían a postular que el más cuerdo de todos en la familia era el "loco".[4]

Los fracasos de sus métodos terapéuticos, que proponían una regresión a lo más primario del comportamiento psicótico representaron una alternativa a la medicación, entonces bastante ineficaz o llena de efectos secundarios.

Además, impulsaron la creación de algunos servicios de intervención en crisis que buscaban desarrollar modalidades de atención con la inclusión de la familia y a nivel domiciliario para evitar la institucionalización derivada de la hospitalización.

De esta forma, mis primeras experiencias de terapia de pareja y de familia en Inglaterra, en 1975, consistieron en entrevistas domiciliarias de tipo intervención en crisis, a menudo con un paciente esquizofrénico que requería de una atención de emergencia. La atenta mirada de D. Scott (1980) "A family oriented service to the London Borough of Barnet". *Health Trends,* 12, 65-68, uno de los especialistas más connotados en el tratamiento de familias esquizofrénicas en Londres y uno de los fundadores de la terapia familiar en Inglaterra, me ayudaría a comprender parcialmente las diferentes maneras de unirse eficazmente para colaborar en la solución de una enfermedad tan seria, que causa problemas tan graves como éste, no sólo para el paciente sino para los integrantes de la familia. También para incluir a la red de apoyo formada por quienes estuvieran dispuestos a ayudar para evitar la hospitalización como única medida

La confianza y el apoyo constante y paciente de D. Scott me empujaron a explorar el mundo interno de la psicosis para descubrir que no era tan extraño como lo imaginara desde afuera. Se sumaba el hecho que la comprensión de la psicosis es más fácil desde lo que aporta la familia porque la información es muy superior a la que se obtiene a partir del paciente individual en la búsqueda, a veces difícil y dolorosa para el mismo paciente, de síntomas y signos como requiere el diagnóstico médico psiquiátrico tradicional.

De esta forma, mi acercamiento a los escritos de Whitaker, quien ya había realizado un largo viaje por un camino similar fue más tardío. Su trabajo con esquizofrénicos y sus familias se desarrollaba con el auxilio de un coterapeuta que lo rescataba de la locura, que en estos casos, no respeta a nadie, me serviría más tarde como un complemento fundamental para comprender al psicótico desde una posición existencial y fenomenológica más amplia que la psicopatológica.

Aunque no tuve la oportunidad de interactuar personalmente con él, sus escritos y la observación de su trabajo en videos me enriquecieron enormemente porque le agregaría elementos para una comprensión más elaborada de lo que había experimentado casi en bruto. Además, me convenció de que los discursos de los psicóticos no están tan lejos de los que utiliza la pareja cuando acude a una consulta con un conflicto grave, en el cual los contenidos derivados del inconsciente están casi a flor de piel.

En lo que se refiere a la terapia de pareja, la inclusión de algunos de sus postulados me han sido muy útiles como aforismos personales para compartir con quienes me consultan, por ejemplo, "que la psicosis y el amor son casi la misma cosa", "que el suicidio y el homicidio son ideas universales en los amantes, aunque no se actúen tanto como se sienten", "que la pasión incluye a la violencia", entre otros.

Lo más importante, sin embargo, fue lograr el impulso para entrar al sistema terapéutico sin tener tanto miedo a fomentar un carácter lúdico, que es lo que da origen a la intuición necesaria para que no sea la práctica del oficio del terapeuta lo que predomine en la actuación cotidiana con los pacientes que nos consultan.

También hay que destacar su genial irreverencia para incluir planteamientos derivados de su particular modo de pensar, a veces claramente divergente y absurdo y que le acercarían, antes de tiempo, a lo que ahora se conoce como "transparencia del terapeuta", porque le gustaba comentar aspectos de su vida personal, tomando en cuenta que la fluidez del dialogo terapéutico va sembrando ideas en la mente del propio terapeuta como protagonista de una continua co-construcción con los pacientes. Considero a Whitaker como un precursor en la inclusión de historias, acertijos y ocurrencias que, aunque se puedan inscribir ingenuamente en el terreno de lo absurdo o por lo menos de lo excéntrico, tienden a producir aperturas hacia áreas desconocidas y lograr experiencias novedosas que aportan espontaneidad y creatividad a partir de la existencia personal y de sus conflictos que evidencian la existencia de un camino lleno de futuros tan inciertos como el de nuestros pacientes.[5]

En el segundo círculo se inscribe a los terapeutas que consideran que la estructura de la pareja es lo que hay que reconocer en primer lugar porque las intervenciones tendrán como objetivo su modificación.

En este grupo destaca la presencia de Salvador Minuchin, autor del modelo estructural. Sus extraordinarias habilidades clínicas aunadas a su carisma personal no podían dejar de influirme especialmente por la observación de sus presentaciones de casos en vivo o en videos que tuve la oportunidad de observar brevemente en la Tavistock Clinic en Londres en 1979, en la Philadelfia Child Guidance Clinic en 1980 y durante sus visitas a México por invitaciones del Instituto que recién habíamos fundado, destinado a los estudios de la familia (Instituto Latinoamericano de Estudios de la Familia, ILEF).

La oportunidad de contar con la presencia cercana de un maestro y supervisor como Minuchin tuvo como consecuencia natural la adopción de su modelo como el más adecuado para la docencia y la práctica clínica con familias y parejas en esa época.

A lo largo de los años, las intervenciones estructurales con familias me resultaron muy útiles y eficaces. No era lo mismo cuando se trataba de aplicar su modelo a la terapia de pareja porque su estructura que, desde entonces empezaría a denominar como la manera particular que cada pareja elige para darle forma a su danza de "cómo está quien con quien" era, en general, bastante rígida, y las intervenciones estructurales resultaban ineficaces y repetitivas.

Quizá las técnicas que seguían teniendo vigencia eran las que Minuchin llama "complementariedad", porque me ayudaban a identificar la forma en que lo que hace uno de los cónyuges está íntimamente ligado a la respuesta del otro para configurar la "danza" que la pareja baila (se necesitan dos para un tango) para referirse a las características dinámicas, en constante movimiento de las pautas estructurales. Sus ejemplos, generalmente provistos de un sutil desafío, señalan que lo malo de uno, como podría ser su pasividad por ejemplo, no es algo propio sino que es provocada por el exceso de iniciativas y propuestas de su pareja aunque conduzcan paulatinamente a adoptar una posición jerárquica superior dentro de una relación de la cual no tendría que quejarse, ya que es el resultado de ambos.

Otra de sus técnicas, el desbalance, permite combatir las alianzas que las parejas intentan reproducir en el escenario terapéutico con inclusión del terapeuta para que se abandere por su causa y la defienda como propia.

Sin embargo, considero que lo más importante consistió en proporcionarme las herramientas necesarias para favorecer el diálogo entre los integrantes de la pareja durante la sesión mediante la "escenificación", para promover la discusión entre ellos mismos sobre un asunto particular, para reconocer la danza entre ellos e intentar modificarla con intervenciones basadas en la configuración estructural de la pareja.

También me ha sido importante la consideración de la pareja como un subsistema de la familia, lo cual implica tomar en cuenta a los hijos y al ciclo vital de la familia como ejes para complementar la información que se requiere para una comprensión más integral de lo que le sucede a esa pareja en el presente.

Meses antes de observar a Minuchin en acción, me impresionó enormemente el trabajo de Virginia Satir, quien estuvo conduciendo una serie de seminarios en Londres en 1978, por una parte, por sus capacidades de "empatizar" con grupos muy numerosos de asistentes a su taller y además, por sus habilidades para conseguirlo con familias mediante técnicas semejantes a las que había aprendido antes, como parte de mi formación en terapia Gestalt. Su extraordinario talento para la connotación positiva contribuía a formar un sistema terapéutico muy cálido en pocos minutos desde el cual era muy fácil (para ella) movilizar recursos familiares escondidos o por lo menos no muy visibles, lo que le ha conseguido un lugar especial como una de las precursoras de lo que se conoce actualmente como enfoque colaborativo, en el que destaca, entre otros, Harlene Anderson y H. Goolishian del Galveston Institute, en Texas.

No es casual que Virginia Satir no se sintiera cómoda como integrante del grupo de Palo Alto, demasiado imbuido en las ideas de la cibernética de primer orden como paradigma teórico dentro del cual, además era la única mujer, quizás sí la mejor de ellos como terapeuta, pero no la más interesada en el "rigor científico con imaginación" que el grupo proclamaba como su credo. Su emigración al Instituto Esalen, al pasar del tiempo no causa sorpresa ya que era, en ese entonces, el lugar en el que se practicaban los métodos terapéuticos más innovadores y radicales, siguiendo la huella que había dejado F. Perls, fundador de la terapia Gestalt.

La lectura de sus libros fue precedida, en mi caso, de lo que había aprendido de Fritz Perls y de Claudio Naranjo, uno de sus discípulos más cercanos, aunque el único enunciado que les unía con el paradigma sistémico consistía en el mítico enunciado de que "el todo no es lo mismo que la suma de sus partes". Lo más conmovedor del trabajo de Virginia Satir consistía en que, sin necesidad de fundamentos teóricos, era capaz de traducir en sus sesiones lo que otros habían teorizado por su cuenta.

La permanencia en un foco que alcanzaba una gran intensidad dramática y emocional le serviría de base para la construcción de una escultura familiar que representara los vínculos relacionales basados en la comunicación no verbal.

Esta técnica, la escultura familiar y de pareja, ha permanecido vigente a lo largo del tiempo en la terapia sistémica de pareja aunque por lo mismo, se ha perdido de vista a V. Satir como su iniciadora. Los autores que más la han utilizado son Andolfi y Onnis en Roma, Caillee en Oslo, Peggy Papp en Nueva York y últimamente se ha puesto de moda como técnica de un enfoque conocido como "constelaciones familiares" de Hellinger.

La influencia de Peggy Papp ha sido más compleja desde el principio, por su insistencia y aplomo para incluir a la paradoja como un complemento al modelo estructural con el reconocimiento de Minuchin y en su propio territorio, en Filadelfia, cuando éste se inclinaba por favorecer las intervenciones directas y desafiantes dirigidas a producir un cambio estructural en el curso de la sesión.

Más adelante, la utilización del equipo terapéutico como "Coro Griego" derivado seguramente de su pasado como actriz, una de las primeras intervenciones del tipo "dilema del cambio-no cambio" que sería luego uno de los sellos más característicos del modelo de terapia breve que implementarían en conjunto con Olga Silverstein en el Instituto Ackerman.

Más específicamente en relación con la terapia de pareja, sus artículos sobre "coreografías" publicados en diferentes sitios como en *Family Process, El Proceso del cambio* y *La Red Invisible*, me transformaron profundamente en cuanto a la manera de obtener los datos más significativos del conflicto central de la pareja a través de una fantasía dirigida destinada a escenificarlo, más allá de la quejas y recriminaciones mutuas con esculturas en movimiento, que facilitaban las intervenciones dilemáticas basadas en las ventajas y desventajas del cambio, la inclusión del género, la importancia de las premisas y del sistema de creencias.

Últimamente me ha estimulado su facilidad para adoptar, sin gran esfuerzo, los postulados más actuales del constructivismo y del construccionismo social, dejando atrás el uso de las técnicas paradójicas para enfocarse, con arte, en los recursos de quienes nos consultan, especialmente cuando se trata de parejas en las cuales hay un diagnóstico de depresión severa, que es el último de sus proyectos de investigación clínica al cual se ha dedicado por más de diez años en la Clínica Ackerman de Nueva York.

Considero a Mauricio Andolfi como otra influencia importante. Sin haber tenido oportunidades de observar su trabajo clínico con anterioridad, sus libros son tan explícitos que me resultaron muy ilustrativos para el trabajo con parejas que inicié en México a comienzos de los 80.

Más allá de sus intervenciones características como el uso del objeto metafórico como un recurso para focalizarse en un tema central, o de la metáfora o la provocación como aperturas para la construcción de un diálogo terapéutico más productivo, su importancia se relaciona con la inclusión de lo trigeneracional en la terapia sistémica. Es probable que lo hiciera al mismo tiempo que P. Papp y O. Silverstein y probablemente a la par que Mara Selvini Palazzoli y su equipo de Milán pero, en todo caso, la incorporación de los ancestros, de lo transgeneracional como lo había escuchado inicialmente en palabras de D. Scott en Londres para referirse a la "sombra" de algún pariente esquizofrénico entremedio de generaciones previas volvía a aparecerse en la escena aunque de una forma más articulada y coherente.

En efecto, el planteamiento de la Escuela de Roma acerca de la persistencia de un guión familiar originado en mitos e historias del pasado, adquiere una relevancia especial cuando se trata de identificar los papeles que desempeñamos como terapeutas en las historias de pareja. No se trata de una repetición del pasado como planteaba anteriormente el psicoanálisis sino que más bien de un guión que se escenifica en el presente, con un lugar destinado al terapeuta como invitado especial para que represente el papel de uno de los integrantes de la historia trigeneracional más significativa de la familia y que lo incluya, en ausencia.

En esta lectura, el terapeuta queda ubicado en una posición que le obliga a descentrarse continuamente para evitar la continua repetición de una historia que adquiere el carácter de mito. Es necesario, entonces, identificar las expectativas y los roles que los integrantes de la familia le destinan al terapeuta para participar en el escenario. Se trataría de una carta de invitación con programa incluido o esperado desde antes, de acuerdo con sus historias significativas.

Por otra parte, la utilización de Andolfi de rituales de divorcio durante la sesión o de ceremonias de matrimonios simulados entre hermanos o la entrega de diplomas especialmente elaborados según la ocasión, consiguen a veces resultados sorprendentes en situaciones maritales odiosamente estancadas.

De esa época proviene la consideración de la pareja como un sistema casi tan rígido como las familias esquizofrénicas tratadas por ellos:.. es la época de "Detrás de la Máscara" y las familias rígidas, en las que describen la insuficiencia de la utilización de intervenciones directas e "instructivas" para inducir el cambio.

Afirman que es necesario incorporar la noción de estructura de sentido que le otorgue coherencia a lo que hacemos con los otros en las relaciones más íntimas para estar en condiciones de perturbar más profundamente y desequilibrar un sistema que lleva años desarrollando su propia identidad, como lo postula P. Dell (1982).

Sin embargo, el concepto de guión destinado al terapeuta no proviene de Andolfi sino de John Bying Hall, psicoanalista de niños y cercano colaborador de J. Bowby en la Clínica Tavistock de Londres. Uno de los iniciadores de la terapia familiar en Inglaterra, permaneció fiel a sus orígenes psicoanalíticos o por lo menos a la importancia de la teoría del apego temprano para la construcción de los pilares sobre los que se edifica la estructura del self. Desde los comienzos de los 70 se interesaría por los guiones trigeneracionales y por sus conexiones con el tipo de apego temprano que surgiría en la próxima generación, investigado por Bowlby a lo largo de los años.

Inicialmente inclinado hacia la terapia estructural por la influencia y presencia de Minuchin en Inglaterra en esa época, continuaría insistiendo en la importancia de la teoría del apego temprano dentro de un marco conceptual sistémico, enriqueciendo el concepto de guión en la medida que lo transformaba en un elemento útil para el terapeuta, pero también como un foco para introducir un cambio. Su terapia ha quedado ubicada en un lugar importante luego de la publicación del libro *Reescribiendo guiones familiares* que testimonia, con casos clínicos su modelo del cambio de guiones, con elementos que derivan del psicoanálisis, del apego temprano, de lo trigeneracional y del enfoque estructural.

La inclusión más tardía de Carpenter (1993) como otra presencia que me influencia obedece a que integra de una forma pragmática y muy británica los postulados del enfoque estructural con el estratégico, antes que lo hicieran otros autores norteamericanos (Keim y Lappin, 2002) enfrascados en los conflictos de territorio entre Haley y Minuchin, que obedecían a diferencias de personalidad entre ambos más que de teorías y de técnicas. Haley, más que Minuchin se pronunciaba a favor de la terapia de pareja desde un comienzo y vale la pena citarlo en este aspecto: "Todo clínico tiene que tratar con los matrimonios de alguna manera, ya sea porque él mismo esté casado, planeando hacerlo o evitándolo" (Haley).

Para Carpenter, las secuencias que tienen lugar en la comunicación de la pareja, los límites, la estructura y las historias forman un todo (*más que la suma de sus partes*) que debe tomarse en cuenta para intervenir desde lo estructural estratégico, porque dan cuenta de la configuración de la pareja, de las soluciones intentadas previamente y de las fallas para resolver sus conflictos. No le parece que debiera haber oposición entre las tareas para la casa y las que se resuelven dentro de la sesión, entre las intervenciones directas o paradójicas, desafío y/o apoyo de los recursos o potencialidades, siempre que se promueva la existencia de una relación terapéutica basada en la competencia y la colaboración mutua.[6]

Sluski (1992) ha logrado transitar más fácilmente de lo interaccional para incluirse dentro del construccionismo social y de la narrativa. Sin perder ni un ápice de su estilo personal, ha incorporado lo que le parece más importante de los modelos más recientes y además, ha podido mantenerse activo y vigente, de una manera admirable ("Transformaciones: un esquema para los cambios narrativos en la terapia". *Sistemas Familiares*. Vol.14, 2, Julio 1998. Traducción al español de artículo publicado en *Family Process*. N. 3: pp. 217-230, 1992).

Su importancia consiste en la constante inclusión del contexto social, cultural e incluso psiquiátrico en las conversaciones terapéuticas. La migración, tema de una de sus publicaciones iniciales es una de las experiencias que no he dejado de lado en las preguntas dirigidas a la pareja, en la medida que he conocido de cerca el impacto que este fenómeno ha tenido en mi propia vida, a nivel individual, familiar y comunitario, pero sobre todo en las familias mexicanas que migran sin cesar, en busca de un mayor bienestar económico.

Con Ceccin y más tarde con Boscolo, la proximidad es mayor en el sentido de compartir, a distancia, los diferentes movimientos de la evolución de su modelo, desde lo estratégico a lo sistémico de segundo orden y últimamente a lo conversacional reflexivo, con la desventaja que implica no haber podido estar tan cerca de sus colaboradores más cercanos, para disfrutar en compañía lo que me ha tocado hacer en solitario.

En efecto, a principios de los noventa, cuando el equipo de Milán recibió una influencia mayor de parte de diferentes autores como von Foester o von Glasserfeld, o de algunos chilenos, por cierto, como Maturana y Varela, pero también americanos como L. Hoffman, P. Penn, B. Keeney, o franceses como E. Morin, tuve que enfrentarme con una nueva migración, esta vez dentro de México, a Cuernavaca, lugar de fundación de Crisol, Centro de Postgrado de Terapia Familiar que es el Instituto de formación que dirijo desde 1991.

Durante ese periodo, mi cercanía con el Modelo de Milán se consolidaría a la par de la mayoría de los terapeutas familiares en el resto del mundo.

Lo más importante consistió en el gradual abandono de las intervenciones que serían reemplazadas por preguntas, inicialmente circulares, luego reflexivas y por último hipotéticas e interventivas.[7]

De P. Caillee lo que más impacto ha tenido es, sin duda, la reincorporación de la escultura en la terapia de pareja. Ya lo había mencionado anteriormente en referencia al uso de la misma por V. Satir y P. Papp, pero sus descripciones (como las escribiera en Uno Más Uno son Tres) traducen la existencia de un modelo terapéutico y de investigación que ha estado presente en mi mente desde que empezara a tratar a parejas en conflicto, por la necesidad de poner un poco de orden en lo que a menudo es un caos.[8]

De M. White, además de su pericia para entregarse a la terapia de problemas muy difíciles, me impresiona su acercamiento al postestructuralismo francés derivado de Foucault y Derrida para construir un modelo narrativo contextual tan coherente, en el que el poder de los discursos dominantes sea continuamente cuestionado. Su influencia es más teórica que técnica, en la medida que no haya dado origen a una aproximación particular que se aplique para la terapia de pareja. Sin embargo, proporciona herramientas fundamentales para trabajar en los niveles de género, educación, valores, ideología y poder que a menudo permanecen subyugados a menos que se aborden explícitamente.

En el último círculo se inscriben a los terapeutas que pertenecen al grupo de los modelos Post Milán que, aunque se hayan formado inicialmente con Boscolo y Ceccin en la mayoría de los casos, dan un paso hacia adelante para incluirse más abiertamente en las corrientes más actuales, en las que la importancia del lenguaje y del diálogo que se utiliza en la consulta es el foco de la reflexión posterior.

No cabe duda que este cambio de la terapia sistémica en la que la conversación terapéutica se desplaza a lo que se dice en el interior de la sesión, da inicio a una escucha más atenta de los sistemas de lenguaje y ha representado un avance y un giro que enriquece el encuadre y los resultados. Si bien es a T. Andersen a quien se le atribuyen estas innovaciones, que se engloban como equipo reflexivo, el dúo de Milán lo utilizaba de una forma más empírica de la que se propone hoy en día. Es una pena que Andersen haya fallecido tan recientemente porque su trabajo seguía creciendo por la inclusión de filósofos del lenguaje como Bruner, Vygotsky, Batjkin, Wittgestein y últimamente J. Shotter.[9]

Más allá del método, lo más importante era el uso tan preciso y el cuidado por las palabras que Tom Andersen acentuaba porque, no sólo sus reflexiones adquirían profundidad sino que llenaban el espacio con imágenes poéticas de enorme fuerza para pacientes y terapeutas, quienes las recibían como un potente estímulo para el cambio en la terapia.[10]

Desde entonces, la utilización del un equipo reflexivo es uno de los recursos que más usamos en la terapia de pareja con nuestros alumnos y colaboradores.

La inclusión de S. de Shazer y de su esposa I. K. Berg se debe también a la importancia que le otorgan al uso del lenguaje. Podría decirse que su método clínico es demasiado simple y pragmático, lo que no estaría mal si es que funciona, pero prefiero quedarme con algunos aportes técnicos antes que con el modelo entero, porque no comparto la falta de evidencias con respecto a su efectividad y la exclusión deliberada de las emociones. Sin embargo, es muy grato recurrir a la pregunta del milagro cuando es difícil construir un problema para iniciar una terapia o conversar sobre los porcentajes de mejoría, especialmente cuando se produce un impasse y estancamiento.

Con M. Pakman he compartido más y es muy estimulante su presencia generalmente provocadora y su disposición a una colaboración constante. En un principio, se trataba de una afinidad en términos teóricos e ideológicos por el tipo de población con la que habitualmente trabaja, sectores pobres y marginados de emigrantes latinos en zonas marginadas de Massachusetts y Boston que son sectores a los que atendemos en México en nuestras diferentes sedes. Con el tiempo, esta cercanía se ha visto enriquecida por la observación minuciosa de su modelo clínico, en el cual sobresalen la co-construcción de un problema que sea posible de solucionar para ese terapeuta en particular, el diseño de intervenciones basadas indistintamente en el constructivismo y en el construccionismo social y la importancia que le otorga al contexto comunitario con la inclusión de "microprácticas", siguiendo de cerca a Foucault y a una serie de autores franceses postestructuralistas, que al mismo tiempo puedan facilitar el cambio terapéutico cuando se entiende que la terapia continúa en el mundo real en el que las personas habitan día con día.

En un sentido diverso, la similitud con los planteamientos de E. Asen del Marlborough Family Center de Londres es grande porque integra los diferentes modelos que han ido predominando a lo largo de su extendida carrera. No descarta a nadie y por lo tanto puede intervenir estructuralmente y/o utilizar preguntas reflexivas; usar técnicas derivadas del modelo centrado en soluciones, narrativo o trigeneracional. Sus aportes más interesantes los ha realizado en los grupos multifamiliares, especialmente cuando se trata de problemas escolares o de violencia doméstica.

Sin embargo, lo más importante sobre el tema han sido sus recientes investigaciones sobre terapia de pareja y depresión[11] en las que demuestra que la efectividad de su modelo sistémico es mayor que la de los antidepresivos y de la terapia cognitiva conductual.[12]

Con L. Hoffman sucede exactamente lo contrario. He seguido con interés cada una de sus publicaciones así como sus recientes giros teóricos que no sólo le ayudan a identificar a quienes realizan los más brillantes aportes teóricos sino que también a los clínicos más innovadores en cada una de las diferentes épocas del desarrollo de la terapia sistémica en el mundo. No existe una cronista más apta para este papel aunque me ha resultado más difícil seguir su evolución como clínica. Me ha sorprendido lo que ocurre al observar sus sesiones, especialmente con parejas, porque es muy hábil para incluir extractos de su historia personal o familiar para conseguir una alianza terapéutica muy intensa en la que los integrantes de la pareja construyen, con su ayuda, un capítulo de una novela. Sus habilidades como escritora, su formación inicial, se ponen al servicio de una terapia que adopta una forma que no está muy lejos de la literatura y del drama.

Por último, he incluido a P. Fraenkel, a quien no conozco demasiado en la clínica pero que me ha impresionado por la simplicidad con la que incluye las técnicas narrativas en su trabajo terapéutico. Comparto su interés inicial en el problema del tiempo cuando trabajaba conjuntamente con P. Papp pero entiendo que ha ido conjuntando técnicas que provienen de la mayoría de los modelos actuales, sin necesidad de complicarlos ni de adoptarlos como si fueran una verdad absoluta. Se encamina a construir lo que llama una "Paleta del terapeuta", es decir que extrapola una metáfora del arte, la pintura, para adecuarlo a lo que se necesite para que el cuadro salga mejor.

Es muy probable que un esquema de este tipo excluya a un importante número de colegas y de colaboradores que han tenido una enorme influencia en la creación del modelo que propongo, además de las parejas que me han consultado a lo largo de 30 años, pero creo que tiene la utilidad adicional de proporcionarle al lector un mapa conceptual de mi epigénesis personal en la terapia de pareja, al mismo tiempo, como testigo que como participante.

Antes de plantear las características de este modelo quisiera responder a las siguientes preguntas.

1. ¿Es útil la terapia de pareja cuando se compara con la ausencia de tratamiento?

De acuerdo con los pacientes, las respuestas son afirmativas. Los estudios cuantitativos revelan entre 60 a 80% de mejoría sintomática en comparación con el 35% de quienes no recibieron este tipo de tratamiento.

Cuando se usan criterios más estrictos (Jacobson & Dais, 1993) como por ejemplo, el número de parejas que pasa de un conflicto crónico a la inexistencia del mismo como resultado del tratamiento, el porcentaje es más bajo y alcanza al 45-50%.

En cuanto a la duración de los beneficios, no se reportan recaídas al seguimiento temprano, al cabo de 6 a 9 meses, aunque una porción no muy significativa recae cuando el seguimiento abarca un plazo mayor.

2. ¿Qué tipo de terapia de pareja es más efectiva?

Las investigaciones sobre la efectividad de las modalidades cognitiva conductual, focalizada en las emociones y psicoanalíticamente orientada no muestran diferencias significativas entre sí.

Las modalidades sistémicas (estructural, estratégica, trigeneracional, centrada en las soluciones y narrativa) no han sido investigadas tan estrictamente como las anteriores, aunque se reportan como efectivas, de acuerdo con las descripciones de casos clínicos realizadas por sus propios autores y algunas investigaciones recientes basadas en la evidencia.

3. ¿Es útil la terapia de pareja para el tratamiento de los problemas psiquiátricos individuales?

Existen datos de investigaciones que demuestran la utilidad de la terapia de pareja en tres tipos de trastornos: las fobias (acompañada de desensibilización conductual), las adicciones, especialmente al alcohol (en conjunto con AA o medicamentos como agregados) y las depresiones (con o sin antidepresivos).

---

[1] N. Ackerman, psicoanalista infantil, es considerado como uno de los pioneros de la terapia familiar porque empezó a realizar sesiones familiares en los 50, generalmente de demostración y docencia, con cámara de Gessel y filmación, exponiéndose a las críticas más adversas de sus colegas por la invasión de la intimidad y la trasgresión de la regla del método psicoanalítico tradicional, que no recomendaba que el mismo terapeuta se encargara de la terapia de otros integrantes de la familia

[2] En los diferentes textos escritos por S. de Shazer y sus colaboradores, se reconoce a M. Erickson como precursor de su modelo, aunque no utilicen al síntoma como la "vía regia" para el cambio, sino que se pronuncien por un modelo centrado en las soluciones.

[3] En el texto escrito en conjunto por Boscolo, Ceccin, Hoffman y Penn para dar cuenta de los avances realizados por el modelo de Milán en los 80, se refieren a la importancia de las palabras "apertura" pronunciadas por los consultantes, que son retomadas por los terapeutas para que, en apego a su discurso, sea posible explorar las hipótesis sistémicas previas.

[4] R.D. Laing, psiquiatra y psicoanalista escocés, realizó una serie de investigaciones sobre esquizofrénicos y sus familias y sobre los efectos de drogas como la mescalina y el ácido lisérgico (LSD-25) que inducen estados alterados de conciencia similares a una psicosis artificial, en una época en la que el uso de psicodélicos era preferible a reclutarse para la guerra de Vietnam. *The divided Self,* Londres, Tavistock Publications (1959). *Self and Others*. Londres, Tavistock Publications (1961).

[5] La importancia de la trasparencia del terapeuta ha sido enfatizada por L. Hoffman y H. Anderson como la postura ética que recomiendan para las prácticas colabo-

rativas. Recientemente, J. Roberts ha publicado un artículo con recomendaciones muy útiles sobre el uso y los peligros de la transparencia en la terapia. Roberts, J. (2005), "Transparency and Self-Disclosure in Family Therapy: Dangers and Possibilities", *Family Process,* 44, 45-63.

[6] Aunque Minuchin haya sido suficientemente flexible para incorporar los avances teóricos y técnicos que la terapia sistémica ha realizado a lo largo de su evolución, su modelo terapéutico sigue anclado en construcciones anteriores que todavía consideran a lo disfuncional como un objetivo que requiere de un cambio por medio de intervenciones terapéuticas. Su consideración de las historias como una parte sustancial de lo que está en el trasfondo de las configuraciones que la pareja adopta no es suficiente, porque insiste en lo que hay que decir o hacer para cambiarlas en lugar de utilizar la deconstrucción como un recurso narrativo que requiere de una cierta dosis de paciencia para la formulación secuencial de preguntas en lugar de una hábil maniobra de un experto.

[7] L. Hoffman y P. Penn son quienes mejor han atestiguado sobre los cambios experimentados por la Escuela de Milán en la evolución de su modelo en el libro en el que entrevistan a ambos, Boscolo y Ceccin, *El modelo de Milan,* Buenos Aires, Amorrortu.

[8] Quienes conocen el modelo de Caille pueden encontrar los lazos que lo unen con Bateson y el doble vínculo y con M. Elkaim y su propuesta de terapia de pareja esbozada en el texto "Si me amas, no me ames".

[9] L. Hoffman le asigna a J.Shotter el lugar del actual filósofo de la casa, siempre atenta a escuchar a quienes es preciso tomar en cuenta, en cada periodo de la historia de la terapia familiar.

[10] Con respecto a T. Anderson como profesional comprometido con una postura ética y política, no está por demás señalar su compromiso personal, que le hizo participar e impulsar la creación de redes de atención de salud mental comunitaria basadas en los equipos reflexivos en los países escandinavos, incluyendo a los de la Europa del Este y también en algunos países del Cono Sur.

[11] Eia Asen y Elsa Jones realizaron una investigación sobre la terapia sistémica y la Depresión (en colaboración con J. Leff, profesor emérito del Instituto de Psiquiatría de Londres y autor de numerosas investigaciones sobre el modelo psicoeducativo para el tratamiento de esquizofrénico y sus familias basadas en el Cuestionario sobre Emociones Expresadas, de su autoría) en la que demuestran que su eficacia es mayor que la terapia cognitiva conductual y que los antidepresivos. Jones, E. y Asen, E. (2000), *Systemic Couple Therapy and Depression,* Londres, Karnac.

[12] En nuestra época, en la que se requiere demostrar que lo que hacemos es efectivo aunque se tenga que usar una metodología demasiado estricta para comprobarlo, la escuela inglesa representa un estímulo que no debería olvidarse si es que queremos permanecer vigentes como opción terapéutica efectiva y validada por la investigación. Un ejemplo muy demostrativo consiste en la fundación de NICE (National Institute for Clinical Excellence) que se encarga de elaborar guías en consenso con los mejores especialistas en cada tema para estandarizar la práctica clínica.

CAPÍTULO **4**

La creación de un modelo terapéutico

Las revisiones más actuales de diversos autores sobre la terapia de pareja reflejan una tendencia hacia la integración de diferentes marcos de referencia que se articulan en niveles siguiendo un orden epigenético, de lo más simple a lo más complejo.

Para quienes nos dedicamos a la terapia como una rama de la psiquiatría o de la psicología clínica o de cualquiera otra disciplina relacionada con la Salud Mental y que creemos que nuestro quehacer navega entre lo científico y lo humanístico, entre la práctica de un oficio y de un arte que se cultiva a partir de teorías y de experiencias clínicas diversas, es muy útil contar con un mapa que sirva de base para adentrarse en este territorio y no perder la ruta, como sucede a menudo cuando se exploran sistemas complejos como la pareja y los dolores amorosos.

En la historia de la terapia de pareja han existido diferentes periodos, pero actualmente prevalecen algunas tendencias que conducen hacia la creación de modelos que provienen de distintos orígenes teóricos, como resultado de la integración y de la evaluación de sus resultados.

El modelo que ha ido surgiendo poco a poco en la práctica clínica con las parejas atendidas por mí y mi equipo de trabajo a lo largo de los últimos 30 años tiene un inconfundible sello sistémico, aunque en un principio derivara también del psicoanálisis.

El esquema que sigue muestra, de abajo hacia arriba, los diferentes modelos terapéuticos que se han ido incorporando, en la medida que la terapia de pareja que practico se ha ido enriqueciendo con el paso del tiempo.

El modelo reflexivo dialógico sirve de base para conectar el incidente que provoca la consulta con la historia de la misma y para iniciar una entrevista desde una posición colaborativa en la que la pareja y el terapeuta participan en la construcción de un sistema terapéutico desde el comienzo.

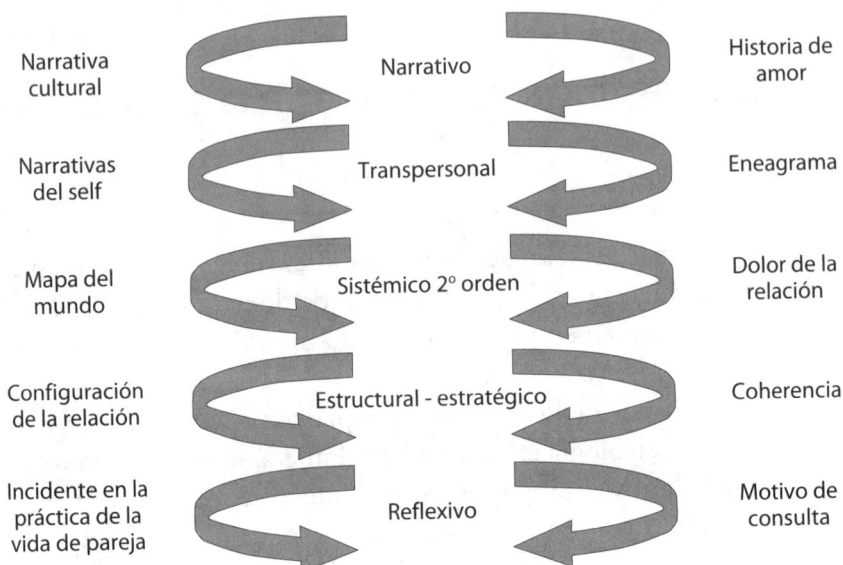

Mapa de modelos terapéuticos

El modelo estructural estratégico es básico para identificar el "quidprocuo" interaccional, las soluciones intentadas y los patrones relacionales que surgen como consecuencia, la coherencia entre el motivo de consulta y las pautas de la "danza" de la pareja y los factores contextuales que la albergan en el tiempo y en el espacio.

El modelo sistémico derivado de la cibernética de segundo orden permite explorar los significados específicos que cada pareja le otorga a su relación de acuerdo con las historias más significativas de cada uno de ellos o de ambos en sus experiencias amorosas conjuntas, previas o fantaseadas.

El modelo transpersonal aporta un mapa sobre las creencias básicas que han servido para la construcción del carácter o estilo neurótico personal que, a su vez, da cuenta de las carencias amorosas de la infancia y de las resonancias que el conflicto amoroso reproduce en el presente y que eventualmente se transcienden cuando se produce una transformación personal más esencial.

El modelo narrativo derivado del construccionismo social aporta los medios para el análisis y la deconstrucción de los diferentes discursos culturales que se condensan en historias de amor que reflejan la trama que da cuenta de la forma en que el amor nos transforma en sus protagonistas.

Pasos para la construcción de un modelo

La pareja es una relación en la que dos sujetos que se aman, habitan dentro de una historia de amor particular. Esta historia se desarrolla a través de quiebres, fracturas que se reconstituyen con afectos, pasiones y compromisos, goces y satisfacciones.

La terapia de pareja que planteamos está dirigida a reconocer los dolores que este desarrollo produce porque es entonces que sus protagonistas acudirán a una consulta con un especialista.

Aunque el dolor se experimente a nivel individual nos interesa que lo que esté en el "diván" sea la relación que ambos han construido a lo largo del tiempo y en particular, en el momento en que la consulta se produce, la que habitualmente surge como resultado de un conflicto que requiere de un tercero, que aunque es deseable que sea un especialista, no siempre es a quien se acude.

Cuando se trata de recomendar una terapia no es fácil estar de acuerdo con G. F. Ceccin[1] y lo que llamaba su "prejuicio" con respecto a las limitaciones de la terapia de pareja, la que no aconsejaba, a menos que se contara con un modelo de cambio que fuera breve y eficaz. Según él, en un primer momento, de enamoramiento y aceptación total y mutua, que no dura mucho tiempo, la pareja no consulta.

Lo hace, en cambio, en los 20 a 30 años que siguen, cuando uno intenta educar al otro para que no le agote la paciencia. No debe extrañarnos entonces que cada pareja que nos consulta intente hacer un reclutamiento inicial del terapeuta para enrolarlo en esta práctica de "reeducación psicológica" del otro.

Al final, si la pareja tiene éxito, un nuevo periodo de aceptación y respeto por el otro tal como es y no como uno se imaginó que era o quiso que se comportara, señala el comienzo de un nuevo ciclo (que sería lo que se conoce como amor maduro y al que aspiraba E. Fromm y quienes lo leímos en la adolescencia (Fromm, E., 1956) y en el que según él mismo, tampoco es frecuente que consulten.

La brillante presencia de Ceccin como clínico, al mismo tiempo curioso e irreverente, constantemente crítico consigo mismo y con las teorías a las que uno se adhiere con dogmatismo, está todavía presente, aunque su muerte sea todavía tan reciente y prematura. Comparto aún esa viva complicidad, no exenta de picardía como la que surgía a menudo de sus ojos, tan tiernos como inquisitivos, cuando me propongo exponer los siguientes pasos en la construcción de este modelo que se inscribiría en el marco de lo que se ha llamado genéricamente como uno más de los modelos "Post- Milán", atendiendo al lenguaje que se usa en la consulta y no solamente a la información respecto al sistema que se produce.

En el mapa que se presenta a continuación se sigue la huella de H. Maturana (1988) en su justificación de la pregunta autorreflexiva como instrumento para el cambio que, en la conversación dialógica, facilita la emergencia de contenidos que causan "perturbaciones" significativas en el dominio de las emociones, el lenguaje y la razón a partir de la curiosidad que el diálogo despierta. Por otra parte, se grafican en un esquema los diferentes niveles que el modelo identifica para el abordaje en la terapia, de acuerdo con una secuencia que se basa en la continua co-construcción de hipótesis que guían la indagación que va de lo más simple a lo más complejo.

Terapia de pareja

Niveles de hipótesis en la terapia

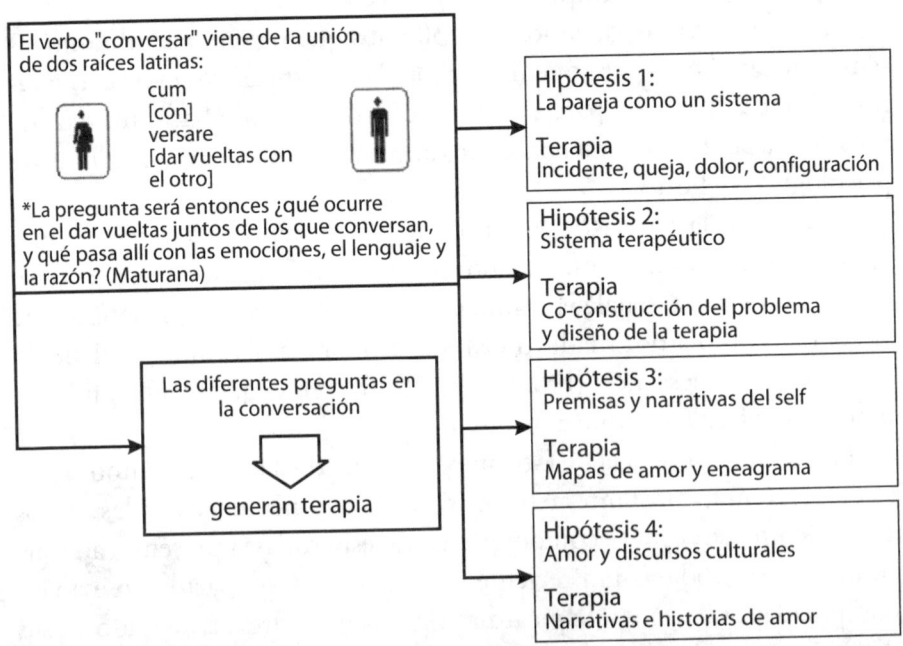

La constante elaboración de hipótesis diagnósticas en mi trabajo clínico se inició durante mi entrenamiento psiquiátrico en Londres, en el cual se postulaba la necesidad de construir una formulación hipotética situacional como prerequisito para el abordaje clínico subsecuente. Esta formulación contenía una cantidad de elementos provenientes de la historia temprana, familiar, educacional, laboral y actual que conformaban una compleja red de interacciones y situaciones. Esto permitía la elaboración de un diagnóstico hipotético, de una congruencia tal que al mismo tiempo que ordenaba los datos de acuerdo con una estructura de sentido predominantemente lineal, dejaba lugar a una serie de incertidumbres que se resolverían durante el tratamiento mismo. Se introducía así una dimensión temporal longitudinal para el diagnóstico que no requería de la urgencia que se deriva de la aplicación temprana de las categorías del DSM_4.²

En la década de los 90 me dediqué a elaborar un mapa de posibles niveles de hipótesis sistémicas, basadas en el artículo de Bateson sobre los niveles de aprendizaje y cambio (Bateson), uno más de sus aportes epistemológicos que reconocían a la Teoría de los Tipos Lógicos de Whitehead y Russell como fundamento. Tal artículo, que publiqué con el título de "Érase una vez una hipótesis" (2004) a propósito de la oposición que algunos fervientes defensores del "no-saber" del postmodernismo más radical ejercían en contra de la utilización de las mismas, tenía la intención implícita de enfatizar todo lo que era necesario saber para conseguir una continua hipotetización que es necesaria para alcanzar la sabiduría necesaria y desarrollar la posición casi budista de "no saber".

Además de cumplir con el objetivo de participar en la polémica de entonces y pronunciarme por la utilidad de las hipótesis que delimitan diferentes dominios de distinción que van de lo más simple a lo complejo, esto se ha transformado en el eje del programa de formación y de investigación de Crisol porque ayuda a encadenar descripciones y explicaciones derivadas de diversos modelos terapéuticos como han ido surgiendo a lo largo de la historia más reciente de la terapia sistémica.

En fechas recientes, J. Pérez Alarcón (2009) (*El terapeuta y sus errores.* México. Trillas) ha escrito un brillante ensayo sobre los errores que derivan de "suponer que trabajamos sin hipótesis diagnósticas". Propone que "la definición de una problemática requiere de la participación activa de terapeuta y consultante que necesariamente restringirán otras lecturas alternativas". Sugiere como conclusión la necesidad de la construcción de una matriz que correlacione los diferentes niveles de organización del conocimiento con explicaciones posibles del terapeuta. En un orden creciente de complejidad, su mapa se inicia con las descripciones y categorizaciones del problema del consultante para continuar con explicaciones lineales, circulares y finalmente hipotético-formales construidas en conjunto.

Se trata de una propuesta similar a la de mi artículo referido anteriormente, en el cual se distinguen cuatro dominios hipotéticos: en el primero, se incluyen las descripciones sobre el sistema que consulta y su configuración de acuerdo con la cibernética de primer orden: se trata de una dimensión fenomenológica.

En un segundo nivel, se destacan las categorías que contribuyen a la configuración de un determinado sistema terapéutico, de sus alianzas y guiones propuestos para el cambio con la participación activa de consultantes y terapeutas para redefinir el problema de acuerdo con la cibernética de segundo orden: se trata de una dimensión colaborativa en la que "el problema crea al sistema" al cual le propone soluciones y alternativas diferentes a las que han sido intentadas previamente por ellos mismos.

En un tercer nivel, se incluyen las explicaciones hipotéticas que surgen de la indagación sistémica circular y reflexiva sobre las historias significativas que han generado premisas y mitos que funcionan como temas centrales del mapa del mundo de los consultantes y de sus terapeutas: se trata del dominio de las explicaciones circulares y lógico-formales que cuestionan el sentido común, habitualmente lineal.

En un cuarto nivel, se incluyen los sistemas de lenguaje y los discursos culturales dominantes de acuerdo con la propuesta del construccionismo social: se trata del dominio que cuestiona a las narrativas del self social de los sujetos, incluyendo a sus terapeutas.

Esta matriz de dominios hipotéticos es la que sirve de marco de referencia para la construcción del modelo de terapia propuesto que distingue diferentes niveles de indagación y caracterización de la pareja para facilitar su abordaje clínico.

En el nivel 1 se ubica a la configuración de la pareja en la consulta en un primer plano y se apoya en los incidentes que responden a la pregunta de ¿Por qué hoy, como pareja y conmigo? ¿Cuáles son las quejas mutuas? ¿Cuáles son los dolores que la propia relación y los motivos de consulta les deparan?

El nivel 2 incluye la identificación de los elementos a considerar para la construcción del sistema terapéutico y la resignificación del problema presentado por la pareja, la construcción compartida de un problema diferente al que traen como tarjeta de invitación para el terapeuta y que sirve de base para el diseño de intervenciones.

El nivel 3 aborda el contenido de las historias que se conectan íntimamente con el tejido relacional de las intersubjetividades mutuas y que se condensan como premisas sistémicas intrapsíquicas.

El nivel 4 incluye a los discursos de género y poder que se materializan en historias de amor que siguen una trama que nos condiciona cuando el lenguaje nos transforma en sus habitantes.

La pregunta por la consulta en lugar de la pregunta por el problema

A partir de los años 90, la terapia sistémica realizó un giro epistemológico importante hacia lo conversacional, en el que las preguntas y el diálogo reemplazaron al foco más pragmático y estratégico del periodo anterior, que iniciaba la consulta con una pregunta acerca del problema de la pareja, la familia o incluso del individuo.

El acento puesto en la construcción de una relación terapéutica más colaborativa, propuesto inicialmente por K. Tomm y luego por T. Andersen, ha marcado una redirección de la terapia sistémica que es muy significativo hasta la fecha.

El objetivo es facilitar un diálogo más productivo en el cual se promueva la autorreflexión como el mecanismo central para inducir un cambio en lugar de concentrarse únicamente en los efectos de intervenciones directas o paradójicas. Una de sus consecuencias consiste en iniciar la consulta con preguntas que permitan una indagación detallada sobre la historia de la consulta misma, evitando en lo posible, en un primer tiempo, conocer la historia del problema o de la pareja.

No es raro, entonces, que las preguntas iniciales puedan ser tan abiertas como, por ejemplo: *¿en qué creen ustedes que les podría ser más útil esta consulta?* O más cerrada como *¿qué episodio o incidente de su vida más reciente creen que se relacione con la idea de esta consulta y cuándo y cómo se empezó a gestar en ustedes?*

Más adelante, el foco se desplaza hacia el contexto de la derivación: ¿por qué una consulta conmigo? ¿Qué esperan de una terapia de pareja? ¿Qué otras soluciones han intentado previamente? ¿Quién ha participado en esta historia, ya sea a favor o en contra de la consulta? ¿De quién ha dependido la derivación, si es que existió?...

Con este tipo de preguntas, al mismo tiempo que se dan los primeros pasos para la construcción de una relación terapéutica en la que ambos, la pareja y el terapeuta comparten la preocupación por hacer lo mejor que se pueda en mutuo beneficio, se conocen algunos detalles de los incidentes recientes que precipitaron la consulta.

Además, obtenemos algunos elementos que nos serán útiles para esbozar las expectativas que cada uno de los integrantes tiene con respecto a la consulta y que habitualmente se manifiestan como reproches mutuos y motivos para justificar el cambio del otro. Ocasionalmente, se plantea que sería algo en uno mismo lo que se quisiera cambiar, aunque es más frecuente cuando se trata de novios que dudan de su compromiso o de parejas que han sido derivados por un psicoanalista que ha visto limitada su eficacia en la terapia individual porque el problema es más bien conjunto.

Se trata de un viraje epistemológico que deriva de reconocer los resultados a los que ha llegado un sistema (familia, pareja, individuo) para comenzar a indagar desde el presente sobre las historias que sean significativas para su modo de funcionamiento. Se evita entonces, iniciar con un recuento de las distintas versiones de la "historia oficial".

De esta forma se obtienen los datos para elaborar un guión, en cuya trama se incluyan las intenciones que cada uno tiene con respecto a lo que le gustaría que el otro cambiara respectivamente, para que la relación no sea tan conflictiva, dolorosa o insoportable.

Por otra parte, se elabora un primer guión terapéutico que resume lo que ambos quisieran que el terapeuta lograra, en vista del fracaso previo para conseguirlo solos, o por lo menos, sin una ayuda profesional.

En un examen más detallado de este procedimiento inicial, se encuentran coincidencias con el término de Programa Oficial utilizado por M. Elkaim (1990) para referirse a lo que llamamos Guión de la pareja en función de las quejas y reproches mutuos, aunque en este caso, el Programa Oficial es la propuesta que hacen, no uno al otro sino al terapeuta, para que sea éste quien lo implemente.

La diferencia consiste en enfatizar la relación que existe entre incidente y precipitación de la consulta, para fomentar desde el comienzo una relación más igualitaria y colaborativa e identificar el guión que trasciende a la pareja, en la medida que se transforma en una invitación para que el terapeuta lo haga suyo y lo implemente con mayor efectividad, en virtud de sus habilidades técnicas.

De esta forma, con el reconocimiento de los guiones que cada uno trae a la consulta y que intentan reproducir a través de la inclusión del terapeuta en el juego de expectativas y programas de "reeducación" generalmente divergentes o en el que el otro no está necesariamente de acuerdo, evitamos caminar por el mismo sendero de las soluciones previamente intentadas aunque a veces sea útil para indagar sobre la naturaleza de las mismas.[3]

La demanda de cambio del otro debe considerarse como una expectativa legítima desde la posición que han ido ocupando a lo largo de la relación. Sin embargo, lo considero sólo uno de los elementos a tener en cuenta como punto de partida para construir en conjunto un guión terapéutico alterno con más posibilidades de éxito, para el cual exista un acuerdo mutuo. Se evita así ocupar la posición de árbitro del conflicto.

Lo que resulta más significativo de esta propuesta consiste en que se convierte en un recurso que evita el circuito a veces interminable, de reproches mutuos e incidentales que hacen del terapeuta un juez incompetente o en el mejor de los casos, un educador permanente de adultos motivados para asistir a terapia, a veces incluso forzados por alguna circunstancia lamentable pero no muy dispuestos a un cambio en la relación. En efecto, los integrantes de la pareja tienden a persistir en una posición "defensiva", que les asegure un no cambio personal sino que solamente refuerce su "versión de los hechos".

En resumen, la terapia se inicia por la historia de la consulta en lugar de indagar sobre el problema de la pareja y su historia y, en consecuencia, con el relato de un incidente reciente que haya servido como detonante para que una idea que, seguramente había flotado en el ambiente por un tiempo, se materialice ahora en una demanda de cambio recíproco a través de una terapia.

Las ventajas de contar con este guión como una propuesta explícita derivada de los reproches y quejas mutuas consiste en que proporciona la distancia emocional que se requiere para facilitar la conversación reflexiva, desde un nivel "meta", distinto al escenario del conflicto, más adecuado para favorecer el surgimiento de nuevas preguntas en lugar de alianzas envenenadas o juicios improductivos.

A continuación, desde una posición de neutralidad que se construye conociendo este guión "oficial" considerándolo como una invitación a participar en el escenario terapéutico más que como el argumento del drama, se indaga sobre las características de la relación amorosa y de sus conflictos específicos para formular un contrato tentativo, objetivo último de la primera entrevista.

La exploración de la danza por medio del dolor en lugar del reproche

En el capítulo siguiente sobre la primera entrevista se describirán en detalle los elementos a considerar para lograr que el amor proporcione las palabras más precisas a sus dolores y se aborden entonces una serie de temas que ayuden a reconocer la configuración de cada pareja que consulta.

Es equivalente aunque no análogo al método que proponen P. Papp (1983) y P. Caillé (1992), de las esculturas y coreografías, pero la diferencia principal consiste en que se recurre al diálogo y a las preguntas reflexivas desde un comienzo y no al desplazamiento escenográfico.

Las dificultades más comunes surgen precisamente del empeño de ambos miembros por repetir los respectivos reproches mutuos, ahora con audiencia. La manera más eficaz para evitar esta retahíla sin fin consiste en solicitarles que elijan uno: el reproche más importante, el más reciente, el que se repite con mayor frecuencia o el peor. De esta forma, se obtienen una o dos palabras que definen las quejas mutuas, las iniciales del "bolero".

En un segundo momento, exploramos el dolor que le produce al otro(a) esta queja principal, estableciendo las diferencias que existen entre reproche (explícito) y dolor emocional (queja implícita) que refleja efectos de las pautas interaccionales predominantes, cuando sus estrategias de resolución de conflicto no han sido exitosas y los patrones redundantes han reemplazado a la riqueza de la relación que se hace cada vez más rígida y estereotipada.

No deja de sorprender la cantidad de palabras diferentes que aparecen en el diálogo terapéutico cuando se intenta expresar el dolor que cada relación produce. A lo largo de mi experiencia clínica, no se han repetido casi nunca en comparación con lo estereotipado de los reproches y las quejas sobre la "mala comunicación" que se presenta tan a menudo en la mayoría de las consultas iniciales.[4]

De este dolor, emocional o incluso físico, a la vez intenso y dramático, surgen dos tipos de respuestas conductuales: la primera, destinada a quien la causa, es una demanda para que cambie su comportamiento, su conducta para que el dolor sea más soportable o desaparezca: *si tú hicieras tal cosa o no hicieras tal otra, mi dolor se apaciguaría*.

La segunda es autorreflexiva, es decir, se trata de una demanda dirigida hacia sí mismo para activar las conductas habituales que nos han salvado de experimentar este dolor de una manera demasiado insoportable en el pasado: se trata de recurrir a una estrategia de supervivencia conductual que ya conocemos del pasado familiar o personal, que es más o menos útil, pero mejor que nada. *¿Qué pasaría si hago tal o cual cosa?¿me dolería un poco menos esta relación?*

La primera respuesta está dirigida inicialmente a la pareja pero, en la consulta, será desplazada rápidamente hacia el terapeuta como si se tratara de la carta de presentación de cada uno de ellos a este baile imaginario. Es el guión "oficial" de cada uno para el terapeuta, para que éste sea quien se encargue de implementarlo (y que ahora sí se logre lo que se requiere) para que el amor no duela demasiado y se recupere.[5]

> ...en el incidente, no es la causa lo que me retiene y repercute en mí, es la estructura. Toda la estructura de la relación viene a mí como un mantel: no recrimino, no busco las causas; veo con pavor la extensión de la situación de la que estoy preso; no soy el hombre del resentimiento, sino el de la fatalidad... (R. Barthes, *Fragmentos de un discurso amoroso*, 1982, pág. 77.)

El desplazamiento inicial hacia la pregunta por la consulta y lo que esperan de la misma tiene resonancia en la supervisión de nuestros alumnos porque frente a la pregunta: *¿Qué creen ustedes que cada uno de ellos quisiera que hiciera el otro para que el dolor de la relación disminuyera?"* se olvidan de la costumbre de proporcionar innumerables datos sobre la historia de la pareja, de la familia de origen, del motivo de consulta que, además contienen implícitamente el sesgo de haber sido contados con una intención, innata y consecuente que deriva de la posición que ocupa cada uno en la determinada "danza" que ejecutan frente a un terapeuta a quien se quiere convencer de que se haga cargo de implementar sus respectivos guiones "oficiales".

De alguna forma, esta inversión de las preguntas fue reemplazando paulatinamente a mis lecturas de R. Barthes (1982), mi libro de "consulta" entre sesión y sesión, ya que servía para reencontrarme con mi propio diálogo interno desde una posición más reflexiva que me rescatara así de la confusión producida por las intensas demandas de la pareja en la medida que reeditaban sus conflictos y reproches en la mitad de la consulta.

Fue también el resultado de reconsiderar la importancia del guión en la terapia, aunque en este caso no lo aplicara como lo sugiere Byng Hall (1995), quien propone indagar y reescribir los guiones trigeneracionales en la terapia, sino que aplicado a los guiones que me sugerían como guión oficial, partiendo de la base que era necesario obtener un método que me ayudara a entender lo que me proponían cada uno de ellos rápidamente antes de participar activamente en el drama.

La segunda respuesta, la autorreflexiva, conduce a la identificación de una historia o de varias porque contiene rasgos de una estrategia de supervivencia amorosa que no es tan reciente sino que ha resultado de experiencias dolorosas previas que han ido preparando el terreno para que se recurra a ellas cuando sea necesario. Se trata de un estilo preferido y familiar para llevar el ritmo, sin perder el paso ni caerse fuera de la pista.

En efecto, proporciona indicios de tramas que han tenido que ver con un estilo singular de interactuar, más o menos constante en esa o en otra pareja y que a menudo es congruente con experiencias de carencias afectivas tempranas en relación con las respectivas familias de origen.

En este punto, es muy importante no recorrer de nuevo por el camino ya demasiado transitado de la compulsión a la repetición como explicación lineal (desde el psicoanálisis) o de la teoría del aprendizaje social que postulan que las estrategias de supervivencia surgen de patrones de experiencias que copian pautas de conductas observadas en los padres o abuelos(as) porque se corre el riesgo de una lectura fácil, que además consiste en una interpretación sobre el pasado, demasiado simple y elemental que no aporta demasiado porque es conocida de antemano por los mismos pacientes.

Por el contrario, el trabajo consiste en identificar la estrategia de supervivencia defensiva de cada uno de ellos para evitar que se continúe insistiendo en la demanda de cambio del otro y facilitar así que las preguntas fomenten la posición reflexiva hacia uno mismo para traer a la mano los hilos que conducen a identificar las historias del pasado de la pareja (y no de cada uno) y las conductas que han utilizado para que la "danza" de la relación no les duela tanto.

La manera de situarse en esta posición reflexiva consiste en volver a indagar sobre el dolor que la propia relación de pareja les produce para conectarlo con las historias de sus experiencias anteriores, con los intentos que han puesto en práctica para evitarlo y las excepciones a la regla, es decir conductas que se escapan a esa particular estrategia de supervivencia o defensiva.

En estas primeras fases de la terapia no abandonamos el dolor tan fácilmente porque nos sirve de guía para la indagación pero también para ir curando la "herida" que el conflicto crónico, uno de los tipos más frecuentes de problemas de pareja ha ido ahondado imperceptiblemente. En ese sentido, el modelo se parece en este punto al de la terapia "centrada en las emociones" de S. Johnson, que no en balde es uno de los modelos más eficaces, de acuerdo con las investigaciones que miden mejoría e índices de recaídas. Aún así, no se trata de promover la catarsis como cura de las heridas emocionales sino que mantenerse lo más cercano posible para empatizar con los contenidos que requieren de una cierta distancia al mismo tiempo que de compasión y delicadeza.

> Sufriré por lo tanto con el otro, pero sin exagerar, sin perderme. A esta conducta, a la vez muy afectiva y muy controlada, muy amorosa y muy pulcra, se le podría dar un nombre: es la delicadeza: es como la forma sana (civilizada, artística) de la compasión... (Barthes, *Fragmentos*, pág 65.)

El resultado de este abordaje se traduce en la información que proporciona, muy rica en matices y en detalles que son útiles para elaborar un mapa del ciclo interaccional en el cual están inmersos.

La consulta termina con la construcción conjunta de este mapa en un rotafolio donde se grafican los reproches o quejas explícitos, los dolores implícitos, las demandas oficiales de cambio para con el otro y las que se dirigen al terapeuta. La "externalización" de este ciclo deriva de las técnicas de la terapia narrativa de M. White (1990), que facilita que se le considere como uno de los enemigos a vencer durante el curso de la terapia; se puede plantear de varias maneras: por ejemplo: "Si siguen haciendo lo mismo que hacen hasta ahora, de acuerdo con este esquema, lo más probable es que sigan igual o peor" o "Vamos a trabajar juntos para que no se repita este ciclo sino que se amplíe lo suficiente como para que no sea lo único que hacen; se buscará que encontremos excepciones o alternativas".

Pero la mejor manera de utilizar el mapa consiste en definir, en conjunto con la pareja, un problema que contenga los mismos elementos pero vistos de otra manera, con el aporte activo del terapeuta, para co-construir un problema ligeramente diferente o transformado, por un sutil "reetiquetamiento", aunque en abierta transparencia y no como una carta que el mago se saca por debajo de la manga.

Las guías para co-construir un nuevo problema provienen de la curiosidad sistémica del terapeuta, de su modo de pensar paradójico que es el fruto de sus prácticas anteriores, de la irreverencia hacia sus prejuicios y de la coherencia de las historias que han ido surgiendo a lo largo de la consulta y que conducen al sistema terapéutico a definir una nueva estructura de sentido que permita el desarrollo de un cambio significativo de la misma relación.[6]

Es muy importante que salgan de la entrevista con una visión más precisa del circuito interaccional que les encierra, que es un obstáculo a vencer que se repite incesantemente, y que les entusiasme lo suficiente como para colaborar en la terapia desde el principio.

La consulta más exitosa es la que concluye con un mapa del circuito interaccional mencionado, la construcción de un problema diferente que define el comienzo de la terapia y una prescripción que les proponga caminar en otro sentido de lo que han venido haciendo hasta la fecha.

La pareja como institución no flota en el espacio

Lo que le sucede a la pareja en la práctica de la vida cotidiana tiene lugar en un contexto en el que existen una serie de factores que la definen como institución, una organización que no flota en el espacio sino que transita por un universo muy concreto y, en consecuencia, está inmersa en una serie de situaciones en las que abundan complejos factores sociológicos, antropológicos y culturales en constante transformación.

Estos factores socioculturales ecosistémicos incluyen a la religión, el dinero, la vivienda, clase social, educación, migración, género y valores.[7]

Para la pareja como cualquier institución, el poder es un eje fundamental y se manifiesta en estos diferentes niveles contextuales por lo que requieren de una exploración más detallada.

En la primera entrevista nos asomamos a este nivel con preguntas enfocadas a identificar el rol del dinero, su administración, el gasto y los ingresos en la organización de la pareja: se trata de una forma indirecta de explorar el tema.

Los cambios producidos a lo largo de los últimos cincuenta años con respecto al tema de género y poder por la incorporación de la mujer al trabajo, la tendencia hacia el desarrollo de roles más igualitarios, no son tan evidentes en las parejas mexicanas aunque depende de su nivel cultural y socioeconómico. Aún así, es muy diferente la posición de la mujer que ya no tiene que ejercer un rol de madre exclusivamente, en la medida que el número de embarazos se ha reducido enormemente y se promueve su educación y participación en lo laboral.

Los rezagos del machismo no se manifiestan solamente con episodios de violencia doméstica sino que se reflejan en la repartición de las tareas del hogar que recaen exclusivamente en las mujeres, incluidas las sirvientas y las hijas. Es muy raro que una mujer gane más que el esposo y cuando esto llega a suceder, se crea un conflicto en el cual habitualmente el hombre se deprime y presenta impotencia no solamente emocional sino que también sexual.

Los límites con las familias de origen en México son bastante permeables y originan conflictos en la pareja por las dificultades que implican para organizarse como nuclear, además de obstaculizar la autonomía personal a nivel individual. Como se trata de familias con estilos gregarios de convivencia, es fácil que se produzcan resquebrajamientos en la fina tela emocional de las familias de origen de ambos por supuestas deslealtades que en otras culturas resultarían incomprensibles.

Los patrones religiosos adoptan formas rituales más que ideológicas y se gasta mucho dinero en las bodas, todavía más que en la formación universitaria de las mujeres; el aborto, aunque legal en algunas regiones del país es habitualmente rechazado, por lo que abundan las parejas que han surgido de un embarazo temprano accidental.

La vivienda generalmente pertenece al hombre, ya sea porque la esposa se incluye como un nuevo miembro a su familia de origen, en calidad de "adoptada" más que de nuera o porque los créditos para la obtención de un préstamo hipotecario se le otorgan a él más fácilmente que a ella.

Es lo que le sucedió a Ana María, una doctora de alrededor de 40 años de edad, que vino a consulta luego de haber sido rechazada por el banco para obtener una tarjeta de crédito porque estaba casada con otro médico, que ganaba menos que ella pero que, por tratarse de un varón, tenía preferencia como sujeto confiable para la institución bancaria. La ironía de su historia se revelaría más tarde, con cierta dosis de crueldad porque luego de recuperarse del coraje que le causó esta injusticia institucional, tendría el valor para abrir los ojos lo suficiente para descubrir la infidelidad de su esposo, con la confianza necesaria para luego plantearle la separación como desenlace más equilibrado.

Con respecto a los valores y la ideología, México se inicia recién en prácticas democráticas que implican una participación ciudadana limitada a la clase media definida en términos culturales que no es muy significativa a nivel global, aunque polarizada entre la derecha y la izquierda. La política se mantiene fuera de la intimidad y no se refleja todavía en las normas de la convivencia.

Aún así, los cambios socioeconómicos explican como los matrimonios se han retardado en cuanto a las fechas de su consumación, los hijos se quedan con la familia por más tiempo y las mujeres no se embarazan tan rápido como antes.

La pareja tiene un sentido que le da significado

Cada pareja que consulta es diferente cuando se logra redefinir su problema en la forma que se ha descrito, aunque las pautas interaccionales se repitan bastante, incluso considerando las respectivas variantes culturales y de género que proporcionan matices propios, dependiendo del contexto cultural del cual provengan.

Sin embargo, cuando se intenta una terapia más profunda, que incluya a los niveles intrapsíquicos y no se quede exclusivamente en el intento de solucionar los conflictos a nivel cognitivo conductual, se requiere de un segundo mapa de referencia que incluya a las historias, premisas y mitos que los unen de una manera singular.

Cuando se trata de incluir el nivel de los significados a la terapia de pareja que planteo, es necesario referirse a otros autores que han recorrido caminos semejantes, aunque con algunas diferencias significativas.

Uno de los primeros autores que lo planteara así también ha sido P. Caillee (1992) en su investigación publicada con el titulo bastante sugerente, por cierto, de "Uno más uno son tres": *el tercero es la relación*.

P. Caillee diferencia dos niveles de observación a los que denomina fenomenológico y mítico.

El primero se refiere a la configuración de la pareja y sugiere que se aborde con una primera escultura, que refleje la disposición y danza *vis a vis* de los integrantes de esa pareja en particular. Se trata de representar la danza de ambos en el escenario del consultorio, solicitándoles que se dispongan en los lugares y posiciones más adecuadas para que sea igual de plástica como real y que se pueda observar e incluso video grabar. Se inclina, desde el principio, por el lenguaje no verbal para evitar la serie de quejas y recriminaciones mutuas que enturbian el panorama y confunden a la pareja y al terapeuta.

El segundo, el mítico, se refiere en cambio, a los significados que la propia pareja le otorga a su relación y para abordarlo recomienda utilizar una nueva escultura, la de los "cuadros de ensueño": se imaginan participando en una fantasía dirigida por el terapeuta quien les pide que cierren los ojos para traer a la mente una imagen que sea lo más parecido a la pareja que tienen, de acuerdo a la versión de cada uno de ellos. Se les indica que pueden recurrir a cualquier elemento: por ejemplo, un ave de múltiples colores y un caballo que se le acerca, distintos animales en un lugar determinado, minerales, vegetales, objetos incluso más abstractos, figuras geométricas y demás, para representar con éstos, a nivel metafórico, una escena en la que exista un guión, una pequeña trama que sirva para que los elementos elegidos establezcan una conexión significativa entre sí.

El modelo terapéutico que Caillee propone a continuación consiste en una serie de entrevistas, algunas conjuntas y otras individuales para diseñar intervenciones estratégicas y obtener más información.[8]

En primer lugar, se les asigna por separado, a cada uno de ellos, una serie de tareas que pretenden, como objetivo, alterar el funcionamiento del modelo "fenomenológico" para mejorar la relación, es decir, actuar en el nivel de la configuración de la relación, de acuerdo con el primer mapa diagnóstico que surge de la primera escultura, más simple y básicamente de carácter interaccional-estructural.

En la medida que estas tareas no se cumplen totalmente, o no producen más que una mejoría en lo sintomático, se realizan una serie de entrevistas individuales para conectar "los objetos míticos" que se desprenden de la segunda escultura. Interesa identificar su relación con las historias significativas de carencia de amor en el seno de la familia de origen de cada uno de ellos, que habrían incidido en proporcionar los elementos para consolidar una forma particular, como resultado de una serie de expectativas mutuas que le dan a esa pareja un sesgo único, singular e irrepetible.

Una vez que estas historias han sido aceptadas por cada uno de ellos en ausencia del otro, se reflexiona sobre la articulación entre estos dos niveles de la relación, fenomenológico y mítico, que según el autor, giran como anillos recursivos en un sentido opuesto y paradójico: lo que él quisiera que ella le dé, en términos afectivos, no lo puede recibir porque no tiene una representación en su mapa del mundo. Se encuentra en correspondencia con una carencia temprana que es, a su vez, el resultado de experiencias dolorosas de ausencias o pérdidas, de historias individuales inconclusas con la respectiva familia de origen de cada uno.

En este trabajo se identifican una serie de premisas, un mapa de creencias con respecto al amor y a las formas particulares de querer al otro que son inamovibles o por lo menos suficientemente rígidos para que el fracaso de lograr un cambio más profundo con las intervenciones iniciales sea interpretado como coherente y pleno de sentido. Con intuición, su pareja prefiere, por respeto al mundo mítico del otro par, que se le proteja, con un comportamiento que tiende a mantener su mapa de creencias intacto ya que una transformación podría ser más difícil, dolorosa o sencillamente inconcebible.

Finalmente, se les sugiere que continúen avanzando como les parezca mejor, cuidando de no cambiar el modelo mítico del otro ya que no sólo protege a la relación sino que a las creencias personales de cada uno de sus integrantes, al mismo tiempo que apoya su identidad. Con esta instrucción final, se les da de alta con un seguimiento en un plazo de seis meses a un año.

Se trata de un diseño experimental que ejemplifica de una manera bastante elegante lo que se conoce como la implementación de un doble vínculo terapéutico: se acompaña inicialmente de una serie de intervenciones de cambio de tipo estructural estratégico hasta un momento determinado para dar luego una contraorden, y solicitarles que no sigan cambiando como se les había sugerido inicialmente. Se les advierte que si avanzan demasiado, pueden poner en peligro la estabilidad emocional de su pareja, o por lo menos la integridad de su mapa de creencias personales.

La justificación de este modelo experimental proviene evidentemente de la cibernética de segundo orden y se acerca bastante en el diseño a la investigación de M. Selvini Palazzoli (1990) con anoréxicas y psicóticos adolescentes publicada en los 90 como "Juegos psicóticos".

En ambas investigaciones se invierten los términos habituales en que se ordenan las variables de acuerdo con los marcos metodológicos de las investigaciones cuantitativas tradicionales, en las que se intenta correlacionar un modelo terapéutico con su efectividad.

En efecto, en ambos casos, las intervenciones están pautadas siguiendo un protocolo invariable, siguiendo estrictamente la guía de un manual[9] y por lo tanto, en el léxico de las investigaciones tradicionales, como si se tratara de la variable independiente.

Lo interesante de este modelo de terapia, en consecuencia, no es la efectividad de las intervenciones, que se aplican siguiendo un esquema preciso y estereotipado. Por el contrario, lo que se mide es el impacto de las mismas como factor desencadenante para la obtención de información sistémica, es decir, información que produzca un cambio (Bateson, 1968), que actúe como un "gatillo" para la elaboración de futuras preguntas que faciliten un diálogo autorreflexivo que cuestione y perturbe el mapa de premisas y creencias que la pareja ha utilizado para regular su propio funcionamiento.

P. Cailleee no se preocupa tanto por las modificaciones que se pudieran obtener en la configuración de la pareja (a nivel fenomenológico) como resultado de sus intervenciones iniciales. Por el contrario, le interesa demostrar lo limitado de las mismas, en la medida que pertenecen al paradigma sistémico inicial de la cibernética de primer orden y que denomina metafóricamente como el paradigma de la "avería" o del planeta "Alfa".

No niega, sin embargo, que las sesiones iniciales se centren en tratar de reparar la "avería" ya que es el motivo de consulta y para algunas parejas es más que suficiente.

Lo que continúa, en el planeta "Beta", consiste en identificar el modelo mítico para prescribirlo de una forma paradójica o dilemática, es decir, indicando los peligros que tendría para la pareja crear una perturbación mayor en el mundo de los significados que están detrás, a la manera de premisas, y que derivan de la forma en que la pareja gira sobre sí misma. La influencia del doble vínculo es manifiesta: el modelo fenomenológico de la pareja gira en una dirección, en el sentido del reloj y el modelo mítico lo hace en el sentido opuesto, siguiendo una articulación paradójica, como marco de referencia.

La influencia de Maturana también está presente en el modelo terapéutico de P. Cailleee en lo que se refiere al planeta "Beta" como le sucedió también al equipo de Milán a fines de los ochenta, especialmente por su insistencia en abandonar las intervenciones instructivas que predominaban en el planeta Alfa, de la avería, y que incidían en la modificación de la estructura de un sistema, para reemplazarlas por "perturbaciones" en el mundo de los significados, de las premisas que fundamentan el mapa de creencias de los participantes en la relación de pareja.[10]

La terapia de pareja se transforma y profundiza. Se desliza desde las intervenciones que reparan las averías del planeta Alfa hacia una indagación mas autorreflexiva, en la que predominan las preguntas circulares (en el sentido amplio del término) que abordan las historias que se relacionan con significados intrapsíquicos, creencias subterráneas o premisas, es decir, se desplazan hacia el interior del nivel mítico del planeta Beta.

Mony Elkaim (1990), uno de los pioneros de la terapia familiar en Europa, también se verá influido por estas transformaciones en el plano teórico y clínico. Donde más se advierte esta nueva modalidad, más conversacional de su abordaje terapéutico, es justamente en la pareja y en el texto que sugiere, desde el título, su conexión con el doble vínculo de Bateson: "Si me amas, no me ames".

Con un esquema similar al de Cailleee para la ordenación de los datos en dos niveles (fenomenológico y mítico) se interna en la terapia de pareja, aunque usando otra nomenclatura: Programa oficial para el primero y Mapa del mundo para el segundo respectivamente.

Elkaim elabora un planteamiento paradójico para la comprensión de la pareja. Por una parte, lo que se expresa como una queja, por ejemplo del esposo, de la cual se derivará una demanda de cambio del cónyuge (Programa Oficial), se esconde una historia, habitualmente de carencia amorosa experimentada en la infancia por el sujeto con su familia de origen y que se contrapone contradictoriamente con el programa oficial. Es decir que lo que le solicita a su esposa, no quiere que se lo cumpla, porque no puede imaginar que así suceda, de acuerdo con el mapa de sus creencias personales en el que ha quedado una huella y una certeza dolorosa que le dice que no le van a querer de esa manera, de acuerdo con las historias de carencias que aún prevalecen desde su infancia.[11]

Elkaim insiste de nueva cuenta en una de sus primeras aportaciones a la terapia familiar, la singularidad, incluso cultural, que debe primar en el diseño de intervenciones para que sean apropiadas para ese sistema terapéutico en particular. Sin embargo, adopta un nuevo término para referirse a ella, "resonancia" más de acuerdo con el paradigma de la cibernética de segundo orden, a la que brinda primacía como fundamento de su modelo.

De acuerdo con éste, no son únicamente los integrantes de la pareja los que participan en esta danza doble vincular, en la que lo que se pide al otro a un nivel explícito desde el reproche o la queja, es lo mismo que no quisiera que se le cumpliera. En el nivel del Mapa del mundo, se estrellaría con las historias de carencia amorosa infantil que lo han constituido como sujeto afectivo, emocional y cognitivo. El terapeuta también está influenciado y fundido ("en resonancia") con este diálogo, en el cual se incluyen sus propios mapas del mundo, sus áreas de carencia, que influyen entonces en la conducción de la sesión, porque sirven para el diseño de preguntas e intervenciones que le pueden servir de protección de su propio mapa de creencias. Es lo que sucede cuando se produce un "impasse terapéutico", que requiere de una supervisión cuidadosa, porque es el mapa del mundo del terapeuta el que está en juego y que, cuando se le trae a la mano con la ayuda del supervisor, sirve para la comprensión que le facilite la salida del atascamiento consecuente.

Sin embargo, en la supervisión M. Elkaim es espectacular porque se interna en el mapa de creencias y en las historias más significativas del supervisado, presentes a nivel inconsciente, como resultado de "resonancias" (similar a la identificación proyectiva) que le han acompañado en la terapia como si se tratara de la sombra de algún antepasado significativo en su historia.

Elkaim lo acompaña en el reconocimiento de las resonancias y luego en el desprendimiento de los significados personales, dolorosos y ciegos, que provienen de las historias que estaban presentes como fantasmas inconscientes, aunque participando como obstáculos en el impasse terapéutico.

El mismo mecanismo que invoca para explicar las razones que tiene el partenaire para no responder a las demandas "oficiales" de cambio del otro, la protección de las creencias que cada uno intuye que el cónyuge erige como una barrera defensiva para no experimentar, de nueva cuenta, un dolor amoroso ya conocido en la familia, lo utiliza ahora para incluir al terapeuta en un diálogo de resonancias mutuas.

Sin embargo, da un paso adelante con respecto a lo planteado por P. Caillee porque considera que la terapia de pareja debe proporcionar justamente un territorio seguro para aproximarse y examinar más de cerca estas historias de carencias en el amor infantil que alcanzan un alto nivel de "resonancia" en el vínculo actual e impiden su evolución. De una forma bastante esperanzadora, defiende a la pareja como una relación que puede conducirnos, por medio de la terapia que propone, a un camino en el que se "perturben" estas premisas de vida y, en consecuencia, se consiga su eventual transformación, con el crecimiento consiguiente...

La coincidencia entre ambos modelos no es tan sorprendente, si se examina a la luz de la evolución de la terapia sistémica de esa época, a comienzos de los noventa, influenciada por una relectura de los textos de Bateson y del doble vínculo como eje para la reflexión de los problemas clínicos, bastante lejana de sus orígenes que le habían ligado a la comunicación que tenía lugar entre el paciente esquizofrénico y su familia.[12]

Pero quienes resultaron más favorecidos de este resurgimiento de la "ecología de las ideas" fueron justamente Boscolo y Ceccin, quienes se apartaron de las intervenciones como único método terapéutico sistémico y se enrolaron en la búsqueda de preguntas que sirvieran para co-construir, por medio del cuestionamiento circular, las explicaciones sistémicas, las historias que se conectan íntimamente con las descripciones del sistema que consulta, sea ésta una pareja, familia o individuo.

Durante las siguientes sesiones, se intenta consolidar el sistema terapéutico como un lugar seguro para continuar con la indagación cuidadosa de ciertos temas que representan un riesgo o amenaza, porque implican una mayor exposición emocional en la medida que no se seguirá por el camino ya conocido por ellos, de reproches mutuos, que conducen a un statu quo en el cual la danza interaccional redundante a lo largo del tiempo permite sobrellevarlo, aunque con un alto costo y el consiguiente desgaste.

La exploración del dolor, en sus diversas manifestaciones psicológicas, físicas o psicosomáticas es un apoyo muy útil, porque acerca a una conversación más reflexiva y empática. En efecto, los aproxima a compartir desde una posición en la que son observadores de su propia pareja dentro de un contexto de mayor vulnerabilidad y no tan defensiva, temas más profundos en la conversación que se desarrolla.

También se trata de identificar algunos conflictos que no necesariamente tienen solución ya que como Gottman lo advierte como resultado de sus investigaciones: sólo alrededor de 30% de los problemas que la pareja señala como tal tienen como objetivo la resolución de los mismos; el 60% restante son una consecuencia de las vicisitudes del diálogo amoroso y forman parte del intercambio habitual en el que se trata de mantener posiciones dentro de la relación como una forma de representar los respectivos mapas del amor de cada uno.

En relación con este descubrimiento resulta comprensible que las parejas no recuerden a menudo cual fue la última discusión o incidente que les ha conducido a un determinado conflicto porque se trata de un tema que se repite, con argumentos y guiones con los que están familiarizados y por lo tanto, se requiere de un ejercicio de concentración y memoria para que se discuta más a fondo en el escenario terapéutico.

La indagación continúa identificando cuales son las historias de la pareja e individuales que contribuyen a generar las conductas defensivas de cada uno de ellos a partir del dolor que les produce y al cual son particularmente vulnerables.

Se trata entonces de acercarse a la segunda vertiente, más autorreflexiva de la pregunta sobre el programa oficial que habíamos esbozado anteriormente bajo el párrafo de: ¿Si hago tal o cual cosa, si me comporto de una manera ya habitual cuando se llega a un punto determinado, me dolerá menos esta relación?

Se había mencionado también que las conductas defensivas o de supervivencia no se habían originado en la pareja sino que ya tenían una historia, antecedentes que se habían venido gestando como resultado de eventos significativos del pasado de la pareja o de cada uno de los individuos; que se habían experimentado como episodios dolorosos, de carencia amorosa, a veces incluso traumáticas aunque generalmente más sutiles pero todavía vigentes como si el tiempo no hubiera pasado por encima lo suficiente para desvanecerlos.

El dolor de los conflictos de la pareja vuelve a repetir estas vivencias de carencias de amor y si les seguimos la pista, la memoria de escenas dolorosas se encargará de revelarnos más tarde historias de eventos con la familia de origen que serán muy pertinentes para explicar los factores que influyen en la creación de esa estrategia defensiva, en particular.

De esta manera, nos remontamos a practicar una indagación dirigida a la historia de la pareja y de las familias de origen, no tan al comienzo de la terapia sino que en las sesiones subsecuentes, para evitar una exploración inicial demasiado abierta, que está llena de datos que son conocidos por ambos. Además, nos puede conducir a una búsqueda lineal de explicaciones sobre las conductas defensivas utilizadas anteriormente en las cuales es muy fácil descubrir repeticiones del pasado que sirven para encontrar respuestas superficiales del tipo de repeticiones de patrones intergeneracionales. Dan lugar a interpretaciones simples que más bien reedifican al pasado como origen de los males del presente, no originan nuevas alternativas ni agotan las explicaciones posibles.

Se trata, entonces, de contar con hipótesis que conectan el dolor que experimentan como integrantes de la pareja en el presente con historias que provengan del pasado y que se recuerdan, en esta fase, a propósito de la búsqueda y reconocimiento de una estrategia defensiva, de supervivencia previa frente a episodios en los cuales la carencia amorosa haya sido más evidente.

Se cumplen diversos objetivos cuando esta indagación se hace paso a paso.

En primer lugar, se disuelve la rigidez de la estructura conductual defensiva, en la medida que la conversación se desplaza hacia historias que han ocasionado dolores emocionales a los cuales se sigue siendo vulnerable, ahora que la interacción amorosa les vuelve a poner en contacto con heridas que son antiguas pero que no por eso están cicatrizadas. Seguramente han servido de cimiento de una estructura defensiva que se pone en movimiento cuando el otro, quien lo quiere, la induce.

En segundo lugar, se obtienen datos relevantes de aspectos del pasado que preferimos graficar en conjunto con ellos, para hacer la construcción conjunta de un genograma que adquiere entonces una realidad visual, y agrupar los eventos más significativos de la pareja en un cronograma, que sirve para ordenar los datos del pasado individual, familiar y de la pareja e incluirlos en el expediente clínico que hemos elaborado especialmente para estos fines.

Finalmente se cuenta con una serie de historias significativas de cada uno que pueden servir de base para construir metáforas o rituales terapéuticos que ayuden a dejar atrás el pasado interrumpido por algún final inconcluso, un duelo no elaborado, un nudo que no se cierra totalmente y que todavía aprieta en la garganta.

Se trata de encontrar aperturas para que estas historias dominantes en el presente tengan posibilidades de un final más abierto, aunque sea hipotético pero habitualmente más positivo, que incluya una serie de panoramas optativos más esperanzadores.

Nos parece que es más útil una aproximación terapéutica que cuente con el diseño de un ritual en esta fase de la terapia. Así se empieza a caminar de nueva cuenta sobre el tapiz de una nueva historia y no se repite aquella que ha quedado formando parte de una encrucijada de la mente, que vuelve a adquirir su propia "resonancia" como resultado de un conflicto antiguo, que la pareja hace resurgir, con fuerza, por repetir en la forma, un dolor emocional que sigue vivo.

Además de los rituales, intervenciones, preguntas reflexivas sobre las historias intergeneracionales, en esta fase se ha conseguido elaborar el diseño de otro mapa del amor: un genograma trigeneracional de cada uno y un cronograma de los eventos más significativos de la pareja.

LA PAREJA GIRA SOBRE SU EJE PARA QUE EL AMOR MADURE

La mayoría de los autores que incluyen a las historias de las familias de origen desde una perspectiva trigeneracional se inclinan hacia la búsqueda de explicaciones co-construidas en conjunto con la pareja para dar cuenta de las configuraciones que se adoptan en el presente.

Estas historias, que son habitualmente dolorosas, se relacionan con la respectiva vulnerabilidad al dolor emocional de cada uno de ellos.

En el caso de la pareja, lo que interesa en primer lugar consiste en reconocer el ciclo interaccional que predomina y que se repite como consecuencia de patrones que configuran una particular forma de relacionarse, es decir, la forma en la cual uno y otro se acomodan mutuamente, incluyendo al conflicto y, por lo tanto, a una manera de estar juntos que duele de una manera particular: es el primer mapa del amor y del dolor.

Sin embargo, el dolor de la relación es menor en la medida que cada uno de ellos hace uso de una forma de actuar que le defiende y que se ha originado en el pasado.

Con esta forma de actuar defensiva se transita por la vida amorosa sin llegar más lejos que a experimentar las carencias amorosas que hemos transportado a la pareja desde nuestra historia personal de dolores emocionales.

Los elementos que nos ayudan a reconocer las estrategias defensivas de cada uno de los integrantes de la pareja provienen de una indagación más detallada de las versiones "oficiales" o dominantes de las narrativas que surgen del genograma bi o trigeneracional de acuerdo con una "hipótesis de trabajo"; ésta nos auxilia para iluminar el camino bajo la guía de la curiosidad sistémica que permite construir un segundo mapa del amor: da cuenta de los dolores actuales y de las defensas habituales que se expresan en los guiones de cambio destinados al terapeuta o al otro(a).

Más adelante, se pretende acceder a los elementos que se requieren para que sea el amor de ambos lo que sirva como alimento para el desarrollo personal, es decir, para lograr superar aquellas heridas que nos llevan a defendernos de la misma manera como lo hicimos en nuestra infancia o adolescencia, sin utilizar los recursos a los que, como amantes adultos podríamos recurrir para crecer afectivamente.

Lo interesante de esta fase consiste en identificar las conexiones que existen entre esta forma de defensa y los eventos de la historia personal que han dado origen a esa forma particular de defenderse y que habitualmente se refieren a situaciones que han dejado una marca que refleja las vulnerabilidades emocionales en cada uno de los integrantes de la pareja en cuestión.

Con estos datos, es posible construir un tercer mapa del amor que incluya en un primer nivel a las conductas defensivas más usadas (que Caillee llama escultura fenomenológica y que Elkaim denomina Programa Oficial) y que definimos como guión oficial de tipo reeducación del otro, con el cual dan vueltas y vueltas que perpetúan un *statu quo,* que automatiza una posición de no cambio que cada vez resulta más dañina y contraproducente.

En un segundo nivel, se incluyen los temas dolorosos ligados a diferentes episodios que demarcan el perfil de sus vulnerabilidades y que, a su vez, han dado origen a los guiones defensivos mencionados con los que se engranan en un circuito doble: lo que cada uno hace desde su postura defensiva, le hiere al otro en lo más profundo de sus vulnerabilidades, de una manera tan exacta como las flechas de Cupido, que se insertan en el alma y dan origen a las respuestas defensivas conocidas, que sirven para perpetuar un impasse que se traslada al escenario de la terapia.

El esquema propuesto tiene entonces una naturaleza paradójica y doble vincular en cuanto a que se trata de anillos que giran en un sentido opuesto:

Lo que actuamos frente al otro, al que queremos, le hiere en lo más doloroso porque apunta al centro de su mapa de vulnerabilidades, a lo que es más sensible.

La respuesta del otro no proviene normalmente de la naturaleza del dolor sino del repertorio de conductas defensivas que ayudan a sobrevivir emocionalmente y a evitar el derrumbe temido como sombra del pasado.

No es extraño que en este esquema existan coincidencias con otros autores preocupados por las paradojas del amor, aunque también se adviertan las diferencias.

Para P. Caillee, el modelo teórico derivado de la cibernética de segundo orden sirve de marco referencial para el diseño de una modalidad de tratamiento-investigación que consiste en diez sesiones siguiendo un protocolo invariable que origina una serie de secuencias que pautan las intervenciones hasta que conducen a la pareja a un impasse en el cual se termina la terapia antes de haber intentado su resolución.

En efecto, se señala la situación de impasse como tal, con el agregado de una sugerencia paradójica que les plantea que es preferible seguir igual para no poner en riesgo el mapa de creencias de su otro par ya que, gracias a ese cuidado amoroso, la relación tendrá más posibilidades de prosperar.

Se trata de una complicada instrucción contra paradójica del tipo de la escuela de Milán de M. Selvini Palazzoli con el agregado de una sesión de seguimiento a los seis meses que se inscribe en la modalidad del *cuento que no encuentra todavía su final,* que espera de sus participantes un epílogo, como lo expone el mismo autor en una publicación anterior que tenía como título la frase tan sugerente en los relatos infantiles: "Erase una vez" (P. Caillee, 1992).

Con Elkaim la correspondencia con respecto a este tercer mapa del amor es mayor aunque éste sostiene que el reproche explícito origina una demanda de cambio (Programa Oficial) y no el dolor o queja implícita como se ha enfatizado en nuestro modelo. De este modo, Elkaim llega más rápido a situar el impasse de la pareja en el escenario terapéutico, con el riesgo de precipitarse en el abordaje, sin considerar otros factores como los que se han descrito.

Además, resulta a veces peligroso abordar el impasse tan rápidamente antes de haber consolidado un sistema terapéutico que permita discutir sobre las vulnerabilidades y dolores emocionales, de haber dejado atrás las conductas defensivas que imperan al comienzo, para evitar que las historias reveladas sean usadas como armas más eficaces ahora, por haber surgido dentro de la consulta y llevarlas a casa para continuar con el combate simétrico inicial.

Con quienes este esquema es más semejante es con M. Fishbane y M. Scheikman, quienes han escrito un par de artículos recientes en *Family Process* en los que dan cuenta de lo que llaman el "Ciclo de la Vulnerabilidad" para referirse a este mismo mapa y a su relación con el *impasse* que la pareja traslada a la terapia. Además, se refieren a la importancia de las historias personales y de la pareja como las que dan origen a las narrativas del self, es decir, se aproximan al sujeto desde una dimensión intrapsíquica aunque con un marco teórico derivado de la cibernética de segundo orden y del construccionismo social en lugar del psicoanalítico.

La diferencia más importante consiste en la utilización del modelo transpersonal cuando se trata de abordar las narrativas del self, lo cual nos permite construir el cuarto mapa del amor que deriva del Eneagrama, del estilo neurótico personal que se pone a prueba durante el transcurso de toda historia amorosa que valga la pena.

El eneatipo de cada uno de los sujetos que se enamoran ha surgido precisamente de narrativas de carencia afectiva experimentadas en la infancia tardía, entre los siete y los nueve años y se corresponde a la etapa que Freud llamara "latencia". A esa edad, en la que nos separamos de la familia como principal sostén emocional, que ha sido la que nos ha dado una matriz afectiva de acuerdo con sus posibilidades y recursos, nos ponemos a prueba frente a un nuevo sistema, la escuela y el aprendizaje social y cognitivo. En el curso de esta transición, tan fundamental a nivel individual y social, se manifiestan con transparencia los rasgos de la estructura de carácter que están descritos en los textos de Naranjo.[13]

Estos rasgos surgen precisamente de esta matriz afectiva familiar y especialmente de las carencias experimentadas entonces, cuando se requiere de recursos para acomodarse a un sistema nuevo: la escuela y el aprendizaje.

El eneatipo se configura como resultado de las narrativas familiares, con el prisma del ojo del niño que se está formando, proporcionándole una estructura defensiva que lo protege del dolor de estas carencias tempranas, por cierto muy sutiles y que serán abordadas más adelante.

Por otra parte, en cada eneatipo existe un polo defensivo emocional (llamado pasión) y un polo virtuoso al cual se llega reexperimentando el dolor que surge de la vulnerabilidad derivada de las carencias de origen.

En consecuencia, las relaciones amorosas nos llevan a girar sobre este eje, de forma tal que nos obliga a defendernos del otro, ya que en el conflicto se pondrán en juego los rasgos más rígidos y defensivos de la estructura de carácter. Así entonces, no será posible alcanzar un mayor crecimiento personal sino que, por el contrario, los resultados pueden ser peores: relaciones peligrosas y destructivas.

En cambio, cuando se trata de una relación positiva, que promueve el desarrollo emocional y cognitivo mutuo, se favorece el acercamiento al dolor de estas carencias afectivas tempranas en conjunto. De esta manera, sirven de estímulo para reavivar en la memoria el mapa de las vulnerabilidades personales y reexaminarlas a la luz de un diálogo reflexivo que facilita el encuentro y el surgimiento de nuevos recursos que no existían en la infancia.

De cada eneatipo se derivan modalidades amorosas preferidas que sirven de inicio a tramas o historias de amor que han sido descritas e investigadas por diversos autores, especialmente por R. Sternberg (1998) y que se incluyen como suplemento de las narrativas amorosas de las que somos sus protagonistas.

El modelo propuesto se resume en cuatro mapas del amor:

1. Mapa del reproche, dolor y guión de cambio para el terapeuta.
2. Mapa del genograma y cronograma de la pareja que proporciona los elementos para co-construir un guión terapéutico.
3. Mapa del ciclo de defensas y de vulnerabilidades personales.
4. Mapa del eneatipo y de las historias de amor que contribuyen a la construcción del self individual y social.

A lo largo de las consultas se promueve la creación de un sistema terapéutico colaborativo y dialógico, basado en preguntas más que en interveciones, aunque en un principio se requiera de un enfoque más directivo.

De acuerdo con la experiencia clínica con el uso de este modelo multidimensional a lo largo de los años, nos dedicamos ahora a realizar una investigación que nos ayude a avanzar en cuanto a la evaluación de sus resultados.

Sin embargo, en lo que se refiere al modelo mismo, los siguientes factores son relevantes, porque sobrepasan los márgenes de lo sistémico como marco de referencia central.

En primer lugar, la inclusión del sujeto individual como un sistema complejo que se aborda, centrándose en las emociones en primer lugar, para acercarse así paulatinamente a la estructura del carácter, a las narrativas del self, y por lo tanto, la necesidad de estudiar la personalidad de quienes participan en una pareja.

En segundo lugar, la necesidad de actualizar el conocimiento de una psicopatología más moderna que incluya aspectos de la psiquiatría, el psicoanálisis y lo sistémico para la especialización de los terapeutas de pareja porque se requiere de una visión clínica integral en la medida que los conflictos de pareja producen diversos trastornos psiquiátricos y del modo de funcionamiento de la personalidad, desencadenados por el dolor emocional, físico o psicosomático.

Por último, se propone impulsar investigaciones clínicas sobre la efectividad de este modelo, que sigue una determinada secuencia y que va construyendo mapas y gráficos que sirven de guía para un proceso que, de otra manera resulta confuso y contradictorio, especialmente cuando se trata de documentar con datos una eficacia no comprobada estrictamente por la investigación.

El esquema que sigue intenta resumir las diferentes fases del modelo propuesto, situando a ambos lados a los amantes que consultan y en el medio, al terapeuta que construye con ellos los diferentes mapas del amor y de la terapia que explicamos en el texto.

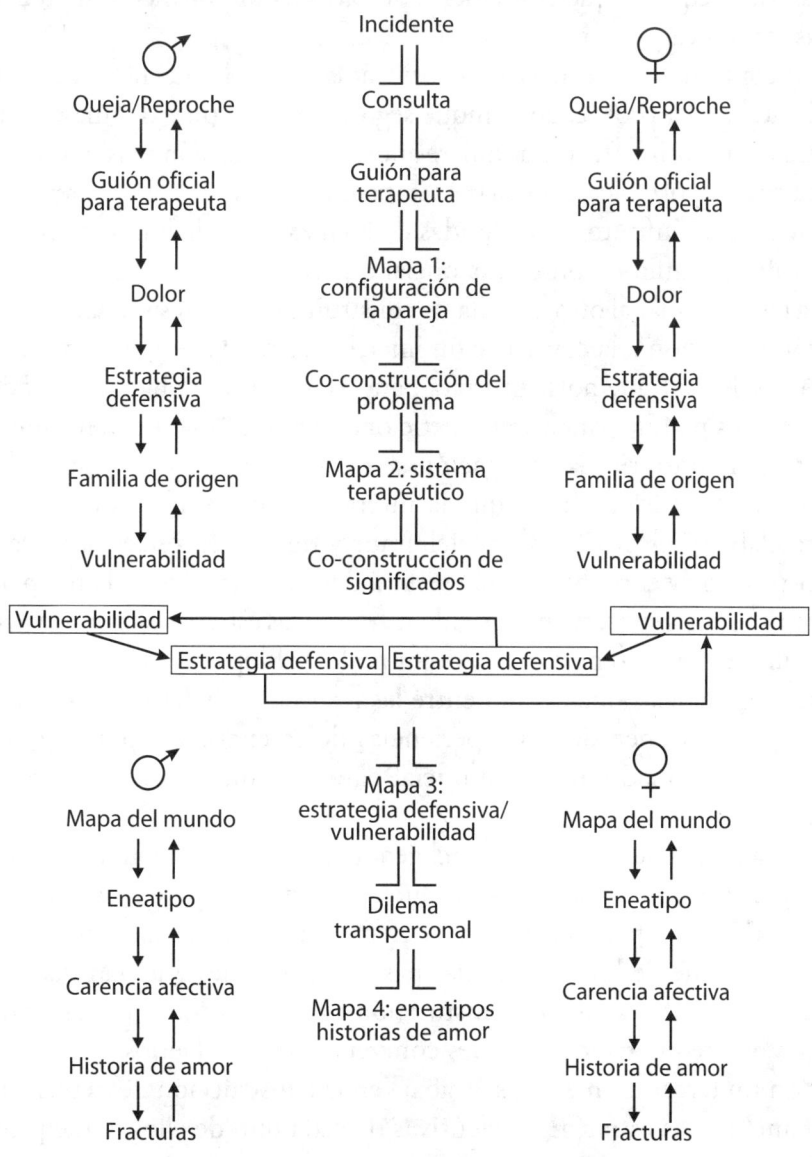

Mapas del modelo de terapia

En resumen, en un primer momento, se indaga sobre la correspondencia que existe entre un determinado incidente que ha excedido los límites de la estructura de la pareja y la resquebraja hasta el punto que deciden solicitar una consulta.

El terapeuta aborda la historia del incidente y empieza a construir el sistema terapéutico como una base segura desde la cual se pueda ahondar en sus conflictos más crónicos, a menos que se haya producido una crisis que requiera que el incidente sea abordado por medio de técnicas más específicas como se detallará adelante.

A continuación, se dedica a identificar la queja o reproche principal que el incidente ha provocado, aunque seguramente se trate de una queja repetida anteriormente que adquiere ahora una dimensión más dramática o incluso insoportable. La tarea del terapeuta, además de evitar la repetición de reproches infinitos y demandas de alianzas y coaliciones, consiste en identificar el guión o programa oficial que cada uno quisiera que se utilizara para cambiar al otro: se trata de construir una hipótesis 2 que funcione como invitación a la construcción inicial del sistema terapéutico, aunque con la salvedad que no se utilizará para construir el problema que defina la terapia sino que para evitar repeticiones del tipo "más de lo mismo".

Por el contrario, la indagación se encaminará a identificar el dolor emocional o incluso físico que la interacción entre ambos les produce para elaborar el primer mapa del amor y derivar entonces hacia la co-construcción del problema que servirá de base para iniciar la terapia.

En sesiones subsecuentes, se identificarán las estrategias defensivas que han implementado para que el dolor no les sobrepase y más adelante, las correspondencias que existen entre las respectivas defensas y las estrategias que provienen de sus experiencias de carencias tempranas que les han proporcionado un guión oficial para enfrentarse a las emergencias emocionales.

Para estos fines, se auxiliará del genograma y del cronograma para elaborar el segundo mapa del amor que refleja que "la pareja no flota en el espacio" y que, por lo tanto, las defensas que utilizan no surgen de la nada sino que de las experiencias pasadas o actuales que han delineado caminos que la pareja como institución ha transitado, evidenciando dilemas que requieren de acciones concretas para resolverlos.

En un tercer momento, se trabaja en la construcción del tercer mapa que incluye las estrategias defensivas de cada uno de ellos y que provienen de narrativas dominantes que contienen episodios dolorosos de carencias amorosas del pasado, habitualmente de la familia de origen (aunque no siempre) y de las vulnerabilidades a estos dolores específicos, que vuelven a repetirse en el conflicto crónico que la pareja y el terapeuta identifican como un impasse: en la medida que uno siente este antiguo dolor al cual es tan vulnerable, se defiende con la estrategia ya conocida pero que, al mismo tiempo, exacerba el dolor del otro porque lo toca en lo más profundo del desamor.

En este mapa se grafican defensas y vulnerabilidades: es el tercer mapa del amor que se repite incesantemente porque al mismo tiempo que los distancia, les proporciona una identidad como pareja que los hace únicos y singulares. Sin embargo, también los deja presos de un conflicto que no se resuelve y, por lo tanto, en un impasse que incluye al terapeuta, a menos que se lo identifique y se transforme en uno de los objetivos centrales del diálogo terapéutico.

Por último, el cuarto mapa se interna en profundidades para descubrir las posibilidades que el amor de la pareja pudiera tener como estímulo para las respectivas estructuras del carácter, para eventualmente trascenderla y funcionar de una manera más virtuosa en lugar de defensiva. Este cuarto mapa incluye también a las historias de amor que les caracteriza, que derivan de la estructura de carácter en cuanto a la elección del otro como par pero también de las narrativas del self social con el cual se han construido tramas y temas preferentes en base a los discursos culturales dominantes, que les sujeta a un determinado guión al mismo tiempo que los define como un par de enamorados.

Con la ayuda que estos mapas proporcionan, se cumple con una premisa vital para la terapia: el amor tiene un sentido más trascendental en la medida que permite la transformación de cada uno para lograr un funcionamiento mutuo más enriquecedor o incluso superior y virtuoso con respecto a uno mismo y a los demás.

---

[1] De acuerdo con su enorme experiencia clínica y docente, Ceccin acostumbraba referirse a tres fases evolutivas de la pareja: *a)* Psicótica: cuando se enamoran y el otro es como un Dios, *b)* Crítica: cuando se descubre que "no eres como me esperaba y

dura de 1 a 35 años. *c)* Aceptación: cuando se aceptan uno al otro tal como es. Citado en Biscotti, O. (2006), La terapia de pareja, Buenos Aires, Lumen.

2 A diferencia de la psiquiatría americana que intenta rápidamente llegar a un diagnóstico que cumpla con las categorías estandarizadas en las diferentes versiones del DSM (Manual Diagnóstico y Estadístico de los trastornos mentales), la psiquiatría inglesa, con influencia de la fenomenología alemana, se pronuncia por un procedimiento más reflexivo y longitudinal para cumplir este mismo objetivo.

3 Dentro de las innumerables aportaciones de Watzlawick a la terapia sistémica, la aparente simplicidad de su modelo terapéutico interaccional, basado en desmontar las soluciones intentadas de la estructuración del problema sigue vigente para mí, aunque sea a nivel teórico y no necesariamente estratégico como su planteamiento inicial descrito en varias de sus obras.

4 Parafraseando a O. Paz en la *Llama doble,* en la que describe al erotismo como infinito en sus posibilidades en comparación con la sexualidad, más biológica y universal, el amor duele de miles de formas aunque depende de la "danza interaccional" de los amantes.

5 En la publicación de "Érase una vez una hipótesis" describo con mayor detalle una serie de pasos que cualquier sistema consultante (pareja, familia, individuo) pone en práctica para activar al terapeuta hacia la construcción de un sistema terapéutico como el dominio de la hipótesis 2: donde se recrean las demandas de cambio que se espera que el terapeuta pueda incluir como propias, para iniciar la terapia desde un punto de partida que la historia compartida nos sugiera. Vicencio, J. (2004).

6 Aunque el Modelo descrito lo he designado como inscrito en el marco de lo "Post-Milan", las guías para la indagación sistémica son las enunciadas por Ceccin y Boscolo en sus diferentes publicaciones y últimamente por Bertrando en su libro sobre la Terapia Dialógica. Bertrando, P. (2007). *Dialogical Therapy,* Londres, Karnac.

7 La Asociación Británica de Terapia Familiar (AFT) ha elaborado un acróstico de los niveles socioculturales, que otros han denominado "metaniveles"(Mc Klure y Cols.), para referirse a una serie de aspectos que deben considerarse, para lograr una amplia perspectiva en el trabajo del terapeuta sistémico: GRRAACCES *(género, raza, religión, edad, habilidades, clase social, cultura, etnicidad y sexualidad).*

8 Es equivalente a la escultura que propone P. Papp para el trabajo con parejas, aunque la implementación terapéutica propuesta por ella es diferente porque, además del uso diagnóstico, le sirve como estímulo para elaborar una serie de preguntas reflexivas alrededor de futuros hipotéticos e identificación de los recursos de cada uno para alcanzarlos, más de acuerdo con las influencias actuales del construccionismo social. En efecto, señala Papp, el tema de las ideologías y de las historias familiares ha estado en el vocabulario de los terapeutas familiares desde antes que las palabras "constructivismo y narrativa" existieran. Por ejemplo, Ferreira (1963, 1966) lo llama "mito familiar", Reiss (1981) usa el término de "paradigma familiar", Watzlawick (1978), "imagen del mundo", etcétera. Lo que interesa es identificar el tema central que se conecta con historias intergeneracionales y configura lo que se ha llamado

"sistema de creencias" (Papp) o "mapa del mundo" (Elkaim). Papp, P. (1996), Family Themes: "Transmission and Transformation", *Family Process,* 35, Nº1.

[9] El modelo de investigación con un protocolo invariable de intervenciones, por error en el análisis de las publicaciones, ha quedado grabado como un ejemplo de una prescripción universal para la curación de la anorexia y la esquizofrenia. Selvini, M. (1995), *Juegos psicóticos,* Barcelona, Paidós.

[10] Caille, P., como la mayoría de los terapeutas sistémicos ligados con el grupo de Milán, sería influenciado por diversos autores provenientes de otras disciplinas (von Foester, von Glaserfeld, Varela, Morin) quienes enriquecieron el marco teórico epistemológico en la década de los ochenta y propusieron un nuevo mapa para la comprensión de la complejidad de las creencias que configuran, no solamente al sistema que consulta, llámese en este caso, a la pareja, sino que también al sistema terapéutico, llámese "observador inclu,ido en lo que observa". Pakman, M. (1997).

[11] La similitud del modelo de Elkaim con el de Caillee es muy evidente, aunque el plan terapéutico sea diferente. Para Caillee, se trata de un modelo de investigación y de articulación teórica que sirva de base para su instrumentación en la clínica.

[12] Pero quizá quien describe con mayor propiedad lo que sucedía entonces con esta teoría, del doble vínculo, incluso en relación con la creatividad y el arte de la terapia antes que con la psicosis, fue Bradford Keeney en el texto que resume las ideas que predominaban en ese periodo histórico, de verdadero afán epistemológico y que titulara aptamente como *Estética de la terapia familiar...*

[13] Es más sugerente en relación con el amor, de acuerdo con Naranjo, el texto *Males del alma, males del mundo,* porque refleja más nítidamente a los eneatipos en la práctica de la vida. Naranjo, C. (1991), *Males del alma, males del mundo,* Madrid, Ediciones Temas de Hoy.

CAPÍTULO **5**

LA PRIMERA ENTREVISTA

Como es ya una costumbre en la práctica de la terapia sistémica, la entrevista comienza antes de que la presencia física en el consultorio sea una realidad. En efecto, la necesidad de contar con algunos datos iniciales que sirvan de base para tener una idea de quienes son los que consultan y cuál es el motivo que les aqueja, no la hemos dejado atrás, desconociendo, a propósito, las posturas postmodernas más radicales, que se instalan, a priori, en la posición de un supuesto "no saber" y prefieren obtener estos datos en presencia de la propia pareja que consulta, para evitar preconcepciones e hipótesis. En la práctica, las hipótesis van surgiendo a medida que la indagación y el diálogo permite seguir las "aperturas" que los participantes aportan.

En el contacto telefónico, que habitualmente lo realiza la mujer, desde una posición prescrita por el discurso dominante de género que la hace responsable del cuidado de las relaciones familiares, las preguntas clave, luego de los datos de identificación, consisten en averiguar los reproches mutuos que ambos se hacen y para los que requieren de ayuda por lo insoportable de la intensidad de sus conflictos o de su incesante repetición.

Se trata de obtener no sólo lo que le afecta más a quien realiza la llamada sino que también, imaginar qué es lo que el otro(a) le plantea como una queja explícita, como a menudo se ha escuchado en discusiones y conflictos. Además, es recomendable conocer sobre el contexto de la referencia o la recomendación, no sólo por la importancia que el equipo de Milán le otorga, como resultado de su análisis de los fracasos terapéuticos, sino que también por razones de seguridad personal especialmente en casos de violencia física o de amenazas de muerte.

A partir de ese momento, la curiosidad sistémica se hace cargo de conjeturar con estos primeros elementos, muy iniciales pero suficientes para iniciar un proceso autorreflexivo que sirve de guía para que la entrevista se lleve a cabo con una precaución: evitar que se transforme en un depósito de quejas mutuas, repetidas hasta el cansancio pero que ahora anidan la esperanza, bastante débil pero aún presente como anhelo, de que sea el terapeuta, con su experiencia y saber acumulado, quien les haga justicia y como buen juez, le encuentre la razón a uno sólo, en perjuicio del otro.

Una de las formas de evitar este riesgo, como señalaba anteriormente, consiste en iniciar la entrevista indagando sobre la historia de la consulta, el incidente que les hizo pensar que tenían que hacer algo diferente que las soluciones previamente intentadas, las expectativas con respecto a la terapia, el grado de involucración y cooperación con la terapia, es decir, como lo han planteado diversos autores últimamente, identificar cual es la historia de las "ideas" que han comentado entre ellos como eventos previos a la consulta.[1]

De esta forma, el problema es la consulta y cómo utilizarla lo mejor posible para obtener resultados de la misma. Es una modalidad de inicio de la entrevista que se fundamenta en la cibernética de segundo orden y en los modelos reflexivos postMilán con el terapeuta incluido de entrada, como parte del sistema creado por el problema, a diferencia del comienzo más clásico de indagar por el problema que traen como motivo de consulta. También se justifica como una manera de identificar las palabras "apertura" con las cuales iniciar un cuestionamiento circular significativo, para evitar las descripciones del problema destinadas a influenciar al terapeuta en beneficio de uno sobre el otro.

Los incidentes que han provocado la entrevista como consecuencia son generalmente triviales, en el sentido de lo cotidiano, pero no en lo que se refiere a la estructura de la relación, porque lo que duele más, es lo que la estructura de la relación no resiste, sin resquebrajarse.

> "Lo que me hiere son las formas de la relación, sus imágenes; o más bien, lo que los otros denominan forma yo lo experimento como fuerza. La imagen es la cosa misma. En el campo amoroso, las más vivas heridas provienen más de lo que se ve que de lo que se sabe." (Rolland Bartes, *Fragmentos de un discurso amoroso*), pp. 154-155.

El amor en la pareja no siempre se expresa con el placer que nos complace sino con el dolor que le acompaña. La experiencia de participar en una terapia de pareja significa entonces, hacer hablar al amor en sus múltiples lenguajes, con el objeto de que sean sus integrantes los que encuentren, no sólo una salida para su propio atolladero sino que obtengan del sufrimiento, la delicadeza para no perderse y la ternura y la compasión, que abren el paso al conocimiento y al crecimiento mutuo, generalmente más profundo que al que se accede por intermedio de uno mismo.

La irrupción del amor romántico en la adolescencia duele como lo atestiguan los clásicos, que no por casualidad se leen entonces (Shakespeare en Romeo y Julieta, Tristán e Isolda, Goethe en Werther) de manera que se refuerza el mito de "hasta que la muerte nos separe". Al mismo tiempo, nos acerca al peligro latente de la muerte de la relación o incluso real, como dramática expresión del sufrimiento, cuando el amor se quiebra o se hace tan difícil como imposible. La pareja entonces, no sólo duele; también enferma y puede llegar a matar y no precisamente por el expediente del crimen pasional y de la nota roja sino que por la vía de equívocos, conflictos y desencuentros.

Las palabras son escasas en relación con la emoción que se desborda cuando un adolescente las pronuncia por primera vez frente a un testigo privilegiado, un amigo o un familiar:

"¿Crees tú que es posible pasar más allá de la amistad entre nosotros dos?", "¿qué me pasaría si me dijera que no?"

Es una de esas frases tímidas que se dice, o se piensa cuando se quiere pasar ese límite e invitarla(o) como participante de los primeros encuentros amorosos. Se comienza así una historia en la que irán dando vueltas, uno con el otro, en un diálogo que adquiere, con suerte, una dimensión poética, cuando no es arrebatado por los guiones de una más de las telenovelas personales:

> Las tristezas y los azules de las distancias
> se parecen a mis ojos,
> cuando miran hacia adentro de mi alma,
> en lugar de mirar hasta el fondo de la tuya...
> Ese ejercicio de la mente, que se desdobla
> mientras que cae sobre sí misma.
>
> Cómo me gustaría entregarte lo que más me interesa,
> disponer de un nombre para las esperanzas,
> mientras que vas y vienes como la luna,
> siguiendo el rumbo
> que la noche te insinúa.

> Y si a la luna colorada se la mira,
> con ternura y picardía,
> créeme que no está tan lejos de lo que siento
> porque en eso de quererse,
> hay dolores que dan forma
> aunque a veces nos consuman...(Vicencio, 1999)

De cualquiera manera en que se miren, las iniciaciones amorosas tienen esa mezcla de inmensa inocencia y aún de cursilería, en las que las palabras se arrastran: no alcanzan para abarcar lo inexistente cuando se trata todavía de una relación que es consecuencia de la intuición o de la fantasía solamente.

Una de las modalidades más populares en la cultura mexicana (que se extiende a la mayoría de los países latinoamericanos) para expresar las historias amorosas es el "bolero", canción romántica que ha circulado a partir de los años 30 en diferentes versiones todavía vigentes.

> ...*el bolero es una canción de amor, pero también es memoria y parte destacada de la educación sentimental del mexicano* (De la Peza, C., 2001).

En su investigación documenta en extenso las características del bolero como canción de amor urbana y lo diferencia del corrido y las rancheras, expresiones más épicas y pretéritas que se identifican con el periodo de la revolución y del predominio de lo agrario-rural en la cultura musical y folklórica de México. Según la autora:

> ...*el bolero es una forma de discurso amoroso, emitido siempre en primera persona: el enamorado, quien transita por los más variados estados y sentimientos: de celos, inseguridad, pasión, despecho, alegría, tristeza, etc. El destinatario del bolero es generalmente el ser amado"* (De la Peza, 2001, p. 57).

Pero se trata de:

> "...*un amor desdichado, no correspondido, expresión de conflicto y de carencia que se asocia paradójicamente con la felicidad, placer y goce parcialmente inaccesibles y por tanto también con sus padecimientos, pena, sufrimientos y dolor*" (De la Peza, 2001, p. 69).

La participación como terapeuta de pareja en la cultura mexicana desde 1980 me ha influido imperceptiblemente para desarrollar una forma particular de escuchar los reproches y quejas de quienes me consultan. Se deslizan por el entretejido del lenguaje, algunos trazos de esta memoria colectiva que se expresa a veces, como la letra de un bolero inventado, esta vez por ambos, que resume el desconsuelo y la nostalgia de un amor que se desgaja...

Cuando una pareja se ve empujada a una consulta luego de agotar múltiples intentos para solucionar sus conflictos y concluyen que requieren de la presencia de un terapeuta, predomina tanto la frustración y la confusión que es muy fácil caer en el mismo juego inútil de recriminaciones que ellos conocen a la perfección.

Es necesario obtener rápidamente la información pertinente para no enredarse con una serie de datos que están destinados, en gran parte, a obtener del terapeuta una posición de árbitro en esta disputa amarga en la cual no hay vencedores ni vencidos. Por muy genuina que sea la motivación para la consulta que, además, no es generalmente compartida por ambos, la pareja no busca la transformación y el cambio sino la confirmación de su punto de vista. Por lo tanto, la inclusión de un tercero representa una oportunidad para la búsqueda de alianzas aparentemente tan necesarias como inútiles.

La necesidad de obtener una información más extensa que sobrepasara el nivel de quejas y recriminaciones me la facilitó la creación de un "dispositivo de cuestionamiento" que promoviera un diálogo más reflexivo y me proporcionara los elementos indispensables para la elaboración de una hipótesis que fuera útil para empezar a trabajar con la pareja.

Aunque en forma de preguntas, este dispositivo aborda los ejes más importantes en los que la vida amorosa se desenvuelve, y me asombra, porque adquiere la dimensión de un amor que duele y que se expresa con la precisión poética de un bolero que no se ha escrito todavía.

El tema de la primera pregunta es obvio y aunque no se formule abiertamente, flota a lo largo de la primera sesión y quizá de las subsecuentes:

¿Cuánto se quieren, si es que se quieren estas dos personas que luchan para que su verdad se imponga?

Las respuestas se esbozan generalmente en el dominio del lenguaje no verbal, de miradas y gestos, tono de voz, titubeos y posturas corporales, cercanías y distancias, micro secuencias interaccionales.

¡No deja de sorprenderme la enorme cantidad de información que se esconde tras el maquillaje o por debajo de la suela de los zapatos, si se considera que caminamos sobre el suelo y también, sobre un tapiz de relaciones significativas!

No ayuda demasiado la pregunta explícita a estas alturas porque la respuesta invariable es un: "sí, por eso estamos aquí".

Las observaciones realizadas por Gottman en sus investigaciones con parejas filmadas en el "laboratorio del amor" de Seattle ayudan a identificar indicadores que posiblemente les haya conducido a experimentar un desgaste en su relación y, a veces, el agotamiento de la misma. En este momento de la entrevista, sus observaciones ayudan para el registro de estos indicadores, del tipo de interacción, de sus características y de las consecuencias en el presente.

A continuación, desde el cuerpo y la emoción, la pregunta que sigue es metafórica y lírica, casi un bolero en sí misma:

¿Cómo les duele quererse? Las respuestas, relativas a la queja, el motivo de consulta o el "síntoma", no sólo se refieren a los dolores emocionales como son la angustia, el coraje, la tristeza, la decepción y el despecho, abandono, celos y traiciones sino que también sus manifestaciones psicosomáticas como por ejemplo: gastritis, colon espástico, cefaleas, tensiones musculares o incluso enfermedades más graves como insuficiencia cardíaca o coronaria, depresión, alcoholismo y cirrosis hepática que no deberían pasar desapercibidas en una consulta que no descuida la relación mente-cuerpo. En efecto, se trata de descubrir las características del dolor emocional y físico que resulta de una relación amorosa en la que los conflictos crónicos han ido dejando huellas indelebles.

Con el ejercicio clínico, se va corroborando el paralelismo y la correspondencia que existe entre la configuración de la relación con el tipo de dolor que la caracteriza y es posible distinguir así una coherencia que alcanza una precisión casi matemática.

De esta forma, es posible relacionar las quejas o reproches mutuos tal como se habían explicitado en el informe telefónico previo, con el dolor implícito o emocional que el terapeuta identifica, en conjunto con la pareja y el auxilio de las preguntas reflexivas y circulares que lo "deconstruyen" en el espacio de la terapia.

Lo más interesante del método que propongo para la entrevista inicial consiste en identificar la configuración de la relación de pareja de la que se trata por medio del dolor que los aqueja. En efecto, el tipo de dolor que una relación amorosa produce se corresponde estrechamente con la estructura de la misma en la medida que las palabras evocan el desamor y la carencia como lo canta el bolero.

Por ejemplo, si se tratara de una pareja que consulta por una serie de recriminaciones y reproches mutuos que los ha llevado al borde de una separación temporal, las preguntas sobre el dolor pueden ayudar, por ejemplo, a identificar que la posición del esposo se corresponde con la de un hombre enormemente resentido con su esposa porque ella lo ignora o no le obedece como él espera, en una cultura tan patriarcal como la nuestra. A su vez, el dolor de ella, más sutil, revela su desconcierto y angustia, porque no sólo lo quiere bien sino que lo apoya y espera por lo tanto un reconocimiento que tarda tanto que la resiente. Resulta entonces que lo que era un motivo de consulta explícito muy similar, conmueve en su disparidad cuando logramos que se exprese en forma diferenciada:

¿Cómo le duele a él esta relación? *Se enoja y resiente porque lo ignora y desobedece.*

¿Cómo le duele a ella esta relación? *Se angustia y se agota por su ingratitud.*

A continuación, el manejo de la autoridad y del poder dentro de la relación como institución pasa a un primer término, como tema de las preguntas siguientes:

¿Cuánto les cuesta quererse?

Ingrato tema de indagación, el poder, frente al cual los miembros de la pareja se resisten a un abordaje más directo, especialmente cuando la entrevista misma no ha logrado establecer aún una relación terapéutica confiable en la cual basarse para experimentar más a fondo. Se trata todavía de un territorio amenazante, en el que se juegan alianzas y coaliciones con el terapeuta, para conseguir un punto de apoyo, si no más firme, por lo menos más ventajoso.[2]

Existen al menos dos niveles de discursos en el diálogo sobre el poder que se establece entre la pareja y el terapeuta. El primero, de orden instrumental o contextual se refiere a los aspectos económicos, laborales, distribución de las tareas domésticas, que se pone al descubierto en áreas aparentemente inocentes, como por ejemplo, el uso del dinero, la administración del mismo, la distribución del tiempo para las labores de la casa, el trabajo, la preparación profesional de cada uno y sus consecuencias.

El segundo es más sutil porque se refiere a los discursos ideológicos dominantes, que a menudo permanecen subyugados, de acuerdo con los usos y costumbres de la cultura a la cual se pertenece.

Las desigualdades derivadas de las asimetrías de género con respecto al poder se esconden bajo las sutilezas del discurso amoroso. Me ha resultado más sencillo y productivo la obtención de esta información doble a través de la metáfora del dinero: quién lo administra, cuánto es de cada quien, cómo lo gastan o malgastan, qué efectos tiene para la relación esta determinada distribución del poder y cuáles son las historias dominantes con respecto a las narrativas de género, que se incluye entonces desde el principio de la consulta.

Lo mismo vale para los factores contextuales como son la situación de ambos con respecto al empleo, la educación, la vivienda, es decir, la disponibilidad de recursos y limitantes para la subsistencia de la relación de pareja en sus dimensiones institucional y pública.

Los datos así obtenidos sirven, al mismo tiempo, para establecer un calendario de eventos significativos en el proceso de su evolución como pareja.

Las respuestas proporcionan datos muy valiosos para la comprensión de este nivel pragmático en el cual se anudan los procesos más intrincados de la convivencia de la pareja, invariablemente constreñidos por un marco en el que los discursos invisibles del poder ocupan un primer plano.

Para el final y cuando la entrevista ha sido bien conducida, las preguntas incursionan en la intimidad de la sexualidad.

¿Cómo les gusta quererse?

La sexualidad en sus aspectos eróticos, relacionales o reproductivos se muestra con nitidez frente al espejo que les desnuda la realidad más profunda y pasional de la vida amorosa que comparten.

Es conveniente abordar este terreno precozmente, con el fin de obtener datos más específicos sobre la configuración de la relación que ayuden, a su vez, para confirmar el retrato de la relación que ha proporcionado la indagación en los renglones anteriores ya descritos. Con delicadeza y tacto, la exploración de la sexualidad adquiere una precisión estética y

Entrevista inicial de la pareja

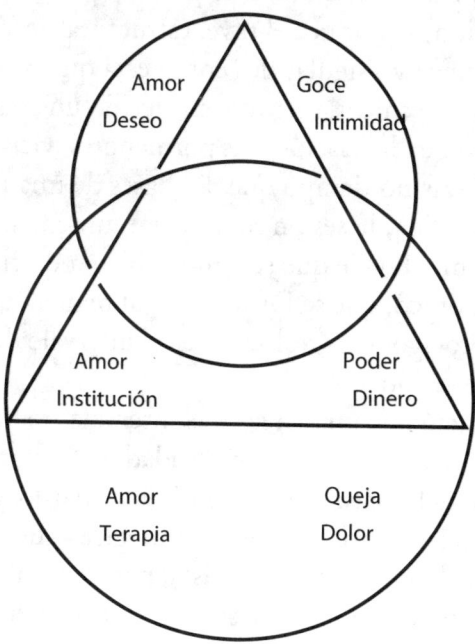

plástica porque refleja las características más esenciales e íntimas de la configuración de la relación.

En la analogía del principio entre el dolor de la relación y el bolero, en estas preguntas sobre la intimidad erótica se hace presente el genio de la música de Ravel, en su bolero sinfónico, que refleja las múltiples aristas de la sensualidad. Además, agrega dimensiones tan necesarias como el goce y el placer que, a su vez, le otorgan a la entrevista un carácter más íntimo y cercano, que favorece el establecimiento de una relación terapéutica colaborativa al mismo tiempo que una conversación que incluya a los aspectos positivos.

No es infrecuente, sin embargo, el hallazgo de problemas sexuales que requieren de un tratamiento especializado, a veces, con anterioridad a una terapia de pareja propiamente dicha.

La información obtenida por medio del cuestionamiento circular siguiendo estos lineamientos en el mismo orden en el cual se han enunciado, aunque haciendo énfasis en uno o en otro renglón, de acuerdo con las características de la pareja que consulta, proporciona los datos que permiten co-construir la versión que el terapeuta presenta como el problema sobre el cual se incidirá, si es posible, por medio de la terapia. En esta construcción, se traduce el nivel estructural-interaccional, es decir, la forma específica y singular de "como está quien con quien".

En términos más técnicos, una vez establecido un acuerdo con respecto a la configuración de la relación, sus pormenores, vicisitudes e historias más relevantes, al mismo tiempo que, las bases de una relación terapéutica más o menos sólida, la sesión finaliza con una definición compartida sobre el problema. Puede que sea un problema de ciclo vital, separación o conflicto crónico, que se formula de tal manera que da curso a las acciones que sus protagonistas realizarán en el intervalo de dos a tres semanas, entre sesión y sesión.

La implementación de una tarea en el intervalo no hay que dejarla en el olvido, especialmente cuando la intensidad de los conflictos lo amerita. En la mayoría de los casos, es necesario abordar los problemas enérgicamente con técnicas estructurales o estratégicas que apresuren el paso frente a un obstáculo que, a primera vista, parece insalvable.

La transcripción de una primera sesión, en la que el relato de problemas sexuales al comienzo de la entrevista es un evento extraordinario o al menos infrecuente puede servir como un ejemplo clínico más pormenorizado de las dificultades que surgen en la práctica con el modelo propuesto:

Presentación de quien solicita la consulta: "Me da mucho gusto que hayan venido a esta consulta. El doctor Vicencio viene a dar un taller, es chileno, va a estar con ustedes; yo voy a estar de observadora dentro de la sesión y voy a seguir su caso en terapia, si es que se recomienda."

Javier Vicencio: Cecilia me contó algo sobre ustedes. Les voy a contar lo que yo sé con respecto a esta consulta. Me contó que habló contigo, Atenea, por teléfono. Entonces, les pidió una serie de referencias y datos con respecto a ustedes dos, y lo que básicamente me dijo es que ustedes llevan una relación de once años, que tienen dos hijos, uno de once y otro de siete años y que el chico de once tiene una parálisis cerebral, que los ha llevado a distintos lugares a consultar para que les ayuden, para que vaya avanzando. Entiendo que camina.

Atenea: Un poco, con andador y muchos aparatos.

Javier: Sé que han hecho un enorme esfuerzo para conseguir que este chico vaya progresando.

Atenea: Ahí vamos...

Javier: Ahí van y pues, en la medida que tienen no solamente a este chico, sino a otro de siete años, están teniendo la posibilidad de retomar, de preguntarse quiénes son ustedes además de padres, qué comparten como pareja. Mi intención en esta consulta será ayudarles en lo posible a que habláramos y hablaran ustedes de qué se trata la pareja de ustedes. Cuáles son las dificultades que tienen y qué es lo que han hecho para enfrentarlas. De qué se queja el uno del otro y desde ahí cómo es que les ha dolido lo que están viviendo como pareja. ¿Están de acuerdo? ¿Les parece bien lo que les acabo de decir?

Ustedes deben tener entre 34 y 35 años. El otro dato que me dio Cecilia, es que tú trabajas como empleado en el área de computación del Gobierno.

Pedro: Sí, trabajo en el DIF estatal, en análisis de sistemas y ella está a cargo de la casa.

Atenea: Sí.

Javier: Y que no tienes ningún trabajo extra, fuera de la casa y los niños, lo cual no implica que no tengas trabajo.

Atenea: Sí tengo, pero no es fijo. Mi papá tiene un taller de serigrafía, entonces yo me desaparezco cuando puedo. Me habla y me dice: "Oye, tengo 20 playeras" y ahí voy. Pero yo tengo que ir cuando puedo. Entonces a veces cuando él sale en la mañana como a las siete, yo voy llegando y me quedo hasta que termino, hasta que avanzo lo suficiente. Y a veces me voy a las seis de la mañana, antes de que él se vaya, para que se quede con los niños, entonces yo voy y vengo.

Con estas preguntas se busca reconocer el contexto institucional de la pareja: trabajo, dinero, tiempo y relaciones laborales para cumplir con el encargo de situarla en el espacio antes de acercarse a lo íntimo.

Javier: O sea que tienes bastante ocupada la jornada. Entonces, si yo te preguntara eso que pregunté antes, ¿qué es lo que están viviendo como pareja, en qué momento de la vida como pareja están?

Atenea: Yo pedí la cita con la terapeuta que ve a los niños y a ella le comenté si nos canalizaba.

JAVIER: Muy bien. Entonces, desde cuándo tienes la idea de que vale la pena saber más sobre lo que está pasando con ustedes como pareja.
ATENEA: Yo tengo como ocho años viendo qué se podía hacer.
JAVIER: Y ver qué se podía hacer con qué.
ATENEA: Prácticamente yo estoy a gusto, aquí el que no está a gusto es él.
JAVIER: Tú estás a gusto y entonces ¿por qué pediste la cita si el que no está a gusto es él?
ATENEA: El más afectado es él.
JAVIER: El más afectado es él. Tú estás a gusto y tú estás mal. ¿Cómo te das cuenta de que él está mal?
ATENEA: Porque le da corajito que le diga que no.

Aunque el reclamo es muy explícito, en el terreno de lo sexual, el tono con el cual lo enuncia propone una alianza implícita en la que el guión que utiliza es uno que propone que sea yo el que lo anime o lo recrimine por su pasividad.

JAVIER: ¿Y hace cuánto tiempo que le dices que no?
ATENEA y PEDRO: Como ocho años.
JAVIER: ¿Como ocho años...?
PEDRO: Batallamos mucho.
JAVIER: ¡Qué bien! Entonces como parte de esta batalla, tu mujer dice vayamos a alguna parte para ver qué podemos hacer. Sin embargo, eres tú Atenea la que le dices que no.
ATENEA: Es conmigo, qué se puede hacer conmigo.

En la medida que no acepto la alianza que me plantea, Atenea intenta hacerse cargo de que ella también tiene un problema al respecto pero que no le afecta tanto como a Pedro.

JAVIER: No por ti, sino porque te importa lo que le pasa a él.
ATENEA: Sí, porque yo estoy muy a gusto sinceramente.
JAVIER: Cuéntame Pedro, en estos 8 años qué es lo que ha sido más difícil de esto, que ella te dice que no, cómo has reaccionado tú.
PEDRO: Es muy difícil aguantarse, me gusta físicamente, me atrae, me excita.
JAVIER: Parece muy difícil ¿no es cierto?

PEDRO: Sí...
JAVIER: Y cómo está tan difícil, qué te va pasando, cómo has reaccionado.
PEDRO: Qué me va pasando... no me pasa nada. Yo creo que no tener una buena vida sexual con ella y con nadie más, me distancia a mí también un poco. Nos peleamos más fácilmente.
JAVIER: ¿Te frustra un poco, te vuelve intolerante y te distancias en la medida que te enojas con ella o te molestas o te frustras?

Se empieza a delinear su repertorio de conductas como respuestas a una negativa tan explícita como prolongada; sin embargo, no me incluye como a quien se remite el reproche para que haga algo con ella sino que prefiere explicarlo como una respuesta natural suya que repercute en la pareja.

PEDRO: Pues no sé, yo creo que ya cada vez...
JAVIER: ¿O te resignas...?

En fin, se trata de una serie de preguntas destinadas a identificar las quejas explícitas de Pedro quien se rehúsa a tomar la iniciativa, la que había estado a cargo de Atenea hasta ese momento, en un tono discretamente acusatorio.

PEDRO: Yo estoy un poquito resignado, pero digo, trato de acercarme a ella aunque la mayoría de las veces con un rotundo fracaso.
JAVIER: Entonces ella tiene razón cuando dice que valdría la pena ver qué hacer contigo, porque no lo estás pasando muy bien.
PEDRO: Pues, más bien con ella.
ATENEA: No, pero yo lo paso bien, el que lo pasa mal eres tú. Sí, pero también tienes que hacer algo contigo para que mejoremos...
PEDRO: Sí, pero el día que yo tenga una disfunción, entonces yo voy a ir con el doctor.

Insiste en la posibilidad de una disfunción sexual como explicación del problema al mismo tiempo que la acusa de que, de existir, ella es la que la tiene, seguramente...

JAVIER: Esa es una manera de verlo. La otra manera de verlo, es la que ella dijo, es decir, veamos qué es lo que vamos a hacer ambos, porque esto está teniendo repercusiones en nosotros dos.

PEDRO: Sí, esto es una pareja.

Aparenta compartir la definición como un problema de pareja por lo que me dirijo a él para comprometerlo con el diálogo que se inicia.

JAVIER: Qué es lo que has ido haciendo para enfrentar esta situación.
PEDRO: ¿Cómo?...
JAVIER: Ella dice, esto se está poniendo muy pesado o para mi marido se está poniendo muy pesado. ¿Qué es lo que has ido haciendo tú para que no te pese tanto que ella te diga que no?
PEDRO: Pues no me queda más que aguantarme.
JAVIER: ¿Cómo ha cambiado tu relación con ella y también con tus hijos?
PEDRO: Con mis hijos no tanto, pero a veces la misma tensión que tenemos ella y yo les repercute. Yo soy muy paciente y ya no les tengo tanta paciencia como antes.
JAVIER: ¿Con cuál de los dos chicos te sientes más cercano?
PEDRO: Con los dos.
JAVIER: ¿Y cuando pierdes la paciencia, con cuál de los dos la pierdes?
PEDRO: Con los dos.
JAVIER: ¿Estás de acuerdo con él?
ATENEA: Sí, es parejo, agarra parejo.
JAVIER: Ha sido como una mezcla de aguante y de frustración lo que han vivido en estos últimos ocho años y de atención a los chicos, a veces con cierta intolerancia, a veces con cercanía y afecto.
PEDRO: De intolerancia tiene poco, será un año, año y medio.
JAVIER: ¿Te parece que es más fácil que tú te sientas intolerante con ella entonces, que con los niños?
PEDRO: Con ella más bien me desespero cuando me dice que no. Porque muchas veces le digo qué onda, y me dice, en la noche, más tarde... Y en la noche no, se hace la dormida más bien. A veces voy a bañarme y cuando salgo, ya está dormida.

En la medida que empieza a participar en el diálogo, me parece que es necesario incluir a Atenea con preguntas que apunten a su insatisfacción, negada hasta el momento.

JAVIER: Entonces cuéntame cómo es para ti, Atenea, estar tan a gusto sin tener vida sexual. ¿Nunca te importó?

Atenea: Sí...

Javier: ¿Cuándo te dejó de importar entonces? ¿Y por qué?

Atenea: Qué buena pregunta. Es que en realidad ese es el meollo del asunto, por eso estoy aquí.

Javier: Vamos entonces al meollo del asunto, qué crees tú que te pasó, que estás tan a gusto con algo que implica una renuncia a tu sexualidad. Cómo lo hiciste. Ha tenido que haberte pasado algo muy importante para estar en esta situación tan paradójica, ¿no es cierto?

Pedro: Desde que se embarazó del segundo niño.

Atenea: No, antes.

Javier: ¿Fue difícil atreverte a embarazarte después de haber tenido un niño con problemas?

Atenea: ¿Por qué?

Javier: Debe haber sido muy difícil, puedes haber tenido miedo.

Pedro: Es que investigamos primero.

Atenea: Miedo a embarazarme de nuevo, no. Porque cuando estuvieron haciéndole los estudios al niño, nosotros pedimos pruebas de genética. Entonces sería demasiada mala suerte de que te volviera a tocar. Porque es la misma probabilidad que tiene cualquiera de tener un hijo con discapacidad.

Javier: Sí tenías miedo,, te lo quitaron a través de los estudios. ¡Qué bien!

Atenea: Es que no fue miedo. Primero hay que ver qué tiene el niño, luego hay que ver por qué y luego hay que ver qué se hace y luego ok, así lo fuimos resolviendo de esa manera.

¿Una hipótesis fallida como tal o una negativa de Atenea a cualquier diferencia con respecto a lo que ella piensa?

Javier: Muy bien, precaución y cautela. Pedro dijo, fue cuando te embarazaste y tú dices que fue antes del embarazo, o sea ¿sabes qué fue lo que te pasó?

Atenea: Yo sé que fue desde antes.

Javier: ¿Qué hipótesis tienes de lo que te pasó? Si no fue en relación con el miedo al embarazo, fue antes, ¿qué crees tú que puede haberte pasado?

Me parece que es más útil intentar la co-construcción de una hipótesis que sirva para entender un poco más de su comportamiento sexual.

ATENEA: Es que no sé. Me empezó a dar mucha flojera. Finalmente al terminar el día, el primer año del niño, que sería año y medio, yo estaba terminando la escuela, la carrera.

JAVIER: ¿Qué estudiaste tú?

ATENEA: Licenciatura en administración de empresas, con especialidad en recursos humanos.

JAVIER: ¿Estabas terminando cuando te embarazaste y nació el segundo chico?

ATENEA: Sí, suspendí un semestre porque el niño estaba muy enfermo y luego reanudé las clases. Terminé, me faltaba un semestre y dos o tres materias y entré a trabajar. Entonces nos las arreglamos y cambié el horario en el trabajo y entonces, en las mañanas, me iba a las terapias y luego regresaba con una enfermera que conseguí para cuidar al niño, porque no me lo admitían en ninguna guardería, ni de paga ni del gobierno.

JAVIER: ¿Supiste desde el principio que tenía un problema?

ATENEA: Sí, desde el principio que me lo entregaron del hospital, pero ya los estudios empezaron cuando él tenía seis meses más o menos, terapias, tratamientos. Entonces en las mañanas lo llevaba a las terapias, lo dejaba con la enfermera y me iba al trabajo. Salía del trabajo, yo estaba en unas oficinas de comedores industriales.

JAVIER: Entonces me parece que tenías razón para que tuvieras un poco de cansancio.

Aunque es muy comprensible su cansancio con un hijo con parálisis cerebral, sus estudios y el trabajo, parece que le resulta difícil reconocer que la dedicación tan intensa a estas actividades le haya representado un esfuerzo extra y, en consecuencia, no cree que se trate de lo mismo, porque su fatiga se ha expresado más claramente en su vida de pareja...

ATENEA: Pues no sé si con razón o no verdad, pero este...

JAVIER: Pero estoy tratando de entender con qué se relaciona tu flojera...

PEDRO: Pues la flojera es nada más para eso. Ella tiene energía para irse a jugar boliche, ensayar, jugar hasta las once y media, doce de la noche y al día siguiente se tiene que levantar temprano si es que iba a hacer algo, pero para tener una relación sexual no, porque al día siguiente tiene que levantarse temprano.

JAVIER: Tú estás de acuerdo conmigo... que le pasó algo más.
PEDRO: Que hay otra cosa más.
ATENEA: Sí, claro, empezó con la flojera, quizás con el cansancio, no sé, Quizás me empecé a enojar con él.
JAVIER: ¿Si te enojaste, recuerdas de qué se trataba?

Luego de insistir en el tema, parece que Atenea está dispuesta a comunicar una queja más precisa con respecto a Pedro.

ATENEA: No me gustan sus respuestas. Para esta sesión vino porque la licenciada me dijo que sí, pero ya me había dicho que no. La que no quiere eres tú, así que arréglalo tú. Entonces dije, ah no, yo no tengo ningún problema porque yo estoy muy a gusto, entonces haz algo tú, porque el que está incómodo eres tú. No sé, son muchas cosas así, son detalles... me molesta que sus respuestas sean tan cómodas.
JAVIER: Como si estuviera respondiendo a tu flojera con comodidad.
ATENEA: Por así decirlo, porque por ejemplo, él me dice, eres muy enojona y que no se qué, que no sé cuánto y yo le digo... sí es cierto. Ya le voy a bajar la espumita a mi chocolate, voy a ver qué hago, es que muévete un poquito más para que yo ande menos acelerada y él me dice, es que yo así soy. Entonces digo, yo también así soy.
JAVIER: O sea que poco a poco, lo que primero era flojera, se empezó a transformar en que ya no te cayó bien que Pedro tampoco se moviera de lugar.
ATENEA: Sí, me molestan sus respuestas, lo que obtengo de él. Y luego cuando me enojo, me dice... es que no era eso, no era por ahí, lo toma a lo personal. Después de que me dijo, es que es tu problema, la que no quieres eres tú, me molesté. Porque así tú estás pensando que el problema es mío, únicamente mío y que la responsabilidad de arreglarlo es únicamente mía... Muchas cosas, sí las hace, sí consigo que las haga, pero después de que ya me molesté. No lo hace porque le nace, no lo hace porque quiere.
JAVIER: Entonces tú dirías que frente al no en lo sexual, empezaste a darte cuenta de que él también te decía que no en otras cosas, con su comodidad. Si entiendo bien, me estás diciendo las formas en que te decía que no, por ejemplo, él no quería venir a esta consulta, sino que decía "eres tú la que se tiene que mover".

PEDRO: Desde un principio, en cuanto me dijo la doctora que ella le había pedido una terapia de pareja, me pareció bien, le dije ok.

Porque ahora quiere que vayamos a adoptar una niña, y me parece bien en verdad, pero le digo, ahorita cómo vamos a adoptar una niña, si tenemos problemas. Y ella me dice "es que no tenemos problemas". Bueno, tú pediste terapia de pareja, si no trajéramos problemas, no necesitaríamos una terapia de parejas, me dice "ah, no, eso es nada más en lo sexual". Pero lo sexual afecta todo.

Luego de una serie de referencias a lo sexual como motivo de consulta aparente, en la medida que es un problema que han padecido por ocho años, se refieren con más claridad al incidente que ha precipitado la consulta y queda explicitado que lo dicho con anterioridad ha tenido como objetivo conseguir alianzas conmigo desde la perspectiva de la incomodidad de Pedro que aún así no toma iniciativas para solucionar el problema y que Atenea manifiesta como "flojera" de ella y de ambos. Parece que, frente a la demanda de una "adopción", Pedro acepta la necesidad de una terapia...

JAVIER: Entonces esto fue lo que precipitó esta consulta.
ATENEA: Ya lo había hablado con la licenciada que ve a los niños. Apenas ayer me mandó un mensaje y me dijo es así y así. Me explicó y dije ok.
JAVIER: O sea que los dos han estado dispuestos a ver qué es lo que está pasando con ustedes y cómo se puede resolver este problema. Aunque en el fondo juegan a que no.
PEDRO: Se podría decir...
ATENEA: No, yo sí, fui con un patólogo, me hicieron estudios, me sacaron sangre y bueno...
JAVIER: ¿Y qué tenía que ver un patólogo con esto?
ATENEA: No sé por qué, pero fuimos a dar con un patólogo.
JAVIER: ¿Pero, qué exámenes te hicieron?
ATENEA: De sangre, de hormonas o no sé de qué tanta cosa fue. Tratando de buscar una respuesta.
JAVIER: O sea, te parece que has tratado de encontrar una solución a este problema por tu lado.
ATENEA: Y él no.
JAVIER: Pero ahora sí.
ATENEA: Él espera que yo lo arregle, que yo busque, que yo haga.

JAVIER: En principio, parece una buena idea: que estés dispuesta a vencer tu cansancio.

ATENEA: Hace años le dije que quería arreglarlo. Pero él espera que yo haga la cita, que yo consiga al médico, que yo esto, que yo lo otro. Él no pregunta, él no consigue, él no busca.

JAVIER: ¿Te puede dar un poco de pena, de vergüenza este tema a ti, Pedro?

PEDRO: No es pena, pero ella no se mete a cualquier lugar, es muy especial con las personas donde tiene que ir, entonces por eso no decía nada.

JAVIER: ¿Donde tú digas, en donde te sientas cómoda para enfrentar esto...?

ATENEA: Yo lo que quiero ver, es que él haga las cosas, sin que yo tenga que estar atrás de él diciendo, ahora vamos a ir a tal lugar, ahora conseguí una cita aquí, ahora vamos a hacer esto y aquello.

JAVIER: Si él lo hiciera, ¿qué crees que pasaría contigo?

ATENEA: Me aceleraría menos, me estresaría menos.

JAVIER: O sea, el cansancio no fue nomás por esto que me cuentas, sino que también adentro de la relación de pareja, parece que tienes que estar atenta a resolver casi todo y es demasiado...

ATENEA: Sí, por decirlo de alguna forma, quizás no en forma consciente. A lo que voy es que quizá sus respuestas me provocan cierta frustración. Yo soy muy enojona ok, yo voy a tratar de arreglarlo, pero tú eres muy... cómodo... cosas así.

JAVIER: Me interesa eso entonces, porque pasamos de la sexualidad a entender un poco más de qué te quejas tú de él.

ATENEA: Ah no, es que él lo sabe.

JAVIER: Por eso te digo, tú lo dices, pero quiero tenerlo claro. De las varias cosas que me has dicho, ¿cuál dirías tú que es la queja principal que tienes con respecto a él?

ATENEA: Es muy "pasgüato", paciente es una cosa, "pasgüato" es más que paciente, es la exageración de paciente, es como el extremo. Entonces quizás yo con el tiempo me fui enojando con él. No sé, pudiera ser.

Se define mejor su queja, que estaba esbozada desde el principio pero que, con el argumento de la ausencia de sexualidad, lo hacía más difícil de abordar en los primeros momentos de la entrevista, cuando recién nos conocíamos.

JAVIER: Me parece lógico... están en una situación parecida. Tú estás enojada con él porque es demasiado pasivo hasta la "pasgüatez" y él está enojado contigo porque tú eres muy floja en lo sexual. ¿Tú dirías Pedro que la queja principal que tienes con respecto a ella es la sexualidad?

PEDRO: La queja principal... yo creo que no.

JAVIER: Yo creo que no también. ¿Cuál dirías tú que es la más importante?

PEDRO: Es su forma de comportarse.

JAVIER: Yo estoy de acuerdo. ¿Que es muy enojona?

PEDRO: Que es muy enojona y no sé, últimamente ya tiene mucho que usa palabras muy ofensivas. Antes no decía malas palabras y ahora últimamente sí. Me ofende.

JAVIER: Ese es un lío. Que te sientas ofendido por ella. ¿Y cómo te duele sentirte ofendido por ella?

Transito con cuidado al dolor implícito, emocional, que está por debajo de la queja más explícita: el enojo y la herida por las ofensas.

PEDRO: No sé, muchas veces me siento como inútil, como relegado.

JAVIER: Inútil, relegado. Entonces sintiéndote así, ¿qué emoción es la que tienes?

PEDRO: No sé, me da coraje, me da tristeza.

JAVIER: Coraje y tristeza. ¿Relegado y censurado?

PEDRO: Como que no sirvo para nada.

JAVIER: O sea, descalificado.

PEDRO: Sí.

JAVIER: Más interesante, me gusta mucho que estén dispuestos a ver lo que les está pasando. Parece que no es tanto que tengas que dejar de ser enojona, porque a lo mejor tienes razón y es tu manera de ser con él, porque es pazguato, sino que el lío es que como has sido tan enojona, lo has ofendido y como está ofendido, está allá lejos, como castigado y castigándote a ti también por sentirse así. Cuéntame tú ahora tu opinión, porque es muy probable que él tampoco tenga ganas de hacerte el amor...

ATENEA: No, él siempre quiere.

JAVIER: Puede querer y puede no querer, por sentirse inútil e impotente. A lo mejor quiere probarse a sí mismo de que no le está pasando eso. Quizá cree que tú todavía lo quieres, a pesar de haberlo ofendido.

PEDRO: Puede ser.

Javier: Puede ser. Ahora me interesa la parte tuya, cuando dices: caramba, de repente tengo flojera y las razones son suficientes para que te haya dado flojera, a pesar de que eres bastante energética. Pero me parece que pasaste a considerarlo como un buen compañero, como padre de un hijo y de dos o tres pero no necesariamente como tu pareja. Dices que es un "pasgüato", perdón, pero ¿no te tiene por qué entusiasmar una gente así?

Atenea: No, no es que no me entusiasme, no estoy de acuerdo.

Javier: Entonces ¿qué crees tú que te habrá pasado?

Atenea: Quizás fue que fui agarrando como corajito, por el tipo de respuesta que yo recibo de él. O sea, ese tipo de respuestas... es que ni siquiera es molestia, es decepción.

Como resultado de un diálogo sobre los dolores que Pedro ha expresado que tiene adentro de la relación, Atenea se anima a incluir lo propio, su dolor emocional como "decepción".

Javier: Con él. Es como si tú dijeras que él piensa que todo lo tienes que resolver tú y eso te decepciona.

Atenea: Sí, porque no veo que él haga nada al respecto. Digo, si la cosa fuera al revés y el que no quiere es él, yo hubiera buscado la manera. ¿Entiende?

Javier: Entonces, te parece mejor ahora, vamos a ver si enfrentamos esta situación entre los dos.

Atenea: ¡Claro! Cualquiera sea la situación, pesa menos.

Javier: Me da la impresión de que la decepción tiene que ver con que has tenido que cargar demasiado con el peso de la relación, por lo menos con la iniciativa de resolver los problemas de la misma.

Atenea: Ah, sí claro y tengo que ver qué hago, cómo me las arreglo.

Javier: Me da la impresión de que frente a eso, puedes estar haciendo una huelga.

Atenea: Es que no sé si sea una huelga.

Javier: Bueno, tienes razón, es más bien una protesta. Más bien, estás diciendo no, yo tengo necesidad de que tú también le pongas más empeño a esta historia. Y si le pusieras empeño, si él dijera ok, yo también voy a ver de qué manera resolvemos esto, ¿crees tú que tu decepción mejoraría?

ATENEA: Yo creo que definitivamente sí. La cosa es que no consigo que me diga que sí, o me dice que sí, pero no me dice cuándo. Termino haciendo yo las cosas. Me dice que sí y le vuelvo a decir hasta que finalmente me harto. Cuando él ve que yo ya voy "encarrerada", entonces responde y entonces le digo que no, porque te lo pedí hace tres semanas y te esperé tres semanas.

JAVIER: Lo primero es la decepción, porque él no le pone tanto el hombro como a ti te gustaría. Y después, poco a poco te vas enojando y terminas diciendo que no te mueves de ahí. Parece que tienes dos maneras de decirle que no.

Según tú, Pedro... ¿cuál sería el primer no y cuál el segundo?

PEDRO: El segundo sería el sexual, es el menos importante. El primer no es que ella quiere depender demasiado de mí. Yo creo que a la fuerza quiere que las haga yo. Cosas como, tengo que ir al mandado y con los niños no puedo, necesito que te salgas ya del trabajo para que me cuides a los niños. Cuando yo llego a la casa, me dice, sabes que se olvidó esto del súper, ¿puedes ir, sabes qué, llévate a los niños? Por qué ella no puede llevar a los niños al súper, por qué yo sí puedo.

JAVIER: Me interesa estar de acuerdo sobre ese primer no. ¿El primer no que tienes registrado consiste en que ella quiere depender de ti y se enoja cuando no lo consigue?

PEDRO: Yo creo que sí.

JAVIER: Interesante, porque el primer no es de la flojera suya. El primer no es que ella se cansó y te dijo que te quería un poco más activo y que le aliviaras un poco más la carga. Y desde entonces, te ha estado pidiendo que te hagas cargo de ese no de la flojera, del cansancio.

Pero el otro "no" es más reactivo, por la decepción que implican tus respuestas, y porque tú no tienes ganas de que dependa tanto de ti.

PEDRO: Lo que pasa es que yo soy muy descuidado, se me olvidan mucho las cosas y me tiene que estar recordando las cosas, pero, por decir, yo llego a la casa y como que ella se olvida de los niños. Ella ya los cuidó todo el día y... te toca a ti.

JAVIER: Ese es el no de la flojera y del apoyo mutuo... cuando llegas, te dice ya se acabó mi turno y te pasa la estafeta. Yo no sigo, te toca a ti.

PEDRO: Igual con las tareas de la escuela con los niños, las hago yo. Y no es por un mutuo acuerdo, sino porque ella me dijo, tú haces las tareas con los niños. Si hay alguna cosa que yo tenga que hacer en la tarde, de trabajo, en la casa, lo que sea, a ver cómo te las arreglas, porque tú tienes que hacer la tarea con ellos.

JAVIER: Me interesa mucho el efecto que tiene para ti, sentirte un tanto obligado porque, por decisión de ella, ahora te toca ti. ¿Cómo has ido reaccionando a ese no del cansancio de Atenea?

PEDRO: Mal, aunque creo que ha sido también la poca paciencia que a veces le tengo a los niños.

JAVIER: ¿Son demasiadas tareas?

PEDRO: No, es que es algo impuesto...

JAVIER: Atenea, estoy pensando en la huelga de él. En que quien está en huelga es él.

Te voy a explicar mi teoría... Yo estoy entendiendo que tu marido trata de ponerle el hombro a cosas que de repente siente como si fueran impuestas, con respecto a los niños y con respecto a cosas que tú has pensado que así tienen que hacerse porque tiene que ver con una repartición de tareas. Y lo hace a regañadientes y de repente, te hace una huelga. Sabes cómo te hace huelga: hace las cosas, pero se retira de ti. Se ofende por esta situación en la que está.

Tiene la forma de una huelga de brazos caídos. Ahí está lo que querías, ya lo hice. Mira lo que tienes. Tienes un hombre en huelga de brazos caídos. ¿Te parece que estoy describiendo bien lo que les pasa?

Reetiquetamiento metafórico, del tipo de la utilización de un vocabulario polisémico, de la palabra "huelga", para describir más ampliamente lo que sucede desde una posición de curiosidad.

PEDRO: Sí. A lo mejor muchas cosas no las tengo muy claras, pero ya...

JAVIER: Me interesa que pienses en esto que te estoy diciendo. De alguna manera durante ocho años han mantenido una sexualidad pobre, pero no parece que sea el problema fundamental ahora.

Lo que ha ido pasando poco a poco es que Atenea ha ido distribuyendo las tareas entre ustedes dos, de tal forma de que Pedro se ha sentido cargando demasiado con tareas que a lo mejor ha hecho de buena gana, de repente a regañadientes y a menudo cargando con ellas de mala gana.

Me interesa saber cómo es que tú has reaccionado frente a él porque no coopera tanto como te gustaría. A esto que tú llamas que se pone "pasgüato". A eso es lo que me estoy refiriendo con la "huelga de brazos caídos".

Me parece que Pedro se está rebelando frente a lo que él estima que es una crítica y una imposición que le hace sentirse ofendido, quizá resentido y humillado por lo que se retira y desde ahí hace una huelga de brazos caídos.

Ahora lo que me interesa, luego de conocerlos un poco más consiste en saber ¿qué será lo que se están diciendo cuando se dicen que no uno al otro?

Para Pedro parece ser una consecuencia de quien se siente ofendido porque tiene que cargar con lo que ella no quiere cargar. Pero el no de Atenea parece que viene desde antes.

JAVIER: Te voy a proponer una cosa. Yo tampoco sé en qué consisten tus "no"... Me parece importante que tú veas los "no" que se van provocando a tu alrededor, porque te quedas con la idea de que tú estás diciendo que no y yo creo que no es así. Yo creo que también te dicen que no, a menudo.

Con eso me parece que tendríamos que terminar. Creo que en lo decirse que "no" están empatados aunque lo hacen por distintas razones.

Pedro lo ha relacionado con la imposición y la crítica que le producen un dolor de humillación, y se ofende y se retira de ti pasivamente o como tú dices con "pazguatez", lo que yo he llamado "huelga de brazos caídos" y tú, Atenea, te has decepcionado y te entregas a la maternidad como remedio, incluso insinuando una adopción. ¿Me entiendes?

Pero me parece que sería interesante hacer una terapia para entender mejor estas heridas mutuas que los conduce a distanciarse tanto que el diálogo se interrumpe, más claramente en lo sexual, pero que realmente hay aspectos en que uno y otro se están diciendo que no y que intentan resolverlo por el camino de lo sexual, que es quizás una consecuencia. ¿Les parece bien esto que estoy diciendo sobre el problema que tendríamos que enfrentar en la terapia?

ATENEA: Sí.
JAVIER: Maravilloso.

En esta terapia justamente se va a tratar de averiguar en qué consisten los dolores de cada quién para reanudar este diálogo amoroso que seguramente no deja ver la forma en que se quieren sino cómo se rechazan. Me parece importante que tu marido haya declarado que te dice que no igual que tú lo haces. Que se reparten un poco la carga.

Luego de un largo recorrido de preguntas y respuestas, la entrevista llega a un punto final al conseguir un primer acuerdo sobre los elementos que contiene el ciclo sintomático, que incluye quejas mutuas y dolores emocionales (coraje y decepción de Atenea; ofensa y humillación de Pedro) que los conduce a posiciones muy defensivas que se reflejan íntimamente:

ATENEA: Si te digo que no, es porque no tomas la iniciativa en nada: eres un "pazguato".
PEDRO: No tomo la iniciativa mientras me ofendas con demandas de tareas que me obligas a cumplir.

Para la siguiente sesión le sugiero a la terapeuta la co-construcción de un mapa que contenga los siguientes elementos:

Mapas del modelo de terapia

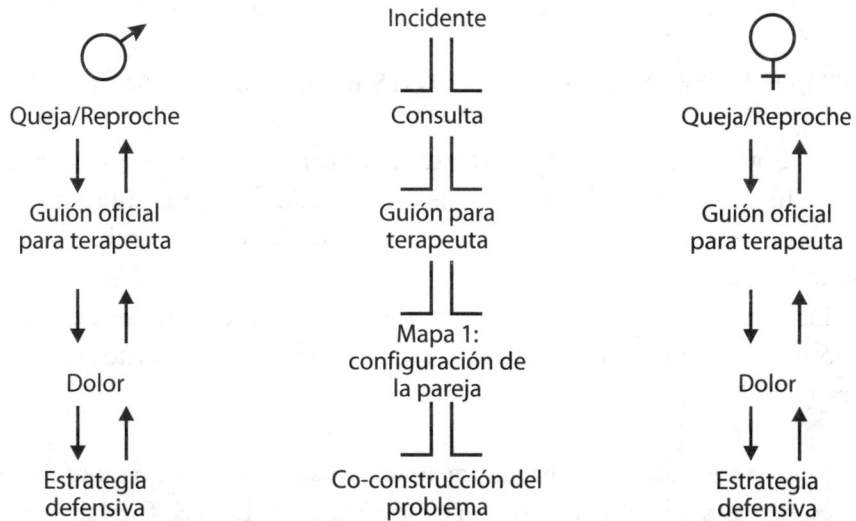

PEDRO	INCIDENTE	ATENEA
	Propuesta de adopción	
QUEJA: me fastidia con su "pazguatez".	CONSULTA	QUEJA: me enoja con sus exigencias cotidianas.
GUIÓN: espero con huelga de brazos caídos.	GUIÓN Activar a Pedro	GUIÓN: la negativa en lo sexual es también una provocación a la acción.
DOLOR: me humilla con sus ofensas.	MAPA 1	DOLOR: coraje y decepción.
ESTRATEGIAS DEFENSIVAS: No tomo la iniciativa mientras me ofendas con demandas de tareas que me obligas a cumplir.	CO-CONSTRUCCIÓN DE PROBLEMA	ESTRATEGIAS DEFENSIVAS: Si te digo que no, es porque no tomas la iniciativa en nada: eres un "pazguato".

Con estos elementos, es más fácil retomar el hilo de lo que se discutió en la primera sesión y recuperar la terapia desde la construcción de un esquema inicial que facilita la continuación desde la huella que había quedado en el camino.

Tipo de problemas más frecuentes en la consulta

Aunque la variedad de problemas que conducen a una pareja a terapia son muy numerosos, una clasificación de éstos puede facilitar la ruta, siempre que las excepciones tengan cabida y si se considera a las combinaciones como la regla.

La temática sigue siendo el amor, en sus múltiples manifestaciones y la sobrevivencia de los participantes, incluyendo naturalmente al propio terapeuta.

¿Qué pienso del amor? En resumen no pienso nada. Quiero saber lo que es, pero estando dentro lo veo en existencia, no en esencia. Ciertamente se me permite la reflexión, pero como esta reflexión es inmediatamente retomada en la repetición de las imágenes, no deriva jamás en reflexividad: excluido de la lógica, no puedo pretender pensar bien: estoy en el mal lugar del amor, que es su lugar deslumbrante. (R. Barthes, *Fragmentos de un discurso amoroso*, pág. 66).³

La reflexión consiguiente a la experiencia clínica ayuda a clasificar los tipos de problemas que conducen a una pareja a terapia de la siguiente manera.

A. **Problemas que derivan del ciclo vital de la pareja y de la familia**: En la fase de la formación de la pareja predominan los temas que se relacionan con las necesidades y carencias más básicas: *inseguridades, celos, temor al abandono, frustración con enojo o ligada a la evitación de conflictos, desconfianza y dificultades para establecer un compromiso.*
   Estos problemas son más intensos en la medida que las carencias afectivas tempranas sean mayores y se intenten resolver casi mágicamente por medio de la relación amorosa: la ilusión de que el amor será el remedio para todos los males del pasado.

- Con la llegada de los hijos, se establecen alianzas nuevas y desplazamientos territoriales que se resumen en una frase: *"es más fácil querer a un hijo(a) que a un marido (esposa)"*. Los efectos en la pareja no se hacen esperar: *infidelidades, más frecuentes en el varón y ansiedad con manifestaciones psicosomáticas en la mujer: el cuerpo se revela y no es raro que sepulte incluso al deseo o que se dirija hacia otro lado.*

- Cuando la adolescencia invade a la familia, es posible que la pareja se redescubra, si es que todavía subsisten los lazos amorosos bajo la máscara sutil de la depresión en la mujer y un poco más grotesca, del exceso de trabajo, tabaco y alcohol en el varón.

B. **Crisis de la pareja**: la separación en sus múltiples versiones representa la situación de crisis en un porcentaje cada vez mayor, cercano a 50%. A veces, representa la resolución de un conflicto crónico que no pudo solucionarse anteriormente o el comienzo de otra relación que ocupa un espacio cada vez mayor o quizá el amor que alguna vez existió y que ya se agotó. En casos más dramáticos, se manifiesta con episodios de violencia doméstica que se acompañan, a menudo de adicciones.

C. **Conflicto crónico**: las diferentes configuraciones adoptadas por la pareja le van otorgando al diálogo amoroso una serie de repeticiones de palabras que persisten como si se tratara de la continuación inevitable de transitar por la senda equivocada que no pudiera, sin embargo, dejarse atrás. De esta forma, los problemas crónicos irresueltos ocupan un lugar tan preponderante, que no hay forma de escaparse: es el trabajo que la propia relación le impone a los protagonistas de este drama existencial. Su resolución exitosa es difícil pero cuando se logra, los beneficios consisten en transformaciones personales a niveles muy profundos e inconscientes que equivalen a lo que se pretende como resultado de una buena experiencia terapéutica: *la pareja bien llevada no es sólo locura sino que también los cura.*

Por el contrario, cuando no resulta tan bien, les traslada a vivir en un vaivén estereotipado que se traduce comúnmente como "problema de comunicación" en el lenguaje de la queja, la más frecuente de quienes llegan a la primera consulta y que tenemos que traducir como un exceso de comunicación dolorosa.

D. **Dolores del cuerpo y del alma**: las enfermedades físicas y mentales concurren con frecuencia cuando el diálogo amoroso ronda cerca de la infelicidad y del sufrimiento. No sólo se muestran con síntomas de trastornos psicosomáticos, en los que el cuerpo expresa lo que no se alcanza a traducir en palabras sino que también como síntomas de enfermedades ginecológicas, cáncer e infartos, lumbago y alteraciones de la columna, fatiga crónica y estrés. Como un derivado natural de las dificultades amorosas debe considerarse a la depresión, la neurosis de angustia, las fobias y más que nada, el alcoholismo y las adicciones en general.

E. **Dolores psicosociales**: la realidad social es el contexto en el que las experiencias amorosas se desenvuelven y en su tejido se manifiestan una serie de desgracias psicosociales como por ejemplo, la violencia sexual, física, emocional, el abuso y el maltrato de los menores, la deserción escolar temprana y la rebeldía adolescente que encuentra en las drogas una salida para las escasas oportunidades que la sociedad actual ofrece.

El mapa que se presenta a continuación es un esquema que resume lo que se ha descrito.

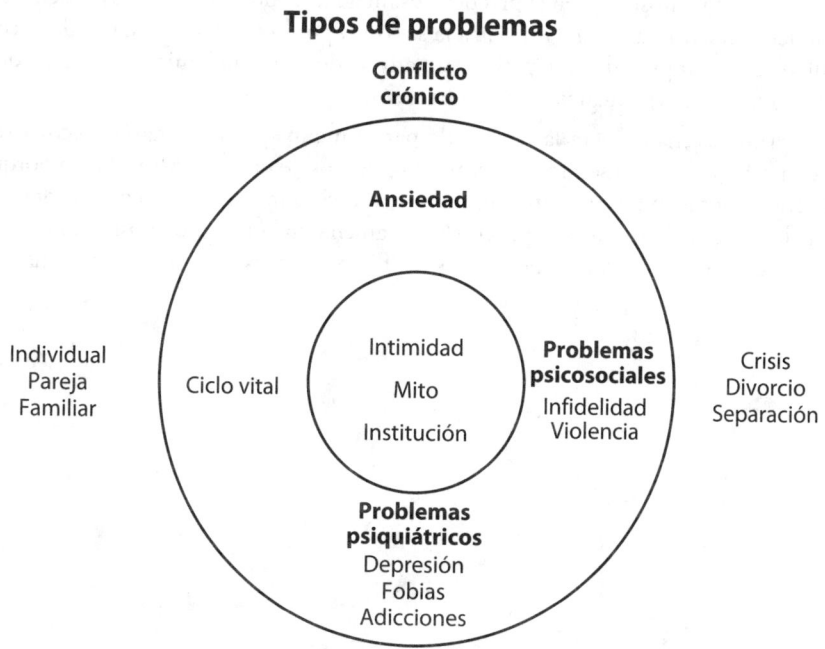

El cuadro de los problemas de pareja más frecuentes se puede ampliar ilimitadamente, en especial cuando se incluye a los fenómenos derivados de la globalización como la migración, las dificultades económicas y la pobreza o las diferentes modalidades de pareja con inclusión de la homosexualidad, las parejas reconstituidas o las virtuales, por Internet.

Sin embargo, a pesar de que los problemas de pareja mencionados brevemente son a menudo la causa de separaciones y divorcios, la frecuencia de problemas emocionales en los niños y adolescentes se mantiene más o menos estable porque aunque las resienten, en la mayoría de los casos y al cabo de un par de años, se recuperan aunque con huellas y cicatrices que perduran por más tiempo.

1 La insistencia de T. Andersen en el procedimiento de iniciar la consulta por su historia desde sus primeras publicaciones sobre la técnica del equipo reflexivo, es consistente con su postura ética en la terapia. De esta forma, se intenta desde el principio, fomentar una escucha compasiva y empática en la que se facilita la colaboración en la medida que se propone que la consulta sea útil para la pareja y para el terapeuta.

2 No significa que mantenga la creencia de que la terapia es un juego estratégico en el cual cada uno, incluyendo al terapeuta, deben calcular con cierta precisión cada uno de los movimientos, pero en la práctica, los integrantes de la pareja, que participan de un determinado guión que los trae a la sesión y, por lo tanto al escenario de la consulta, se ven impulsados a repetirlo, no advertidos de la polémica, que aún existe, entre terapeutas estratégicos y postmodernos.

3 Los primeros mapas para la terapia de pareja me los proporcionaría precozmente Roland Barthes, en la semiótica de sus Fragmentos de un discurso amoroso porque, en sus palabras, pude encontrar un consuelo lúcido frente al caótico desorden con que la mayoría de las parejas que consultan amenazan la integridad psíquica de cualquier terapeuta que no esté ajeno a los conflictos amorosos en su vida personal.

CAPÍTULO **6**

Cuando el incidente es el problema: separación, infidelidad y violencia

La separación es uno de los motivos de consulta más frecuentes para el terapeuta de pareja y al mismo tiempo, una de las crisis más profundas que afectan a los integrantes de las relaciones amorosas y familiares actuales. Por lo tanto, requiere de un análisis más detallado porque representa una de las consecuencias de los cambios psicosociales más importantes de los últimos cincuenta años.

En realidad, las crisis de la pareja se suceden a lo largo del tiempo con una periodicidad tal que se puede incluso pronosticar que, cada cinco a siete años se cuestionará su permanencia, el grado de satisfacción mutua que proporciona y la posibilidad de una renegociación que implique una mejoría o eventualmente, la separación. Aproximadamente a los 10 años de relación, la pareja adquiere una identidad propia como consecuencia de una configuración particular que se manifiesta en el manejo de la cotidianeidad, de los rituales y de los significados e intereses compartidos.

La relación amorosa adquiere un modo particular de funcionamiento que no sólo se expresa con una coreografía, que se repite en diversos escenarios sino que también, como una historia que proporciona un determinado sentido a quienes participan de la misma.

Aunque el mito de que el amor dura para siempre, enunciado y jurado con las palabras del ritual católico y de otras religiones con las palabras que expresan "hasta que la muerte nos separe" aún persista, pese a que las evidencias sean suficientemente consistentes y lo desmientan, no tienen el peso para contrarrestar al amor romántico como amor pasión, que termina con la muerte y que predomina tan ampliamente en la cultura occidental.

Sin embargo, es más aconsejable aceptar que no hay amor que dure 100 años, o mejor aún, más de diez años sin que se requiera de una revisión de los términos de su contrato implícito y del grado de goce y placer que proporciona. Hay autores que lo han planteado claramente desde antes que la separación fuera un fenómeno tan común y corriente, y no como un dato característico de la pareja de la aristocracia o de la burguesía acomodada, como se acostumbraba al comienzo del siglo pasado.

> ¿Cuándo puede decirse pues que una pareja está muerta? Pues bien, cuando su "corazón" ha dejado de latir. Su corazón, esto es el conjunto de procesos vitales de la pareja como pequeña célula individualizada capaz de defender su diferencia con ayuda de esta danza entre polo mítico y polo del ritual. En resumen, una pareja está muerta cuando se vuelve incapaz de preservar su diferencia, su íntimo, así como cierta relación con el mundo exterior que le permite no ir a la deriva sin puntos de referencia [Neuberger, R. (1998), *Nuevas parejas*, Buenos Aires, Paidós, pág. 38].

A quién no se le puede censurar en cuanto a la duración de su matrimonio es a C. Whitaker, uno de los pioneros de la terapia familiar, quien estuvo casado con la misma esposa de toda la vida y que comenta en un texto autobiográfico, *Meditaciones nocturnas de un terapeuta* (1985) que su éxito y felicidad conyugal se debía, en gran parte, a las múltiples separaciones. Éstas se producían periódicamente, como si se tratara de un divorcio emocional, y duraba a veces, hasta por un par de años.

No es muy probable que el crecimiento personal de dos personas que se unen, siga por un rumbo paralelo, como si se tratara de las vías del tren, máquina por cierto característica de la revolución industrial y un poco pasada de moda para nuestras realidades virtuales más actuales. Por el contrario, se necesita de un mayor grado de autonomía y diferenciación para que las relaciones se mantengan sanas y sirvan de estímulo para el crecimiento y el goce mutuo.

No hay que olvidar, por cierto, que la permanencia de la pareja monogámica es parte del discurso dominante que contribuye al diseño de uno de los perfiles característicos del modernismo: una pareja de pares que comparten el afecto y el compromiso y que surgen a la vida en común luego de un episodio de enamoramiento que les hace pensar que el otro va a cumplir con la mayoría de las expectativas: económicas, culturales, afectivas, sexuales, etcétera. Pero lo más importante es que son socios en la práctica de la vida cotidiana, lo que implica una serie de demandas que pueden resultar excesivas y a menudo, imposibles de cumplir.

No es extraño entonces, que como tal, la pareja fracase en 50% de los casos y que incluso, para quienes sostienen que su permanencia es fundamental, el resultado sea parcialmente exitoso porque coincide, a menudo, con una disminución del erotismo y del deseo.

Desde esta perspectiva, se puede considerar a la separación como una realidad necesaria para que la vida amorosa se renueve y continúe. Es preferible concebirla como una crisis, en el sentido chino de la palabra, es decir como un reto y una oportunidad para el cambio, que no está desprovisto del peligro de un descalabro.

Se sugiere incluirla como una de las fases del ciclo vital de la pareja, como insinúa Tzeng (citado en Diaz Loving, 2002) cuando dibuja a la pareja en su coreografía al compás de una danza en el tiempo que sigue el ciclo de *acercamiento-alejamiento* y puntualiza que el conflicto, en la medida que se vuelve crónico, erosiona el gusto de estar con el otro y favorece, en primer lugar, la separación y al final, el olvido.

Este esquema del ciclo vital contribuye a no etiquetar al divorcio como patológico sino como una realidad para la cual vale más la pena estar preparado, especialmente cuando es muy probable que sea una más de las experiencias del amor de pareja. Sirve también para aconsejar a los novios de lo conveniente que resulta realizar una revisión de los términos del acuerdo o del contrato implícito establecido antes de casarse. Se trata de hacerlo explícito, además de replantearlo, por lo menos cada diez años, para que se implemente preventivamente bajo la consigna de su posible renovación... o cancelación...

En el fondo, se trataría de proponer un "rito de pasaje", que la pareja programa con anticipación para llevarlo a cabo en un tiempo y en un lugar determinado (Van Gennep, 1986).

Esta experiencia la he implementado personalmente, aunque cada cinco años, y la recomiendo ampliamente a mis pacientes, como una forma de revisar su contrato, su *quid pro cuo* (Jackson, 1965) y acordar explícitamente los términos del acuerdo (si es que existe) para el futuro próximo.

Pero, con respecto al terapeuta ¿es preferible contar con uno que haya vivido la experiencia de una ruptura en comparación con aquel que ha continuado unido en la misma relación a lo largo de su vida, cuando la pareja acude con una demanda de separación como motivo de consulta?

No hay duda que, al respecto, no exista una respuesta definitiva sino el reconocimiento de una situación dilemática que debe examinarse con cautela, porque la postura que se adopte estará en relación con el mapa de sus propios valores y circunstancias.

En primer lugar, en países católicos como los nuestros en que la religión no acepta el divorcio, ¿el terapeuta comparte esos principios y se inclina por mantener la relación como un mandamiento? ¿Cuál es su posición con respecto a otros asuntos emocionalmente intensos y que a menudo forman parte de la separación como son la infidelidad y la violencia? ¿De qué manera su propia historia (con su familia de origen y la pareja actual) afectan su punto de vista, porque un divorcio en la niñez no se olvida tan fácilmente ni tampoco la experiencia de una serie de amores desdichados?

En segundo lugar, ¿cómo define el éxito de una terapia de pareja? ¿Por el mantenimiento más que por la separación? ¿Por la expresión abierta y honesta de los conflictos subterráneos y secretos? ¿Cuál es su posición cuando, además hay niños de diferentes edades como integrantes de la familia? ¿Explicita su posición y experiencia personal o prefiere mantenerla oculta para los consultantes?

Por último, ¿quién es el cliente? ¿Cada uno de los integrantes de la pareja como individuos? ¿La pareja? ¿Los niños? ¿La familia?

No es de extrañar entonces que no exista una sola respuesta para tantas interrogantes, aunque sirvan como una invitación para cualquier terapeuta. Es útil que se preste a contestarlas, a manera de ejercicio personal, para examinar su posición y también, como estímulo para participar en experiencias vivenciales durante su entrenamiento. Así se favorece el distanciamiento y el desapego necesarios para examinar el mapa del mundo de sus creencias personales con respecto a la separación.

En el entrenamiento de nuestros terapeutas de pareja en Crisol se incluye su participación en un taller sobre la pareja actual. Se utilizan elementos de la relación actual o la más reciente e importante para indagar sobre sus historias de amor y desamor así como las de sus carencias afectivas tempranas, que han originado el mapa de creencias personales: son las que contribuyen a formar aquellos rasgos de carácter que definen, como si se tratara de un filtro, su particular forma de amar.

En el ejercicio clínico, las respuestas a estas preguntas sirven para ajustar el encuadre que prefiero utilizar y que no sólo se aplica a la terapia de parejas en proceso de separación sino que se extiende a todas, cualquiera sea el motivo de consulta.

En efecto, en la primera consulta, les comento lo siguiente, como parte del encuadre:

El objetivo de la terapia no es ni la unión ni la separación, sino ayudarles a descubrir juntos la información que el conflicto les impide reconocer y que puedan entonces tomar las decisiones que encuentren más convenientes para ambos y para sus hijos.

La terapia tendrá una duración aproximada de diez a quince sesiones, nunca más de veinte, habitualmente cada quince días y si son menos, mejor.

En la segunda sesión, pueden optar por una breve sesión individual para cada uno, si cualquiera de ustedes lo solicita pero que, en general, es recomendable.

De esta forma, las reglas son claras desde el principio. Además, se les incluye como participantes adultos de una relación terapéutica en la que la última palabra la tienen ellos, especialmente con respecto a las decisiones que nadie puede tomar por ellos mismos, para evitar la solicitud de consejo y arbitraje especialmente cuando acuden a la primera consulta, con distintas posiciones, en oculto desacuerdo, tomadas de antemano con respecto a continuar o separarse.

La opción de una sesión individual tiene el objetivo de identificar desde el comienzo las agendas secretas, como sucede por ejemplo, cuando uno de los dos está viviendo una relación paralela o sólo viene por cumplir y para no ser acusado de no haber intentado todo hasta el final.

Durante un largo periodo consideraba que era preferible no realizar entrevistas individuales pero ahora creo que es mejor hacerlo como opción temprana, para evitar las interrupciones prematuras que quedan sin explicación y para fomentar una apertura a la colaboración mutua desde el comienzo.

Naturalmente que, en la medida que se acuerda mantener la confidencialidad, significa también la posibilidad de enterarse de un secreto y de tener que ocultarlo, desde una necesaria complicidad inicial. Sin embargo, se promueve la opción de una mayor honestidad cuando se les advierte que, en el curso de la terapia, especialmente si es exitosa, considerarán la conveniencia de comunicarlo, aunque será necesario discutirlo en sesiones individuales para dialogar sobre el tema y evaluar las ventajas y desventajas.

Con frecuencia, es el proceso terapéutico y el contenido de las sesiones lo que brinda el mejor consejo: paradoja de la terapia que, por ahora, deja lo que es dañino en el suspenso para abordarlo, si es necesario, más adelante.

Un ejemplo de esta situación viene al caso. Se trata de una pareja entre los 50 y 60 años en la que Ernesto acude con su esposa Estela derivados por la terapeuta que lo asiste en terapia individual durante varios meses. Actualmente viven separados durante la noche, aunque comparten su rutina diaria, porque trabajan juntos en una oficina de bienes raíces además de las comidas en casa, a las que acuden todos, aunque los hijos ya son adultos y no viven con ellos. La angustia de Estela contrasta con la tranquilidad de Ernesto, que controla la entrevista y desliza comentarios acerca de sus dudas sobre la continuación de la relación. Han vivido repetidos incidentes en los cuales han discutido sobre la supuesta infidelidad de Ernesto quien la ha negado enérgicamente, incluso aduciendo que alguna llamada que Estela ha interceptado, ha tenido como interlocutora a su terapeuta, en periodos de crisis personales en los que ha requerido de su apoyo.

Aunque mis sospechas sobre su infidelidad son evidentes, me parece más importante no insistir en el tema sino apoyar a Estela porque su angustia es muy intensa y comparable a la que presentan quienes han sufrido de alguna experiencia tan amenazante como la que produce el estrés postraumático. La herida emocional que produce la infidelidad o la sospecha de la misma puede ser tan profunda que para algunos, y para Estela en particular, es preferible no enterarse todavía.

La próxima cita tiene lugar con ella individualmente y me parece más repuesta porque he recomendado algunas medidas, incluyendo ansiolíticos que le han ayudado bastante, aunque no tanto como para abordar el tema de la supuesta infidelidad del marido. Su interés se centra en la fragilidad de su esposo, que fue muy intensa cuando se casaron porque coincidió con el suicidio de su madre. Luego de un comienzo tan funesto, no quiere descuidarlo ahora, que se acerca el aniversario de esta desgracia.

Con Ernesto, el tema de la infidelidad es marginal en el transcurso de la entrevista individual, aunque existe como tal y es motivo central de su terapia personal a la que acude semanalmente.

Me parece evidente que el guión que ambos traen a la terapia consiste en mantener el secreto conmigo aunque ambos hablan del tema con sus respectivos terapeutas en un contexto protegido en el que el otro no resulta dañado.

En consecuencia, la terapia se dirige hacia identificar las pautas de su relación, cómo les produce conflictos, dolores y desgaste y lo que están dispuestos a cambiar: es evidente que predomina la cercanía y el cuidado, especialmente de Estela en lo emocional pero además, en la práctica institucional, ya que son socios con derechos adquiridos y compromisos económicos compartidos.

Más tarde, en el curso de un par de sesiones, Ernesto replantea la posibilidad de volver a la casa familiar pero con la condición de destinar más espacio para cada uno, lo que se traduce en ocupar cuartos separados porque le resulta muy asfixiante la omnipresencia de su esposa, que además ha querido ayudarle, reemplazando a su madre y cuidándolo en exceso.

Por su parte, Estela que se ha atrevido a viajar al exterior sin él por primera vez recupera la confianza en sus habilidades para manejarse sola, lo cual ha hecho muchas veces, en la medida que se ha hecho cargo de resolver las situaciones prácticas de ambos y además, baja cinco kilos de peso.

Por ahora, la intención de mantener el secreto ha sido preferible porque es coherente con la necesidad de mayor autonomía que plantea Ernesto como una experiencia de cambio que requiere la relación, desde su perspectiva. Para Estela, es más importante la decisión de no separarse aunque sabe que la terapia tiene que abordar el tema del deseo y de la sexualidad porque tampoco está satisfecha con lo que les ha ido sucediendo.

Creo que es preferible no inclinarse por la transparencia en estos casos porque no conduce más que a priorizar el valor de la verdad a cualquier precio, lo que está más cerca del puritanismo que de la terapia.

El regreso de Ernesto significa cuestionar su dependencia emocional de Estela, que se ha originado como un vínculo de tipo madre-hijo que no les satisface, aunque se haya compensado parcialmente en el trabajo porque en ese ámbito, Ernesto es el Jefe. Conoce bastante del tema del negocio desde niño porque se trata de una empresa familiar que le fue heredada por sus padres.

En este periodo de la terapia, debido a la curiosidad psiquiátrica que no me abandona del todo, me percato que Estela, quien ha mejorado con respecto a la ansiedad desde que Ernesto ha regresado a la casa, ha continuado manifestando síntomas de alteraciones de la memoria y del lenguaje. Desgraciadamente se descubre que los origina una lesión cerebral de tipo maligna que obligan a un cambio de roles en la danza de la pareja, ya que implica que Ernesto y sus hijos se encarguen de cuidarla.

Afortunadamente, la decisión de Ernesto de volver a su relación de pareja paulatinamente se produjo antes de este infortunado hallazgo, y no como resultado de la infidelidad que había dejado atrás por medio de la terapia individual, que le facilitó identificar el mismo tipo de vínculo que tenía con Estela, que ahora se repetía con la "otra".

Fue posible para ambos continuar como pareja que había logrado cambiar con la terapia y la separación temporal, sin llegar a la ruptura total ni a compartir el secreto.

La terapia cuando el discurso amoroso se interrumpe: la separación

La mayoría de los autores que han desarrollado el tema, desde Caruso (1969) en adelante, concuerdan en caracterizar a la experiencia de separación como un dolor de pérdida muy profundo, en la que se mezclan una cantidad de emociones, aunque predominen la angustia y la tristeza y que, en los casos más agudos se equipara con una muerte pasajera que el tiempo se encargará de curar.

No es difícil establecer la conexión con lo que planteara Freud sobre el duelo tan tempranamente como lo hizo en su clásico artículo sobre el tema. La pérdida del ser amado como un duelo doble: la pérdida del otro y de uno mismo.

La primera indicación sobre la elección de la modalidad terapéutica más apropiada, con orientación psicoanalítica es válida aún, en el sentido de la disposición que debe tener el terapeuta al acompañamiento y a la contención individual en la elaboración del duelo. Sin embargo, es muy inespecífica porque no incluye lo que se ha desarrollado posteriormente como resultado de la práctica sistémica y de la investigación.

En el tema del encuadre, por ejemplo, si ocurre que la decisión de separarse está ya definida, es recomendable no continuar con sesiones conjuntas para no aumentar la confusión y la ambivalencia, ni activar los conflictos y desacuerdos.

Los temas que se abordan normalmente al inicio de la conversación terapéutica cuando la separación es el motivo de consulta son los siguientes:

1. En relación con la historia de la consulta.

La indagación en este rubro busca establecer cuáles han sido los incidentes que han precipitado la consulta: con frecuencia se trata de algún episodio de infidelidad, de violencia o de abandono.

También interesa identificar cuál es el guión que traen al consultorio como, por ejemplo, la expectativa de que el que se queda sea adoptado por el terapeuta como si se tratara de un hijo propio. No es infrecuente que se trate del último intento de salvar una relación ya fracturada, para cumplir con una mascarada o para decir públicamente que no había más alternativas que la separación, ahora por recomendación del terapeuta.

En otros casos, se trata de asegurar que el cónyuge continúe con el apoyo necesario en una terapia individual para aminorar la culpa o evitar el riesgo de un empeoramiento, cuando se trata de un adicto, por ejemplo.

Por último, para algunos pacientes la terapia representa una oportunidad para dar a conocer su decisión al otro o para buscar un arreglo de divorcio más armonioso.

2. En relación con el dolor de la relación y su interrupción.

La indagación se concentra en algunos temas principales. En primer lugar, conviene identificar la configuración de la relación que se ha fracturado así como también su historia, para ayudar a comprender lo que está sucediendo, sin favorecer expectativas poco realistas.

En mi experiencia, los conflictos centrales que han caracterizado a la relación siguen presentes en el proceso de la separación y por lo tanto, la modalidad que ésta adopta se traduce en la exageración de los mismos. En el fondo, la misma configuración de la relación es la que origina la modalidad que adoptará la separación y no hay que esperar que la decisión y el tiempo los desaparezcan como por encanto. Será necesario un periodo de uno o dos años para que el dolor de la ruptura y sus consecuencias se queden atrás emocionalmente.

En consecuencia, ambos estarán muy afectados por el mismo dolor que ha caracterizado a su relación mientras que han ido transitando por un conflicto que no se ha resuelto. Por el contrario, los ha conducido a adoptar una determinada posición defensiva frente a la experiencia de carencia afectiva que produce la experiencia del desamor mutuo.

Habitualmente, se reproduce la forma más defensiva de la estructura de carácter, del eneatipo de cada uno, en la terminología de Naranjo, que reaparece con una marcada acentuación de sus rasgos, adoptando una rigidez estereotipada, aunque ahora funcione como un recurso para evitar el desmoronamiento del sí mismo.

Aunque en la mayoría de los casos la separación puede ser la mejor solución para ambos, no siempre produce un alivio inmediato sino que desgarra y se arrastra con profundo pesar. Incluso, en el periodo de crisis, se aumentan sus repercusiones a nivel emocional y corporal.

La angustia y la tristeza se exacerban y, por lo mismo, se despierta la necesidad de contar con un "refugio" más seguro en la propia estructura neurótica personal, que se origina tempranamente, frente a la percepción emocional y cognitiva de una carencia de amor con su familia de origen, en el pasado infantil.

El dolor, por lo tanto, es muy intenso porque toca los puntos más sensibles de la estructura del carácter. Por lo tanto, no es raro que se experimente algo similar a una muerte temporal, de la que sólo nos salvan los rasgos defensivos más tempranos que vuelven a estar a flor de piel al mismo tiempo que se transforman en fuente de recursos para enfrentarla.

No siempre sucede así, ya que los índices de morbilidad psiquiátrica (depresión y ansiedad), psicológica (comportamiento antisocial, violencia y abuso de alcohol o drogas) y física (enfermedades agudas o crónicas que se exacerban) aumentan al doble, por lo menos, si es que no conducen a la muerte como un desenlace más extremo.

Es algo parecido lo que le sucede a Juan, empleado bancario desde muy joven aunque ahora ya se acerca a los cincuenta, quien consulta por un episodio depresivo con matices paranoides que se manifiestan como miedo de perder su empleo debido a haber incurrido en algunos errores menores que pudieran, sin embargo, tener consecuencias adversas para sus clientes en el caso de que fueran descubiertos por su jefe. Lo que ha hecho es tan menor que no se justifica su temor, aunque el contexto familiar no le sea muy favorable porque esta fantasía le inunda de angustia, ya que sus necesidades económicas son reales y acuciantes. Su primera hija nació con una parálisis cerebral que le ha significado incurrir en una serie de gastos, no sólo en lo económico sino especialmente a nivel de la pareja, porque su esposa ha tenido que dedicarse al cuidado de la hija casi exclusivamente. A lo largo del matrimonio ha experimentado episodios de celos normales y patológicos, especialmente con el terapeuta anterior de su mujer, a quien acusó de acoso sexual en el consultorio y en la prensa.

Aunque los síntomas psiquiátricos como tal desaparecieron pronto (la depresión con ansiedad paranoide), la terapia se desplazó rápidamente hacia la pareja. En el curso de la misma se origina una crisis de separación en la que su esposa toma la iniciativa, aunque se trataba de una solución fantaseada por ella desde ya varios años atrás.

Es frecuente, especialmente cuando quien plantea la separación es la mujer, que la idea de una puerta de salida sea ya antigua, por lo menos de cinco años antes y lo que falte sean sólo las condiciones más propicias para materializarlo. Influye, sin duda, la creencia de que ella es la culpable del fracaso por no haber cuidado bien de la misma, como parte de las construcciones sociales de género, que la hacen responsable del buen funcionamiento de las relaciones familiares además de la dependencia económica que, en este caso, es absoluta.

En la crisis, Juan se muestra aparentemente dispuesto a aceptar esta decisión, aunque queda claro que no la comparte. Impone sus condiciones que consisten en proponer un mes como plazo para que se lleve a cabo todo el procedimiento.

Dice que está dispuesto a entregarle todo el capital que han acumulado (que se reducen a la casa familiar y un vehículo) siempre que Luisa se preste a compartir las deudas, por préstamos contraídos anteriormente para mantener los gastos derivados del tratamiento de la hija, aunque ella no tenga ingresos por ahora. No se trata de una mala oferta en el medio mexicano en el que la mayoría de los esposos abandonan a su esposa y a los hijos a su suerte.

Sin embargo, su estrategia defensiva es el ataque y la amenaza con abandonarla totalmente, incluso cambiando de ciudad de residencia, porque no podría soportar que su esposa iniciara una nueva relación.

En su historia infantil resalta que se trata del hijo menor de un padre alcohólico, quien le ha dejado huellas de una desconfianza temprana, que se vuelve a manifestar ahora, con hostilidad y autoritarismo encubierto, bajo su supuesta buena fe. Parece que se trata de rasgos que a menudo presentan quienes sufren de temor a la autoridad, en este caso paterna, derivadas de la violencia en la infancia como lo que se ejemplifica en el carácter del eneatipo seis que lleva justamente ese nombre: miedo-valentía.

En su caso, su padre lo expuso a repetidos episodios de violencia, a los cuales reaccionó con sumisión y cobardía. Posteriormente, se refugió en su madre que no respondió con el afecto que esperaba aunque sí le proporcionó una base más o menos segura que abandonó tempranamente para estudiar licenciatura en contabilidad. En la universidad adoptó una serie de principios ideológicos contestatarios, en contra del "sistema" que sin embargo, no se tradujeron en una militancia sino en críticas ácidas y esporádicas a los valores tradicionales.

Estableció esta relación de pareja con Luisa en el curso de sus estudios, a pesar de que ella proviene de una familia muy acomodada económica y socialmente, de la cual Juan esperaba una "adopción", que se tradujera en una mejoría de sus ingresos o en los apoyos necesarios para obtenerlos.

Las dificultades de la pareja se iniciaron cuando Luisa tuvo que entregarse a la maternidad de su primera hija que nació con una parálisis cerebral severa, que ha requerido, de cuidados especiales hasta la fecha en que ha cumplido 22 años.

Para Juan, esta situación ha implicado abandonar sus expectativas de apoyo económico familiar (de su suegra) ya que éstos se han destinado a su hija (nieta), lo cual le ha llenado de coraje y resentimiento con la familia política.

Son las emociones que manifestó anteriormente en contra del terapeuta de su esposa, quien la apoyaba más y mejor que él mismo, para seguir luego expresándolas en contra de sus jefes y al final, en contra de ella misma, con amenazas de abandono con abierta hostilidad verbal.

La terapia se ha inclinado más a ayudarles en el proceso de lograr una separación más armoniosa.

En sesiones individuales, se ha dirigido a identificar las historias infantiles que han cristalizado en una determinada estructura de carácter que se dibuja con extraordinaria nitidez en Juan porque contiene y sostiene su funcionamiento emocional. En esta fase autorreflexiva se destacan las correspondencias que existen entre las historias de carencias amorosas del pasado y las actuales para establecer las diferencias entre ambas, especialmente cuando los recursos de un adulto son mayores que en la infancia.

En el caso de Juan no existe una amenaza de violencia actual que justifique su hostilidad ni desconfianza pero si no se atiende a tiempo, puede contribuir a crear las condiciones para que su peor pesadilla se concrete.

En la medida que no se cumplan las condiciones que propone para la separación, aparentemente benevolentes pero imposibles en lo económico para Luisa, quien está actualmente desempleada, deberá enfrentarse sólo en contra de su familia política, que tiene todo para ganarle en lo legal.

La preparación de ambos para enfrentar juntos esta posible eventualidad hipotética les fue muy útil en el momento en que la batalla se produjo realmente. De esta forma, han podido negociar una separación menos sangrienta que la que se avecinaba.

Conviene destacar que el dolor es equivalente en hombres y mujeres ya que no respeta las categorías de género. No existen datos actuales que comprueben la opinión generalizada (especialmente en el contexto médico psiquiátrico, en el cual predomina la visión masculina) que plantea que los hombres se benefician del matrimonio en comparación a las mujeres, quienes, a su vez, se sienten peor si se separan que cuando sobreviven en medio de relaciones insatisfactorias.

Lo cierto es que la separación duele más o menos igual, que las mujeres no vuelven a establecer una nueva relación tan rápidamente como los hombres y que la recuperación y ajuste de los hijos a la nueva situación está íntimamente relacionada con el estado emocional de los padres, especialmente de quien se encarga de la custodia y de la convivencia.

También existe la creencia de que el dolor es menor en quien se va que en quien se queda. En realidad, es diferente en cualidad más que en cantidad y depende, en gran parte de las dificultades para la decisión, ya que existen obstáculos que a veces son insalvables y que favorecen que la agonía se prolongue.

El primero consiste en la dependencia económica de la mujer, más o menos generalizada en Latinoamérica a la que se le añade una legislación que existe pero que no es muy respetada en la práctica, con respecto a la obligación del padre de la manutención de los hijos cuando son menores de edad.

El segundo es el estado emocional porque en la separación, la depresión no ayuda nada, y menos aún cuando en el caso de la mujer, el discurso dominante le asigna la tarea de cuidar de las relaciones y por lo tanto, lo que experimenta cuando es ella quien se atreve a tomar la decisión, es una intensa culpa como resultado de su fracaso personal que además, se auto atribuye. No es infrecuente incluso, que favorezca la creación de conflictos para obligar al esposo a definirse por la separación como solución.

Por último, no hay que descuidar el hecho de que para algunas parejas lo más importante consiste en la preocupación por el bienestar material y emocional de sus hijos lo que, en muchos casos, sirve de sostén del matrimonio, especialmente de los más apegados a los valores tradicionales.

En esta área, los efectos de la separación en los hijos, las investigaciones reportadas (Emery, R., 2002) muestran lo siguiente:

- Los niños sufren considerable estrés en el proceso de la separación de sus padres, especialmente por la pérdida parcial o total de uno de

ellos y por las dificultades económicas que implican la manutención de dos hogares en lugar de uno sólo.
- El riesgo de problemas emocionales depende de la edad y de las características individuales, pero aumenta al doble con respecto a los que presentan los hijos de quienes permanecen unidos. Más aún, para los niños es preferible que la relación se mantenga en lugar de que se rompa, porque el dolor de la separación es demasiado grande o porque no han estado informados de las dificultades de pareja de los padres. Por esta razón, se sorprenden o se sienten culpables cuando la relación se interrumpe sin aviso previo.
- Las dificultades emocionales e incluso físicas (enfermedades) son mayores para los niños entre los dos y los doce años porque para ellos, su universo afectivo depende exclusivamente de la unión de los padres.
- Con el tiempo, aumenta la capacidad de enfrentar nuevos retos, aunque las huellas del sufrimiento se queden para siempre. En este sentido, los autores preocupados por el desarrollo de fortalezas para enfrentar la vida con mayores recursos (Walsh, F., 2002) han insistido en la necesidad de promover una mirada más optimista con respecto a estos problemas porque se sorprenden de los recursos que desarrollan algunos niños que experimentan separaciones y que salen fortalecidos.
- Aún en las familias que se ajustan bien a la separación, el periodo de desajuste en los niños dura de uno a dos años como mínimo.

En resumen, aunque el bienestar de los hijos sea una prioridad y los datos de las investigaciones demuestren que para ellos es preferible mantener la unión por encima de cualquier dificultad, es peor que la relación amorosa descanse sobre sus hombros, ya que les exacerba la culpabilidad, que experimentan inconscientemente, porque surge la sospecha de que el fracaso sea una consecuencia más de un supuesto mal comportamiento de su parte.

Cuando el incidente que promueve la consulta es un problema en sí mismo: la infidelidad y la violencia

La infidelidad y la violencia son, a menudo, circunstancias de la vida amorosa que conducen a una terapia o, por lo menos a una consulta.

Desde una perspectiva ética derivada del respeto al otro a quien se ama, no sólo en lo que se relaciona con los valores sino que incluyendo al territorio del cuerpo, transgredido directamente en el caso de la violencia e indirectamente, en la infidelidad, por el rechazo al acercamiento íntimo y la desconfianza que producen, ambas deberían significar una justificación bastante robusta para ponerle fin a una relación en ese mismo instante. Esta posición es compartida por la mayoría de los adolescentes, especialmente por las hijas cuando es la madre la víctima participante de cualquiera de estas situaciones.

Las salidas no son tan fáciles como parecen a primera vista.

En primer lugar, una relación extramarital puede estabilizar una relación insatisfactoria, e incluso algunos autores plantean que podría mejorar la calidad de la misma, sin que concluyan necesariamente que sería la mejor forma de hacerlo.

En realidad, mantener dos relaciones al mismo tiempo es bastante difícil y riesgoso, porque es una de las causas indirectas de infartos en la edad media de los hombres y de depresiones severas en las mujeres.

Sin embargo, a pesar de estas consecuencias, los datos que se tienen sobre la infidelidad son superiores en el caso de los hombres (40%) y un poco menores en las mujeres (20%), con una alta posibilidad de que las cifras se equiparen en algunos años más. No hay que olvidar que son secretos muy bien guardados, especialmente cuando quien se expone a un estigma más serio es la mujer, quien lo niega generalmente con más frecuencia que los varones. Las condiciones de equidad que se han ido alcanzando paulatinamente quizá conduzcan con el tiempo a la expresión de cifras equivalentes con respecto a su ocurrencia, aunque no necesariamente de su revelación.

Aproximadamente 30% de las parejas inician una terapia precipitada por un incidente de infidelidad y un porcentaje similar lo saca a la luz en el curso de la misma (Glass, Sh., 2002). De acuerdo con una investigación realizada por terapeutas familiares y psicólogos reportada en 1997 en EU, Doherty (1996) las infidelidades son el tercer problema más difícil de tratar y el segundo factor más dañino para la pareja.

En cuanto al tipo de encuadre, generalmente se recomienda la terapia individual cuando el problema mayor consiste en la ambivalencia con respecto a la otra relación y no se ha decidido todavía por la terminación de ninguna de las dos.

Para algunos autores más tradicionales como Pittman, la posición del terapeuta debería ser muy estricta y no aceptar ni secretos ni traiciones a la honestidad y la sinceridad por el daño que producen. No me parece lo más adecuado en las actuales circunstancias, en las que no existen parámetros establecidos ni datos que sustenten una posición tan extrema. Es un reflejo muy revelador del discurso dominante en las clases conservadoras de un país tan puritano como EU que castigan la deshonestidad y la traición en el ámbito de la vida personal como lo atestigua la persecución legal y mediática en el caso de Clinton, pero que no están dispuestos a enfrentarse con mentiras más dañinas como las que justificaron la guerra en Irak.

Lo que no se debe aconsejar, sin embargo, es promover una terapia de pareja cuando quien es infiel no logra interrumpir su relación con la "otra" y ni siquiera comparte sus dificultades con el terapeuta en sesiones individuales.

En este caso, la pareja es la "otra" y la terapia tendría que conducir a facilitar las decisiones de quien está doblemente involucrado antes de buscar una reconciliación imposible aunque a veces sea la salida más cómoda, por las ventajas sociales que representa, con respecto a la familia, los hijos y las amistades.

El abordaje clínico más usado para el tratamiento de este problema, cuando se trata de acomodarse a la noticia de una infidelidad deriva de las intervenciones en crisis, e incluye por lo tanto una serie de recomendaciones, como por ejemplo:

- Iniciar con un periodo de contención emocional individual y de evaluación del impacto emocional y traumático que la infidelidad ha producido, sin dudar en la utilización de otras medidas complementarias como EMDR, medicamentos y eventualmente una breve hospitalización, cuando el dolor amenaza con el suicidio.
- Ofrecer sesiones más frecuentes, hasta dos o tres por semana en un principio, con disponibilidad telefónica y eventual coterapia para asegurar el apoyo en el momento en que se necesite.

La terapia realmente inicia una vez que la crisis sea superada y cuando ambos quieren explorar los efectos de este incidente mayor, que quizá con el tiempo les fortalezca, aunque cerca de 50% terminen separados.

Existen también diferencias de género: las mujeres prefieren, en un porcentaje mayor que los hombres, continuar en la relación a pesar de la infidelidad. La mayoría de los hombres prefieren la separación, cuando la infiel es la mujer.

La separación es el desenlace más probable cuando la relación paralela se mantiene y/o el compromiso no es solamente sexual sino que también emocional. Lo mismo sucede cuando ambos cónyuges están involucrados en relaciones extramaritales o cuando se trata de una relación de un hombre con una mujer menor de treinta años y existe poco interés por el matrimonio.

Existen importantes diferencias de género. Para las mujeres, la infidelidad es generalmente emocional, con un elevado componente afectivo y relacional que cuesta romper y dura más. Para los hombres, se trata a menudo de un intercambio sexual derivado de un episodio de enamoramiento fugaz, habitualmente con escaso compromiso a largo plazo.

En la terapia se aconseja avanzar lentamente, primero restableciendo el estado emocional para luego conocer sobre la relación porque las preguntas que se hacen quienes están más afectados adquieren un carácter obsesivo desgarrador. No es raro que los celos se instalen para siempre como una huella de una experiencia que se puede superar pero que no se olvida jamás.

A veces, los celos se hacen tan intolerables que impiden recuperar la confianza y conducen a experimentar repetidos intentos de separación que luego se abandonan, para volver a estar juntos, e incluso repitiendo un matrimonio luego de un divorcio legal. A la larga, es frecuente que les invada una mezcla de sentimientos, de ansiedad y ambivalencias con una cuota importante de resentimientos.

El objetivo terapéutico no consiste, por lo tanto, en mantener la relación a toda costa sino en lograr un "insight" sobre las conexiones que existen entre este episodio con las características individuales e interaccionales de los sujetos involucrados para encontrar una posible explicación de lo sucedido y, al mismo tiempo, los argumentos para continuar, si es posible, en una mejor relación que la que existía previamente.

Una buena resolución del problema se logra habitualmente con la implementación de rituales muy concretos, como por ejemplo, estableciendo un fondo para reparar las pérdidas económicas que la otra relación ha consumido o para contratar a un detective privado (más útil quizá en la cultura norteamericana aunque en México existen especialistas en el tema), para eliminar las sospechas o para pagar estudios que se quedaron interrumpidos por este motivo. Habitualmente, sin embargo, se propone escribir una carta en la que se establezca la decisión de terminar con la otra relación y mantener el compromiso con el matrimonio o escribir en tarjetas lo que ha quedado archivado en la memoria emocional como episodios imborrables, para quemar aquellas que dan cuenta de lo que se quiera olvidar en el pasado.

A pesar de los esfuerzos, la recuperación es generalmente parcial y toma un tiempo para que se termine de elaborar. El peor problema es el resentimiento, que en un principio está dirigido al amante, luego al cónyuge; después, se dirige a la relación de la cual se ha sido una parte parcialmente responsable, al menos de la mitad de sus características, para que, al final se revierta en contra de uno mismo.

La consulta individual es preferible en esta fase o cuando quien consulta se ha separado recientemente.

El recorrido habitual de la terapia se inicia igualmente con la identificación, por medio del dolor, de la configuración de la relación, aunque para este fin, no se cuente con el discurso del otro integrante de la pareja.

En un segundo tiempo, por medio de preguntas reflexivas, se intenta identificar el estilo neurótico personal, el eneatipo que adquiere características extremas. Se erige como una defensa que protege del dolor y de la depresión, frente a una experiencia tan intensa de desilusión, para la cual no estamos tan preparados como se quisiera.

La búsqueda del eneatipo no es diagnóstica sino que histórica y utiliza preguntas reflexivas y narrativas como marco de referencia. Un ejemplo clínico puede servir como ilustración:

Carlos es un hombre de 25 años que proviene de una familia en la que no hay historias de infidelidades ni deslealtades por lo que no caben en su imaginación que estas situaciones se presenten siquiera. A los tres de años de matrimonio, su esposa le es infiel en repetidas ocasiones como para incluso sospechar de una adicción al sexo, tipo de infidelidad que es más frecuente en los varones con una muy baja autoestima por abandonos tempranos y que además, son generalmente adictos a alguna sustancia.

Para Carlos no hay lugar en su mente para una herida tan profunda porque ha contado con el amor incondicional de su madre y de su abuela, en parte porque ha nacido luego de la muerte de su hermano mayor, durante el parto y en consecuencia, le han sobreprotegido.

Cuando se entera de las infidelidades de su mujer, huye a refugiarse con su madre y su abuela, compañeras del pasado, aunque ahora no le satisfacen como antes, cuando la angustia le sobrepasa. Se despersonaliza y sufre de ataques de pánico en los que teme morirse como su hermano. Intenta una salida extrema, sólo comprensible para su inconsciente: su hermano ha muerto a consecuencia de haber aspirado líquido amniótico durante el parto y no resulta tan casual entonces, que elija sumergirse en el mar en plena tormenta, en una noche lluviosa de la que sale triunfante o por lo menos sobreviviente.

Años más tarde, en una terapia individual, descubre que su estructura de carácter se corresponde con el Eneatipo seis, el miedo, aunque con un estilo "contra fóbico" que le lleva a desafiar a la muerte para evitarse el terror de enfrentarla. Este descubrimiento le ayuda a entender por qué su estilo defensivo lo impulsó a una aventura tan peligrosa, sumergirse en el mar en medio de una tormenta, para recuperar su autoestima y no salir de la pareja como un cobarde.

Se trata entonces de identificar historias de carencias amorosas tempranas, empezando por el tipo de apego y los relatos de relaciones afectivas tempranas a partir de las experiencias de la infancia que han ido configurando el eneatipo como una estrategia singular de defensa y supervivencia personal.

El lenguaje corporal también ayuda para identificar el carácter del eneatipo y es probable que, en estos casos, se requiera de algunas sesiones de terapia corporal para desentrañar las memorias de carencias amorosas tempranas que se inscribieron en el cuerpo.

A continuación, se obtienen datos que ayudan a la reconstrucción de la historia de ese amor particular, como fue en un inicio, cuando se enamoraron, porque ahora sirve para entender mejor los factores que influyeron en esa elección, aunque ahora ya termine la relación.

De esta forma, se recupera el sentido de coherencia que se había perdido. Se logra cuando se puede reconocer al otro como alguien que estuvo seguramente bien elegido porque poseía una serie de características que lo hacían atractivo y deseable; porque representaba una posibilidad de suplir estas carencias personales por medio de la vivencia amorosa.

En el caso de Carlos, había elegido a una mujer que lo sedujo abiertamente, quizá como su madre lo hiciera inconscientemente, como una parte de la sobreprotección y del miedo que le surgiera como resultado de la muerte de su hijo mayor y que lo llevó a conducirse de acuerdo con la premisa de una confianza primordial en la mujer que iba más allá de la realidad. Cuando la relación se derrumbó, tuvo que enfrentarse con sus fantasmas más aterradores: la muerte y la seducción.

La terapia tiene éxito cuando se logra recuperar el afecto por el otro como resultado de reconocer que la elección fue la más adecuada para ese momento, aunque debido a mecanismos inconscientes. Se abre entonces la posibilidad de reconciliarse con uno mismo, en la medida que la historia que se ha vivido es coherente, tiene sentido y sirve para seguir conociéndose mejor.

Sólo entonces se experimenta el alivio de esta experiencia tan dolorosa y es posible incluso olvidar al otro, mientras que se va yendo, como si fuera una nube que pasa frente a la ventana. No es preciso, si es que esta experiencia terapéutica es exitosa, recurrir a las ceremonias del perdón como se acostumbra en los rituales religiosos porque lo que se consigue es una dosis de aprendizaje y crecimiento.

Sin embargo, hay situaciones en las que la terapia no es tan exitosa y la infidelidad sirve de ingrediente para la cronificación de un conflicto que perdura a lo largo de los años. En México, como en la mayoría de los países latinos con una cultura tan machista, es más probable que esto sea lo que suceda si quien es infiel es la mujer.

Guadalupe es una mujer muy atractiva de alrededor de los 30 años que se ha casado hace no más de dos años con un veterinario que casi le dobla la edad en Guanajuato, ciudad en la que florece la cultura mexicana más tradicional y católica.

La historia amorosa, bastante pasional en un principio, del tipo maestro-alumna ya que en ese contexto se conocieron, en la universidad en la que Miguel se desempeñaba como docente, fue perdiendo la intensidad una vez que la formalizaron como matrimonio, después de haber sido amantes.

La infidelidad de Guadalupe fue bastante breve, a los pocos meses después del matrimonio, pero no quiso ocultarla porque su educación religiosa le hacía sentirse profundamente culpable.

La reacción de Miguel fue inesperadamente tranquila, sin dramatismo ni violencia, aunque más tarde manifestaría una serie de actitudes controladoras que parecían justificadas, en función de lo reciente del incidente.

Al poco tiempo, su comportamiento empeoró y desarrolló matices sádicos cada vez más rígidos hasta llegar al extremo de desmoronarla en su frágil autoestima y precipitarla hacia una crisis depresiva severa.

Para Miguel, la infidelidad fue un incidente que le permitió ocupar nuevamente un lugar jerárquico frente a Guadalupe, similar al que ocupaba como maestro anteriormente, aunque la sexualidad quedara ahora en un segundo plano.

Para Guadalupe, en cambio, la infidelidad la expuso a una doble falta: la traición a su marido y luego, la recuperación del matrimonio, por intereses económicos más que amorosos, fomentados incluso por su madre que lo creía un buen "partido". Desde esta perspectiva, se podía comprender más fácilmente su docilidad frente al castigo constante y frío de Miguel, quien como un arcángel ejercía con la espada la justicia sobre quien ahora era suya, porque la había comprado a su propia madre.

Generalmente la infidelidad ha sido considerada como una falta grave que merece un castigo, especialmente cuando es la mujer la que traiciona. La influencia de una moralidad tan religiosa y puritana que valora la monogamia como lo ideal, facilita la existencia de dicotomías extremas para el análisis.

En efecto, Guadalupe no sólo es culpable para Miguel sino que también para su madre, sus amigos y para ella misma. La dialéctica de la víctima y el victimario es reemplazada por la del amo y de la esclava, con el peligro inminente de transformar la vida amorosa de ambos en un conflicto crónico.

Para el terapeuta, es más útil un marco más amplio: no se sabe si es mejor o peor mantener la infidelidad como un secreto y es posible incluso, que sirva para mejorar una relación muy desgastada o por lo menos para mantenerla a flote.

Es conveniente considerar a la infidelidad como un problema serio para la pareja que obedece a varios factores y no solamente a las características de la relación, como por ejemplo: una reacción frente a la vejez, a la enfermedad o la pérdida, el derecho sobre las decisiones de uno mismo, el deseo de enriquecer el matrimonio, etcétera.

Con un enfoque más flexible, es posible alternar sesiones individuales con sesiones conjuntas para abordar las diferentes fases del proceso de recuperación: crisis, celos, comprensión, aprendizaje, recuperación de la confianza, perdón, separación, deseos de venganza y castigo.

Cuando el problema que desencadena la terapia es la violencia

Por el contrario de lo que sucede con la infidelidad, la violencia no es reconocida tan fácilmente como motivo de consulta, a menos que se indague específicamente sobre la existencia de la misma. Como fenómeno de la vida de pareja, desgraciadamente es muy común, alcanzando cifras cercanas a 30% o más de acuerdo con las estadísticas más fiables.

En la población que consulta a terapia, la cifra es mayor, ya que se reporta en 50% o más de los casos cuando se averigua explícitamente, en una consulta individual, sobre episodios de violencia ocurridos en el curso del último año. En las clínicas dedicadas especialmente a la terapia marital se ha reportado que en el 80% de los casos existe violencia, aunque ésta no haya sido extrema. A menudo, la agresión es recíproca, ya que también participa la mujer.

En nuestra cultura, la violencia es considerada como resultado de las desigualdades de género, en estrecha relación con el modelo patriarcal que predomina como discurso en la construcción de hombres y mujeres como sujetos sociales. Se trata de severas agresiones físicas, habitualmente perpetradas por el hombre a la mujer o, al revés, como un intento de la mujer de recuperarse y responder en defensa propia, a veces con resultados fatales.

La caracterización que predomina deriva de la influencia reciente de los estudios de género y del construccionismo social. Se han planteado que existen diferencias, a menudo extremas entre el hombre y la mujer derivados de los distintos programas de socialización temprana culturalmente determinados.

Estas teorías han servido de fundamento para la crítica feminista, por las asimetrías y desigualdades implicadas, que perjudican a la mujer, no sólo en cuanto a la discriminación en las oportunidades de competir por un trabajo bien remunerado sino que también en las relaciones amorosas e íntimas.

No cabe duda que los patrones y discursos culturales que predominan en Latinoamérica tienen una enorme importancia como factores determinantes del machismo que deriva del modelo del patriarcado dominante en la convivencia comunitaria e íntima que compartimos hombres y mujeres.

Esta influencia cultural es mayor aún para quienes no han tenido la educación necesaria para acceder a las oportunidades que el mercado de trabajo les ofrezca y que se enfrenten a situaciones de desempleo o de bajos salarios. Las frustraciones derivadas de las desigualdades cada vez mayores, resultado de la aplicación generalizada de políticas neoliberales, las afecta a ellas como las más desfavorecidas, especialmente si pasan a formar parte del ejército cada vez más numeroso de las que tienen que hacerse cargo de los hijos y de la economía familiar por el abandono del esposo: las familias uniparentales a cargo de las "jefas".

Es un hecho que la violencia sigue aumentando, especialmente en los países más pobres y subdesarrollados, en los cuales no existe una adecuada legislación para regular y proporcionar la vigilancia y asistencia necesarias.

Este aumento puede que no sea tan real, como aparece en los medios, sino que haya salido a luz pública en los últimos 30 años, como una de las consecuencias positivas de la modernidad, que no establece límites tan estrictos entre lo privado y lo público y que nos ha facilitado el acceso a lo oculto por eso de que "la ropa sucia ya no se lava en casa".

Otros autores, de influencia psicoanalítica, pertenecientes a la escuela de psicología social de Pichon Riviere en Argentina (Corsi, 1999) han empleado una óptica psicodinámica para la comprensión del problema y se han centrado en las diferencias en la maduración y crecimiento del varón y de la mujer en la familia.

El eje de su teoría consiste en destacar que existen mayores dificultades para la diferenciación en los varones si se les compara con las mujeres, porque implica desarrollar u*na definición por oposición*: es decir, que para que el hombre se defina como tal, tiene que pasar por un arduo proceso, no siempre bien logrado de "no ser como una mujer".

Implica una separación mayor de la madre como figura de apego temprano, que no necesita realizarlo la mujer tan tempranamente (aunque tenga que hacerlo en la adolescencia), para transformarse paulatinamente en un sujeto que tiene que construir su masculinidad en una constante y a veces costosa diferenciación, para no ser confundido con la mujer.

Según J. Corsi (1999), los hombres violentos son aquellos que no logran una diferenciación muy madura y que requieren, por lo tanto, de un cierto reaseguramiento de su masculinidad. Esta indiferenciación los hace muy vulnerables y proclives a recurrir a la violencia cuando se sienten amenazados por su mujer, especialmente si aquella les anuncia la separación o el abandono por un conflicto crónico en escalada.

Las dificultades para la diferenciación masculina pueden ser de dos tipos: varones que cuando niños y adolescentes han estado demasiado protegidos por sus madres y reaccionan con un "berrinche" cuando no obtienen lo que están acostumbrados a tener. Cuando son adultos, se casan con mujeres que los cuidan y de las que pueden abusar con ataques de ira descontrolada que desembocan, a menudo, en estallidos de violencia.

El otro grupo está formado por varones que provienen de madres ansiosas, muy jóvenes, de un tipo de apego ambivalente e inseguro (Bolwby) que en la adultez, produce una inseguridad con respecto al abandono y reaccionan con violencia apenas lo perciben como una amenaza latente. Este tipo de hombres estarían más predispuestos a desarrollar un trastorno de tipo "borderline" de la personalidad, el cual, dicho sea de paso, se asocia con frecuencia con la violencia intrafamiliar.

El grupo menos numeroso de hombres violentos, aunque sea el más peligroso, está constituido por varones que presentan trastornos de conducta severos en la escuela, que en la adolescencia temprana se transforman en delincuentes juveniles para luego, en la vida de pareja, desarrollar cuadros de violencia antisocial más o menos generalizados, que incluyen, entre otros, a la mujer.

La comprensión sistémica de la violencia ha privilegiado el discurso del construccionismo social como teoría de base. Considera que se trata de un problema psicosocial determinado por el contexto cultural en el que la socialización temprana de género juega un rol muy importante al promover características masculinas, que incluyen a la agresividad y la violencia y que, en cambio, a la mujer la sujeta con sumisión a la obediencia.

La terapia de pareja sistémica de la violencia ha estado en tela de juicio a partir de los noventa (para la comunidad terapéutica norteamericana) porque se decidió por una política de leyes y de control social estricto con castigo para los varones y protección para las mujeres en lugar de ofrecer una terapia conjunta para el abordaje clínico.

Sin embargo, en la medida que se incorporaron a las prácticas sistémicas los discursos provenientes de lo multicultural como género, etnia, raza y cultura, ha sido posible desarrollar un abordaje más integrador para enfrentar este tipo de problemas.

La elaboración de un diagnóstico es indispensable para identificar cuándo se indicará una terapia de pareja y cuando no, debido a las posibilidades de que el tratamiento mismo aumente el riesgo y la peligrosidad. En efecto, cuando se trata de personalidades violentas de tipo psicopático o incluso borderline, es preferible no aconsejar un abordaje de pareja. Más aún, se debe identificar el compromiso de ambos con la relación y su disposición a evitar la violencia durante el tratamiento con un contrato verbal o escrito.

Además, es conveniente especificar las medidas que se pondrán en práctica en el caso que se presente otro episodio de violencia como el refugio en un lugar seguro para la mujer y los niños y los intentos de solución de tipo cognitivo conductual que requieren ejercitar los varones para evitar que la violencia desencadenada por el abandono se repita nuevamente.

Cuando no se cumpla con estas condiciones, es preferible recomendar un tratamiento grupal o individual para hombres y mujeres en forma separada. Este tratamiento grupal incluye técnicas cognitivas conductuales y narrativas para cumplir con dos objetivos: reeducación de los comportamientos ligados a la violencia y la identidad masculina y femenina con la intención de obtener la exclusión de la violencia y de la sumisión y dependencia.

El grupo de la Clínica Ackerman en Nueva York (Goldner, V. y Walker, G.) ha realizado una serie de investigaciones clínicas sobre el tema y propone las siguientes fases para el tratamiento de las parejas violentas.[1]

En una primera fase, que consiste en tres sesiones de evaluación individual y de pareja, se identifican los factores individuales que incluyen aspectos psicopatológicos (sociopatía, trastorno borderline, abuso o adicción al alcohol y/o drogas, impulsividad, déficit de atención, secuelas de TEC o síndrome de estrés postraumático) e interpersonales (configuración y características de la relación de pareja además del compromiso amoroso necesario para la terapia).

La terapia de pareja se emplea solamente en los casos en los que el hombre se hace responsable de la violencia, incluso cuando ambos participen de la misma y cuando además, la mujer pueda asilarse en un lugar seguro para protegerse.

En una segunda fase, con la pareja durante cinco sesiones se utilizan técnicas derivadas de la terapia narrativa con preguntas acerca de eventos extraordinarios en los que, a pesar de haber experimentado la necesidad de ceder a los impulsos destructivos, se haya elegido por no hacerlo (White y Epston, 1990). La búsqueda de estos episodios proporciona elementos para contar con los recursos para evitarlos.

Otra de las técnicas narrativas recomendadas consiste en la deconstrucción del momento en el cual se actúa violentamente para incluir y rescatar historias de experiencias internalizadas provenientes del pasado que pueden estar participando inconscientemente en la repetición de la conducta. No en vano está ampliamente documentado que, tanto hombres como mujeres violentos, han tenido un pasado infantil de abuso y maltrato que ha servido incluso para unirlos, en primera instancia.

En esta etapa es necesario realizar un trabajo específico con el estrés postraumático y para estos fines preferimos utilizar la técnica del EMDR (Shapiro, 2004) en presencia del esposo para promover el desarrollo de la necesaria empatía con la experiencia emocional tan dolorosa de su amante. Hay que recordar que la relación amorosa, en la mayoría de estos casos, tiene características pasionales intensas y que es preferible connotarlas positivamente como un recurso, en vez de enjuiciarlas como una expresión de un supuesto masoquismo.

En la tercera fase, se recomienda la terapia grupal con un formato que permite dos opciones: hombres y mujeres por separado o grupo de parejas.

La efectividad del trabajo grupal en estos casos está ampliamente demostrada por distintos autores y sirve para examinar las premisas de género, las historias que se conectan con episodios de violencia en las respectivas familias de origen, y para cambiar las características de la pareja, habitualmente sobreinvolucrada, fusionada y aislada socialmente.

El grupo proporciona contención, apoyo y confrontación que, como es realizada entre ellos mismos, tiene mejor efecto que cuando lo hace el terapeuta, siguiendo de cerca el modelo de las experiencias de los grupos de autoayuda de AA.

En la fase final de esta etapa, con terapia de grupo es posible seleccionar a quienes han tenido más éxito en combatir a la violencia para invitarlos como co-terapeutas en el futuro, con otros grupos que lo requieran, empleando la técnica de grupo reflexivo en la que se incluyen como expertos a quienes han sido pacientes anteriormente.

Esta modalidad de tratamiento es integradora porque incluye aspectos psiquiátricos y psicoanalíticos, sistémicos, interpersonales y narrativos, además de cognitivo conductuales para controlar impulsos y enfrentar las secuelas postraumáticas. Además se apoya en la influencia de los planteamientos feministas, en la medida que se hace enteramente responsable al varón del ejercicio y del control de la violencia.

Resulta estimulante comprobar que lo que en una época se presentaba como incompatible, lo sistémico con el construccionismo social, con la psiquiatría y el psicoanálisis, con lo cognitivo conductual y con grupos de autoayuda haya servido paradójicamente para proponer un abordaje que incluya diferentes perspectivas. Se cumple así con las recomendaciones de Bateson, quien planteaba con insistencia en la "doble descripción" de los fenómenos que observamos para adquirir una lógica aditiva en lugar de disyuntiva, es decir, sumar los puntos de vista de los diferentes observadores en lugar del blanco y negro que reduce el abordaje terapéutico a la utilización de un solo modelo.

Una pareja que se sale del mapa

Elena es una mujer de 40 años que consulta inicialmente en forma individual aunque refiere dificultades de pareja sobre las que no da detalles en la primera cita, porque está más preocupada de su adicción al alcohol, marihuana y cocaína que lleva más de 5 años de evolución.

Llama la atención que aunque es una profesionista con grados académicos altos (a nivel de doctorado) se encuentre sin trabajo desde hace más de seis meses, lo cual no se ha debido al consumo, ya que lleva bastante más tiempo drogándose, lo relaciona con su situación económica, que es lo suficientemente buena para que no lo requiera con urgencia.

Pero en este receso laboral, ha iniciado una relación amorosa con un hombre bastante mayor que ella, de alrededor de 60 años que tampoco trabaja porque ha heredado de su familia una fortuna lo suficientemente cuantiosa que le sirve para realizar inversiones, como negocio y también como un juego.

Como resultado de este encuentro con Alberto, quien es alcohólico desde los 20 años, el consumo se ha hecho habitual para ambos, noche y día, sin descanso.

Elena ha tenido una vida de pareja y sexual muy activa aunque sin embargo, no muy estable ni de larga duración. No tiene hijos y no planea tenerlos en un futuro, especialmente considerando su adicción, cada vez mayor, que le produce síntomas de angustia y depresión, de bastante intensidad, para los cuales se ha negado a aceptar medicamentos.

Acostumbrado a realizar entrevistas de pareja o familiares con el objeto de aumentar la información y promover la colaboración para un tratamiento de las adicciones, de por sí difícil y de mal pronóstico, le solicito que invite a Alberto para la próxima sesión y éste acepta, aunque con cierta reticencia.

Su apariencia y vestimenta le quitan varios años de encima y casi no se nota la diferencia de edad que, de acuerdo con Elena existe entre ambos. También ha tenido varias parejas, la última con una mujer de origen filipino que ha vuelto a su país hace poco, casi al mismo tiempo que empezara su relación con Elena.

Ambos se muestran dispuestos a participar en la terapia que inicialmente es definida por el abordaje de la adicción severa de cada uno de ellos. Se plantea incluso la posibilidad de una admisión para tratamiento conjunto en una clínica especializada.

Les ofrezco una breve consulta individual para cada uno y el cuadro cambia abruptamente.

Los episodios de abuso de drogas se acompañan de violencia física, de parte de Elena, desencadenados por una marea de celos incontrolables, provocados por el escaso tiempo transcurrido entre ésta y la relación anterior de Alberto, quien además mantiene un contacto frecuente con la otra por medio del email. Lo ha golpeado varias veces e incluso los vecinos han debido recurrir a la policía para interrumpir el escándalo público que se arma entre ellos, sin mucho éxito, porque la relación continúa.

Alberto, por su parte, le ha contado de su lado oscuro: en secreto acostumbra a vestirse de mujer desde hace varios años y su hábito va en aumento desde que están juntos, en parte por el consumo exagerado pero también porque la violencia de Elena lo inhibe y le despierta una complicidad en la que todo se comparte, incluso la vestimenta.

Esta confesión en una sorpresa para Elena que se confunde, en la medida que lo imagina como homosexual, lo cual no concuerda con la actividad sexual tan intensa de ambos como amantes.

El modelo de tratamiento descrito antes, basado en la violencia de género se ve rebasado cuando, en este caso, la que recurre a la violencia es la mujer y quien se defiende es el hombre, aunque a veces, vestido de mujer.

Lo que sigue vigente, sin embargo, es la necesidad de un diagnóstico más fino, especialmente cuando los problemas son tan severos como en esta pareja.

En la historia de Elena hay elementos para pensar en un trastorno de tipo *borderline*, tan frecuente como síntoma en las adicciones y en las consultas de cualquier terapeuta aunque con mayor frecuencia cuando la orientación es psicoanalítica, porque navegan en el mundo de lo que Cancrini ha descrito con precisión y meticulosidad como el Océano Borderline.[2] Es la hija mayor de dos hermanas, que se llevan dos y medio años de diferencia y que le causó, al nacer, sus primeros ataques de celos, en la medida que la madre la "abandonó" a los tres años, por la maternidad "en puertas". Su padre, que acostumbraba ausentarse por aventuras e infidelidades extramaritales y por el abuso del alcohol, estuvo más cerca de ella que la madre. De un comportamiento tremendamente seductor, le despertaba una curiosidad enorme, llena de fantasías eróticas tempranas que actuaría sin cesar, a partir de la adolescencia.

Sus conductas sexuales le llevaron a una vida agitada, aunque siempre en búsqueda de un novio ideal, por la idealización tan común que hacía de cualquiera que se atravesara en su camino pero que, frente a cualquier episodio breve de abandono, le haría oscilar al otro extremo, para transformarse en un enemigo odioso, sobre quien descargaba con furia su agresividad.

Proveniente de una familia de clase media alta, de intelectuales reconocidos, su comportamiento no ha sido muy extraño para ellos ya que no es la primera de la familia que se comporta de esta forma, aunque le han marginado y no recibe apoyos económicos ni emocionales. Corresponde, de acuerdo con Cancrini, a personas que no han logrado una desvinculación de su familia de origen sino que ésta es aparente porque no cuenta con una red de relaciones propia aunque recurra a ellos, especialmente a su madre, quien le frustra porque no la acompaña emocionalmente sino que le reprocha por seguir por idénticos caminos a otros integrantes de la familia, especialmente su padre.

Por el lado de Alberto, quien proviene de una familia adinerada, la historia familiar es inversa. Ha tenido una madre tremendamente cercana de la que no se ha separado nunca. Hijo único de una pareja en la que el padre muere joven, ha contado con el apoyo incondicional de su madre a pesar de haber tenido dos esposas y cuatro hijos, que ya son mayores e independientes.

Su relación tan estrecha con la madre le facilitó una identificación muy intensa y temprana que lo incitó a vestirse como ella, con sus vestidos primero, zapatos después hasta llegar incluso a la ropa interior. Como a menudo sucede en estos casos, en la adolescencia se llenó de dudas con respecto a su identidad sexual y experimentó encuentros con homosexuales que no le fueron satisfactorios ni placenteros, sino que lo llenaron de angustia que pudo calmar a medias con el alcohol.

Su posterior definición por la vida de pareja heterosexual no le hizo dejar el goce por el trasvestismo, que mantuvo en secreto hasta esta relación, en la que el nivel de consumo de drogas de ambos, en ascenso permanente le ha llevado al punto de perder el juicio y trasgredir las normas que se había autoimpuesto.

Es probable que el comportamiento borderline de Elena, de tipo histriónico y trasgresor haya contribuido a compartir secretos de todo tipo, especialmente cuando le asaltaban las sospechas de sus infidelidades y lo perseguía para que confesara. Sin embargo, el resultado fue peor, en la medida que la hizo cuestionarse sobre la supuesta homosexualidad de Alberto, que en mi experiencia, no es muy frecuente en quienes se disfrazan de mujer.

En resumidas cuentas, una pareja muy difícil para el tratamiento conjunto y de un pronóstico reservado a nivel individual porque existen problemas psiquiátricos severos y trastornos de personalidad que han hecho de su vida amorosa un refugio para experimentar conjuntamente una trasgresión de los límites que los lleva a situaciones de violencia muy destructivas y francamente peligrosas.

La terapia elegida entonces, de tipo individual para Elena, quien me consultó inicialmente, estuvo dirigida a disminuir la ansiedad derivada de las ambigüedades de esta relación y posteriormente, a su consumo de drogas que llegó a un mínimo, solamente de marihuana que le servía como sedante para dormir.

Lo que ha empeorado es su relación de pareja porque los episodios de violencia continúan y Alberto ya no quiere continuar con ella. Como viven en su casa, la que tiene que partir es ella, pero no tiene los medios económicos ni laborales para hacerlo, aunque también sus capacidades intelectuales se han visto afectadas y se ha acostumbrado a esta vida en la que no existen deberes ni obligaciones.

Desgraciadamente la terapia ha llegado tarde y los avances obtenidos son parciales y pueden revertirse fácilmente, especialmente cuando es tan difícil llegar a un acuerdo de separación más negociable entre ambos.

Lo que sigue es un procedimiento legal en el cual los límites para el comportamiento trasgresor de Elena se imponen desde afuera, porque lo que se pudo aportar desde lo clínico ha fracasado.

En realidad, comparten una historia de mutua dependencia, de erotismo y de pasión que no cualquiera está dispuesto a experimentar hasta esos límites y, aunque su historia termina mal, por lo destructivo que acaba siendo para ambos, sirve para ilustrar que los paradigmas de las construcciones sociales de género que predominan en la comprensión y el abordaje de estos problemas, a menudo resultan insuficientes.

Del incidente a la estructura del self

La experiencia de estas contingencias o incidentes como los reseñados a manera de ejemplos, adoptan la forma de pliegues y fracturas dentro de la existencia de las relaciones amorosas, y llegan hasta el extremo de amenazarla con el divorcio o la separación que, como demanda se hace repetitiva, a pesar del daño que les produce a ambos. Surge la pregunta sobre la permanencia en este tipo de relaciones tan obviamente destructivas ¿de qué dependerá cuando parece ser una extensión de la situación de la que están presos?....

La explicación más probable se encuentra en la estructura del self, aquella instancia del funcionamiento del Sí mismo que explora y busca situaciones que le proporcionen experiencias de felicidad y plenitud por medio, entre otras cosas, del enamoramiento.

Cuando las relaciones amorosas se agotan, y especialmente por este tipo de incidentes tan graves como las infidelidades, la violencia, el abuso, la estructura del self se fija en una postura defensiva, de acuerdo con el eneatipo correspondiente de los sujetos afectados, quienes tienen que recurrir a un modo de funcionamiento neurótico para equilibrarse en el desastre.

Es por esto que es frecuente que aparezcan los rasgos más característicos y estereotipados del eneatipo personal durante la separación, especialmente cuando la intensidad de los incidentes resulta ser demasiado pesada para la integridad del Sí mismo.

La intensidad emocional de estos incidentes, especialmente en el último caso, puede conducirlos a un modo de funcionamiento borderline o incluso psicótico, en la medida que el umbral para llegar a estos niveles de regresión es muy bajo ya que depende de las historias de carencia infantiles individuales que son las que fundamentan la estructura del Sí mismo.

En consecuencia, la serie de incidentes que se han comentado, permite identificar la estructura de carácter, de acuerdo con el eneatipo y además, reconocer el nivel de funcionamiento del self en ese momento:

neurótico, borderline o psicótico, el cual depende del umbral, alto o bajo de los sujetos afectados y entender así los "sintomas" que adquieren una estructura de sentido porque se desarrollan en estrecha coherencia con la estructura personal.

Ya Waszlawick advertía en su texto clásico *Teoría de la comunicación humana* sobre la tendencia a "puntuar" el comportamiento del otro como "loco" y poner en duda su salud mental como uno de los errores de puntuación que comúnmente practican las parejas cuando están en crisis.

Esto sucede con mayor frecuencia cuando se trata de encontrar una causa o explicación de la ruptura, infidelidad o violencia: se tiende a acusar al otro de un trastorno mental, generalmente de personalidad y con frecuencia de tipo borderline, lo cual es a menudo corroborado por psiquiatras y psicoanalistas, porque la descripción de los comportamientos lo insinúan con fuerza. Sin embargo, es un error, especialmente cuando se adopta el criterio de modos de funcionamiento y vulnerabilidad, de acuerdo con un umbral alto o bajo para presentar las manifestaciones de un trastorno de la personalidad, que de acuerdo con la psiquiatría tendría que tener un carácter constante pero que en nuestra experiencia, es habitualmente pasajero y muy coherente con la intensidad emocional del acontecimiento que lo produce.

Por lo tanto, el mapa sugerido para la terapia es exactamente opuesto: utilizar a la separación como una oportunidad para identificar el eneatipo personal (de uno mismo y no del otro) y para iniciar el trabajo terapéutico desde ahí, desde las historias personales que han edificado una estructura del Sí mismo que, a la manera de los cristales, cuando se quiebran lo hacen siguiendo las mismas líneas, y le dan su sello, una especie de huella digital.

De esta forma, la terapia individual de los afectados por una separación adquiere la modalidad de un descubrimiento del Sí mismo y de las historias que le han dado sus fundamentos. Al mismo tiempo que identificar las carencias infantiles, es necesario expandir los márgenes del self y los recursos con los que se cuenta actualmente para que la próxima relación no repita los mismos caminos equivocados sino los que derivan del aprendizaje, por doloroso que éste haya sido.

[1] En una visita reciente de Lois Braverman, actual Directora del Instituto Ackerman, a Crisol en México se refirió a los siguientes modelos clínicos que se consideran útiles actualmente para un abordaje integral de las parejas que presentan a la violencia como motivo de consulta y que recibían terapia de pareja: 1. Construccionismo social/narrativa, 2. Feminismo/justicia social, 3. Teoría de sistemas, 4. Teoría psicodinámica/apego, 5. Neurobiología.

[2] Cancrini, L. (1996), *La caja de Pandora*, Barcelona, Paidós. El contenido de este libro como otros del autor es incluyente con respecto a la psicopatología porque abarca lo que se plantea desde la psiquiatría, el psicoanálisis y lo sistémico, y describe a los trastornos como modos de funcionamiento y no como entidades estáticas, como acostumbra el manual de clasificación de los Trastornos mentales (DSM4).

En un último texto, L. Cancrini (2007), *Oceano Borderline*, Barcelona, Paidós, divide a la psicopatología en dos continentes: psicosis y neurosis y en el medio, un gran océano: lo borderline. Lo más interesante del planteamiento es el énfasis que le otorga a los modos de funcionamiento en oposición a los trastornos patológicos. Según el autor, estos cuadros patológicos dependen de los umbrales individuales y de las situaciones contextuales y familiares que favorecen la aparición florida de la sintomatología respectiva.

CAPÍTULO 7

DEL INCIDENTE A LA TERAPIA

En el incidente, no es la causa lo que repercute en mí, es la estructura. Toda la estructura de la relación viene a mí como se tiende un mantel: sus resaltos, sus trampas, sus callejones sin salida; veo con pavor la extensión de la situación de la que estoy preso.
R. BARTHES, *Fragmentos de un discurso amoroso*, pág. 77.

Cuando las parejas consultan por un incidente de la gravedad que se ha descrito en el capítulo anterior, se requiere de un abordaje que les ayude a enfrentar la crisis, el trauma, la fractura de una historia que se ha hecho trizas. En general, se requiere de una reparación inmediata para recuperar el equilibrio previo y para contar con los mejores recursos que tengan a su disposición para lograr una relación más satisfactoria.

La terapia en esos casos se enfoca a navegar en el planeta ALFA, según Caillee. La avería ha producido una crisis y la pareja requiere de una asistencia especializada y oportuna.

Es probable que corresponda al 25% o más de las consultas que acuden a un terapeuta de cualquiera orientación. Generalmente requieren de un grado variable de contención emocional para que se cree una relación empática y colaborativa con rapidez. Se requiere que sea eficaz para identificar con cierta premura cuales son los elementos necesarios para tomar decisiones, ya que la continuidad de la relación está cuestionada y los protagonistas, profundamente afectados.

El 50% o más acuden porque viven instalados en un conflicto crónico que no les deja alternativas de salida: ni romper ni continuar juntos.

Este conflicto se manifiesta a partir de pequeños acontecimientos, insignificantes, que incluso se olvidan, pero que desencadenan resonancias emocionales mayores, en la medida que se repiten y que les afectan en puntos nodales de la relación. Se trata de incidentes que producen efectos que van más allá de lo que la propia estructura de la relación puede resistir y por lo tanto, se resquebraja. Habitualmente sus protagonistas no encuentran una salida sin contar con ayuda externa.

No siempre acudirán a un terapeuta; pueden buscar a un tercero que les escuche y aconseje. Puede tratarse de un familiar cercano, de un amigo de ambos, de un sacerdote, incluso de un abogado, si es que las dificultades han llegado a un límite en que la separación es la única solución visible.

Cuando es el terapeuta de pareja a quien se consulta, ambos tratan de referirse a la historia de sus problemas desde su particular punto de vista con la intención de argumentar a su favor para convencerlo que su guión de cambio (del otro) es el más adecuado para resolver la situación.

Esta escena, en la cual cada uno quiere que su versión sea la que triunfe, es semejante a la que describe Haley (1976), como resultado de sus visitas a M. Erickson para conocer más de sus técnicas "no convencionales" en la terapia de pareja (Haley, J. (1976), *Terapia para resolver problemas*, Buenos Aires, Amorrortu).

Haley relata que Erickson escuchaba a ambos con atención pero que luego les decía a cada uno que tenían la razón, y que sus conflictos se iniciaban justamente a partir de sus desacuerdos.

Esta intervención estratégica prefiero utilizarla cuando la pareja ya está separada aunque todavía mantienen el conflicto suspendido por delgados hilos de esperanza, un tanto retorcidos por la amargura y el resentimiento. En esos casos les comento que ya no vale desgastarse en esa dirección porque justamente la separación es una muestra muy palpable de lo imposible de su empeño por lograr acuerdos que no se van a concretar.

Es más útil escuchar la historia de los incidentes brevemente para tener una idea del programa o guión que tienen ya preparado para que el terapeuta se haga cargo de implementarlo y en lugar de aceptar la invitación a una alianza o coalición, se lo considere como una invitación a su "danza" interactiva.

Más adelante, se puede ahondar en el tema con preguntas sobre las expectativas de cambio que traen consigo y las soluciones que han intentado previamente, con o sin éxito, para evitar transitar por los caminos que ya conocen; de paso, averiguar si han contado con la ayuda de un terapeuta, ya que es común que hayan tenido alguna experiencia anterior, generalmente a nivel individual.

Cuando se identifica el guión de cambio (del otro) que cada uno quisiera cumplir por medio del terapeuta, se tiene que continuar indagando sobre las quejas o reproches que diariamente se repiten, independientemente del incidente que haya provocado el conflicto actual. Para evitar la tendencia natural de ambos de vaciarse de sus reproches, con argumentos que justifiquen, no solamente el malestar sino para que sea un argumento de peso a su favor, es preferible insistir en la queja principal, por el intenso dolor que les causa y porque es la más actual y representativa del conflicto que los trae a la consulta.

Una vez identificada la queja principal, continúa la indagación haciendo preguntas que aborden el dolor que la relación les produce. Se trata de un cambio de niveles lógicos, porque en lugar de acusar a su pareja frente al terapeuta, concebido como un juez benevolente, se busca desentrañar el tipo de dolor que la relación les causa, o más bien la estructura de la misma, su configuración.[1]

Existe un acuerdo entre los diferentes autores, dentro de los cuales me incluyo, sobre las correspondencias que existen entre los movimientos de ambos en el eje cercanía-distancia. Son respuestas automáticas de ataque y contraataque, consecuencias del manejo de un conflicto crónico que van produciendo tres tipos de configuraciones, que son las más frecuentes: escalada simétrica, desenganche mutuo y/o evitación con indiferencia y círculo vicioso del perseguidor-víctima y/o evitador.

En todos los casos, el conflicto va produciendo un impasse que confunde. Como despierta ansiedad, se refuerza la posición defensiva adoptada por cada uno en la configuración. Por ejemplo, mayor desenganche mutuo que luego progresa hacia la desconexión total que oscurece los aspectos positivos de la relación, la cual es invadida por los cuatro jinetes del Apocalipsis (Gottman, 1995) que se aproximan aceleradamente y amenazan la relación.

Existe una amplia literatura sobre las intervenciones interaccionales, estratégicas y estructurales recomendadas para interrumpir este ciclo tan dañino: interrumpir el circuito de las soluciones intentadas, interrumpir las secuencias de ataques y contraataques mutuos, proponer una inversión de roles, sugerir tareas específicas e inespecíficas, realizar "reetiquetamientos" de los comportamientos de ambos para generar nuevas alternativas o incluso, dar consejos.

Desgraciadamente se ha abusado demasiado de este tipo de intervenciones tan directivas, especialmente de las tareas para la casa. Han sido reemplazadas paulatinamente por una indagación reflexiva en la que las preguntas y respuestas van construyendo una relación terapéutica más colaborativa que no abandona, sin embargo, el saber adquirido por la experiencia y que además permite dar consejos, cuando se consideran apropiados.

La clave consiste en pasar del nivel de la queja o reproche explícito de ambos a la exploración del dolor que les produce a cada uno de ellos. Es uno más de los efectos más evidentes del modo de funcionamiento de la relación.

Con los ejemplos siguientes se ilustra mejor a lo que me estoy refiriendo:

Jaime es un empresario joven, dedicado a la publicidad, que cuenta con una oficina que le proporciona cierta seguridad económica porque sus ingresos son suficientes para mantener a su esposa, de 30 años y a sus dos hijas de cuatro y dos años.

Consultan porque en varias ocasiones ha perdido la paciencia con su esposa y la ha agredido verbalmente hasta llegar a un punto en el que Claudia ha amenazado con la separación.

En cuanto a los reproches, Jaime se queja de que Claudia lo acosa con llamadas frecuentes a su trabajo que le impacientan porque lo atrasan en su llegada a la casa y lo obligan a dejar asuntos pendientes. Ella le replica y reprocha por el desinterés y la distancia que le demuestra, que la hace sentirse insegura de su cariño.

En la primera sesión, Claudia, que proviene de una familia de padres separados da un paso atrás con respecto a la separación, principalmente por sus hijas, aunque también por ella, porque cree que vale la pena una última oportunidad: la terapia. Además, se propone interrumpir sus llamadas como respuesta a una intervención directa de su terapeuta, que confirma su buena disposición al cambio a los ojos del esposo.

En la segunda sesión, en la que su terapeuta me solicita una consulta, la indagación sobre el dolor es más fácil, en la medida que la ansiedad de ambos ha disminuido. El dolor de Claudia, la tristeza que le causa su ausencia, ya es antiguo; se casaron muy rápido, luego de meses de haber convivido como vecinos, para luego ayudarse para evacuar sus casas, inundadas por un huracán, y compartir una desgracia, que a la vez, los había juntado. Desde el principio, Jaime se mostraba indeciso e incluso la rechazaba cuando ella le pedía mayor cercanía.

El dolor de Jaime, su temor al compromiso, crecía cada vez más por las demandas de cercanía y afecto y lo manifestaba por medio de episodios de irritabilidad e impaciencia.

En la medida que la conversación terapéutica se desplazara hacia el dolor, desaparecieron las quejas y adquieren mayor relieve las historias que se relacionan con sus respectivas heridas emocionales. En segundo término, quedan los guiones y conductas que habían puesto en práctica para defenderse de las mismas: Claudia, con las llamadas telefónicas para asegurarse de su cariño. Jaime, con su irritabilidad para evitar el compromiso.

La relación entre ambos empezó poco tiempo después que Jaime terminara otra relación muy conflictiva, humillante y destructiva con Antonia, que duró más de diez años y que lo dejó tremendamente herido y deprimido. En Claudia encontró lo opuesto: una mujer desprotegida por sus padres quienes, a pesar de haberse divorciado, continuaban en un pleito sin fin que la había expuesto a experiencias de abandono y descuido en la infancia.

No fue difícil que el vínculo afectivo se estableciera pronto entre ambos, porque Claudia no le representaba ninguna amenaza, en comparación con Antonia, sino que por el contrario, le permitía jugar un rol de salvador, siempre más seguro que el anterior, de víctima, que sobresalía como capítulo previo en su vida amorosa.

El embarazo de la primera hija consolidó su relación en cuanto al compromiso. No sucedió lo mismo, sin embargo, en lo que se refería a la pasión, a la cual Jaime se rehusaba constantemente, a nivel de la sexualidad, presentando las molestias de una eyaculación precoz que daba cuenta de la ansiedad con la que se acercaba a la experiencia de intimidad con Claudia.

Aunque el tiempo trascurrido como pareja había ayudado para dejar la relación con Antonia en el pasado, no lograba superar el peligro experimentado en su compromiso anterior y reaccionaba con ira o con tristeza cada vez que algún incidente cotidiano se lo recordaba.

Luego de este recorrido resumido de ambas historias, la terapia se inicia a partir de la comprensión mutua de sus dolores y de la necesidad de generar alternativas para enfrentarlos.

En muchos casos, como se mencionara anteriormente, resulta útil construir un esquema de este circuito de quejas, guiones para que el otro cambie, dolores de la relación, para tenerlo como un referente común, que se presenta como externalizado en una gráfica y contra el cual hay que luchar.

JAIME	INCIDENTE	CLAUDIA
	Amenaza de separación.	
QUEJA: ella lo acosa con llamadas frecuentes a su trabajo.	CONSULTA	QUEJA: le reprocha el desinterés y la distancia que le demuestra, que la hace sentirse insegura de su cariño.
GUIÓN: conducta irritable para evitar el compromiso.	GUIÓN	GUIÓN: lo persigue con insistencia.
DOLOR: miedo al compromiso.	MAPA I	DOLOR: tristeza que le causa su abandono.

Generalmente no es suficiente y se requiere además de una co-construcción del problema, que servirá como un punto de partida para lo que se intentará hacer más adelante, por medio de la terapia.

En este caso, por ejemplo, se les propuso lo siguiente:

En la medida que Claudia está convencida de que Jaime la quiere, quizá más que nadie en el pasado, sólo requiere que la escuche más en sus alegrías y tristezas, para sentirse acompañada por él y no sólo por sus hijas.

Para Jaime, quien afortunadamente no tiene que salvarla de nada, se le propone que tome iniciativas libremente, para compartir con Claudia algún deporte o diversión, sin olvidar a la sexualidad, como si se tratara de un juego más.

Esta construcción inicial del problema es aceptada por ambos y permite que se sugieran algunas tareas tentativas, de común acuerdo, como punto de partida de la terapia. Se han tomado en cuenta, indirectamente, las premisas habituales de la socialización temprana femenina y masculina, según las cuales la mujer que experimenta tristeza, lo que espera es una escucha empática de sus sentimientos. Es lo opuesto de las respuestas del varón que, frente a la frustración y la irritabilidad que le suscitan sus demandas, prefiere proponer acciones concretas que lo descarguen del peso de sus emociones.

En este ejemplo, el alejamiento mutuo les ha conducido a una experiencia de desamor, que se refuerza por la "presencia latente" de la relación anterior de Jaime, muy pasional, que lo ha dejado temeroso de un compromiso tan intenso que le reproduzca las heridas del pasado. Para Claudia, en cambio, el desamor y el abandono que ha conocido en la infancia, se repite y se confirma por las escasas experiencias sexuales, especialmente cuando sus hijas han crecido lo suficiente para anhelar la recuperación amorosa de la pareja.

Las dificultades sexuales de la pareja no constituyen un problema que requiera de un terapeuta sexual, ya que corresponden a la configuración de la pareja actual: para Jaime, el tema central es el miedo al compromiso y la ansiedad que le despierta la pasión, derivada de su relación anterior con Antonia que todavía gravita como una temible sombra. Para Claudia, en cambio, el tema es el abandono temprano que se revive como ya conoce, con la diferencia que cuenta ahora con Jaime como su salvador, quien la acompañó para enfrentar juntos un huracán, esa vez climático pero igualmente amenazador y que la contuvo emocionalmente como nunca antes.

En consecuencia, la terapia de pareja que se les propone, los invita a recuperar el camino en el que se habían perdido, cuando se generara este ciclo de desconfianza y control (las llamadas de Claudia) que promovieron la huída de Jaime, inundado por el miedo al compromiso emocional, que se dramatiza en la intimidad, con episodios de eyaculación precoz.

Las tareas recomendadas están seguramente en el repertorio de la mayoría de los terapeutas, especialmente para los que se definen como estratégicos o interaccionales. No es lo más importante, porque son propuestas o sugerencias realizadas en conjunto, que pueden ser resumidas o integradas por el terapeuta con acciones específicas que promuevan un cambio de primer orden.

En realidad, lo interesante es el camino que se recorre con ellos en la indagación inicial en la que se pasa del incidente a las quejas, dolores y guiones para reconocer los elementos que ayudarán a construir un problema inicial, una hipótesis de trabajo con coherencia lógica.

En este caso, la consulta la provocó la amenaza de separación de Claudia, el incidente que condujo a Jaime aceptar la propuesta de terapia como una alternativa, no necesariamente de buena gana.

La queja de Claudia es entonces su ausencia, desinterés y excesiva dedicación al trabajo que le absorbe hasta la noche, sin dejar tiempo para ambos. La queja de Jaime consiste en la insistencia de Claudia por su presencia en casa, y la persecución telefónica que se desencadena...

A un nivel más profundo, el dolor de Claudia consiste en su tristeza por el abandono emocional y físico de Jaime, lo que la lleva a cuidarse más en su aspecto físico y buscar un acercamiento un poco forzado de Jaime, quien, a la inversa, padece de un temor a la pasión, debido a su experiencia anterior que no deja de pesarle todavía.

La propuesta de cambio de ambos es obvia: para Claudia, el problema se soluciona con más presencia; para Jaime, en cambio, el problema requiere de la distancia porque le protege de sus temores.

El problema de ambos no se soluciona por la vía que han intentado previamente que, como lo señalara Waszlawick acertadamente hace más de 40 años, la solución que incluye "más de lo mismo" sólo contribuye a perpetuarlo.

La construcción propuesta como problema terapéutico para el comienzo es más amplia: se trata de avanzar hacia un reencuentro que no requiera de Jaime como un salvador, como sucedió en la danza inicial de ambos, sino como alguien que sufre del temor a la entrega por el dolor y el miedo que se le produce cuando cree que le obliga a ceder a los deseos del otro(a). Para Claudia, la terapia cuestiona su rol de víctima de abandono en la actualidad y valida su tristeza como respuesta inicial a no compartir demasiado con un marido que aún no está listo para un compromiso mayor.

Esta formulación, de índole provocadora para Jaime, tiene también el objetivo de incluirlo más en una terapia que ha aceptado, en principio, con resignación. El resultado es satisfactorio porque ambos aceptan esta reformulación y se sienten comprendidos en sus dificultades de una forma más compleja pero también novedosa y coherente en términos lógicos. De esta forma, se contribuye a establecer una relación terapéutica colaborativa en la que ambos han sido tomados en cuenta con cierta delicadeza, a pesar de la inclusión de la sexualidad desde el principio, como si se proyectara en un espejo la modalidad de la relación actual y de sus avatares.

Cuando la infidelidad es una oportunidad para la terapia

Los episodios de infidelidad generalmente producen una crisis mayor que amenaza la continuidad de la pareja o, por lo menos representa un incidente que no se olvida, o no se supera jamás por los resentimientos que despierta. Sin embargo, pueden también producir lo contrario: una oportunidad para el reencuentro o para una terapia de pareja que les lleve más lejos de donde se habían detenido, en la ruta del camino que el amor les ofrece.

No se trata de una recomendación para las parejas en crisis porque a menudo los resultados son desastrosos, sino que de evitar la satanización y la culpa que no ayudan para reflexionar más abiertamente sobre un evento tan común que sobrepasa al 70% de los sujetos involucrados, cuando les invade el desamor y el alejamiento.

Las evidencias no son muy concluyentes con respecto a la transparencia como recomendación porque puede resultar perjudicial ya que desencadena manifestaciones de verdaderos trastornos psiquiátricos como severas celotipias delirantes, dudas obsesivas insoportables o depresión con intentos de suicidio.

Desde una perspectiva de género, es más difícil que una mujer se "confiese" por el rechazo social y cultural que le implica reconocer una debilidad que la etiqueta de "liviana, fácil, prostituta". Para el hombre, en cambio, es preferible negarlo o minimizarlo a nivel de una "aventura" que es un evento menor, sin trascendencia, para contárselo a su esposa.

Adriana es una mujer joven, casada hace cinco años con Raúl, con quien tiene un hijo de cuatro años. A la primera consulta viene sola aunque está convencida que su ansiedad y depresión, motivos de su consulta, se relacionan con la infidelidad de su esposo de la que se entera casualmente por mensajes grabados en su celular.

Aunque Raúl lo niega o lo traduce a un "juego inocente" con una compañera de trabajo que, "naturalmente, ella fue quien lo sedujo" y que además, se terminó porque se trataba de alguien que cometió otras faltas y la despidieron.

Para Adriana es un hecho grave que la persigue noche tras noche como una duda persistente, no sólo sobre la infidelidad sino que porque cree en la posibilidad de que la abandonen por la "otra".[2]

La aparente simplicidad de este guión, tan repetido en telenovelas, se enriquece en la sesión siguiente porque el drama es un poco más complejo.

En primer lugar, como pareja no han tenido demasiado tiempo para la intimidad porque a los pocos meses de casados, reciben a una hermana menor de Adriana que viene a estudiar su licenciatura a la universidad local, ya que no existen posibilidades en su lugar de origen. Raúl se repliega a su cuarto, inconforme con este arreglo que acepta por solidaridad con el compromiso familiar de su esposa y el conflicto se evita.

Con el nacimiento de su hijo al año siguiente, la relación de pareja se relega a un segundo plano, no sólo por los cambios naturales derivados del ciclo vital sino por la amenaza de una enfermedad grave y mortal de su hijo, de escasos dos años, que les afecta profundamente, pero especialmente a Raúl, que se dedica enteramente a salvaguardar la sobrevida del menor. Afortunadamente el pronóstico del padecimiento cambia y no representa un riesgo mayor; sin embargo, la relación padre-hijo sigue siendo muy intensa hasta la fecha.

Adriana ha intentado acercarse, especialmente desde hace un año, cuando su hermana terminó su estadía con ellos y no era entonces un inconveniente para Raúl como al principio.

Lo que no ha sido fácil para Adriana es lo que le ha sucedido en su familia de origen. Ella es la mayor de tres hermanas provenientes de una pareja de origen rural que se ha esforzado por obtener los ingresos suficientes para asegurarles una profesión. La motivación para lograrlo se relaciona con el interés de la madre, Hortensia, una mujer muy íntegra y tan bella como el nombre de la flor, de acuerdo con las fotos y descripciones que me hacen.

Un par de años atrás, Hortensia descubrió que su esposo le era infiel y que mantenía una relación paralela por algún tiempo. Luego del incidente, no sólo confrontó a su esposo sino que también a su amante, de una forma discreta pero muy valiente y digna, lo cual se tradujo en un reencuentro lento pero exitoso con su esposo y un reconocimiento especial de parte de las hijas, que sospechaban del padre aunque no lo compartieran abiertamente con ella.

Desgraciadamente, pocos meses después, Hortensia fue atropellada en el camino de vuelta a casa y falleció, dejando a sus hijas y esposo en un duelo muy intenso del cual se han recuperado parcialmente. El conductor del vehículo aunque alcoholizado, fue identificado y absuelto.

La historia de su madre para Adriana es un referente muy cercano y le crea un serio dilema ético: para ella, el comportamiento de su madre es un ejemplo a seguir que está marcado por una tragedia fatal. Enfrentada a una posible infidelidad de su esposo, lo que su madre le dice con una potente "voz interior", igual que se lo repiten sus hermanas, es que lo que debería hacer es confrontar al marido y terminar la relación. Sin embargo, no tiene el coraje para hacerlo y se recrimina por no estar a su altura.

Por otra parte, se pregunta por la seriedad de la otra relación de Raúl, como respuesta a lo trivial e insignificante del incidente según la versión de éste: "se trataba de un juego sin importancia que seguí inocentemente, sin medir sus consecuencias". Como mujer, no concibe una relación sexual sin involucración emocional y por lo tanto, le preocupa que Raúl la abandone en cualquier momento o en el futuro, como lo ha hecho antes, con la dedicación exclusiva a su hijo.

La terapia de pareja representa una oportunidad para reflexionar sobre los efectos de esta serie de incidentes con la familia de origen y actual para ambos, que han dejado a la relación detenida en el tiempo, con heridas y traumas que en lugar de acercarlos, les ha distanciado.

De nuevo, lo interesante es la ruta que recorre la indagación, que la hace autorreflexiva y por ende, terapéutica. El incidente consiste en el descubrimiento de los mensajes grabados en el teléfono celular, instrumento moderno que protagoniza infinidad de consultas, en este caso individual que luego se transforma en marital. La presencia del esposo, sin mayor trámite, no esconde la posición defensiva de Raúl, ya que no viene a terapia sino a demostrar su inocencia.

En el renglón de las quejas, Raúl es acusador: no hemos tenido tiempo para nosotros porque desde el principio nos acompañó su hermana, lo cual no nos favoreció para la formación de la pareja. Adriana es más discreta aunque recalca lo similar que resulta su ausencia, por la excesiva involucración con el hijo.

En lo que se refiere al dolor y a la configuración que se desprende de la indagación, para Adriana se trata de una duda, no sólo sobre la posible infidelidad sino sobre la separación, ya que no le parece que se trate de un juego. Gravita sobre ella la tragedia tan reciente de la pérdida de su madre, derivada de un accidente pero, indirectamente de la infidelidad del padre, y que ha teñido su duelo de una profunda lealtad con su posición tan íntegra que conservó hasta la muerte.

Para Raúl, el dolor es más bien el resultado del descuido que él le atribuye a Adriana en el cuidado del hijo y del mismo, por haber estado demasiado unida a su familia de origen, lo cual fue agravado por el duelo y por la posición de sus hermanas, trasformadas en sus enemigas de facto.

Se trata entonces de una pareja que ha estado girando alrededor del cuidado, de la hermana, del hijo, de la familia de origen más que de ellos como pareja, lo cual ha facilitado que Raúl se mantenga en una posición "infantil" que le origina un dolor de un cierto abandono, que califica de "descuido" de parte de Adriana, quien ha estado muy afectada por las desgracias familiares, que la han sumergido en un duelo enorme.

La construcción del problema es posible sólo después que Raúl reconoce que lo sucedido le ha afectado profundamente a su esposa y se compromete a no repetirlo en el futuro, a menos que esté dispuesto a separarse, porque Adriana no lo toleraría. La terapia plantea entonces una oportunidad: en busca del tiempo perdido para transitar, de los cuidados parentales (a su hijo) o maternales (a sus hermanas) que les han ocupado tanto tiempo que no han tenido oportunidades para otros momentos íntimos, que no han sido explorados todavía.

Aunque se trata de una construcción que deriva del ciclo vital familiar y las dificultades originadas en la formación de la pareja, se enfatiza que el establecimiento de límites con la familia de origen no ha sido fácil por el trauma y la tragedia de la madre. La infidelidad queda en un segundo plano y sirve como un estímulo para un posible reencuentro que, con ayuda de la terapia puede contribuir a sellar la herida y dejar atrás los reproches de Raúl y los que Adriana se hace a sí misma, por no responder igual que su madre.

RAÚL	INCIDENTE	ADRIANA
	El incidente consiste en el descubrimiento de los mensajes grabados en el teléfono celular.	
QUEJA: no hemos tenido tiempo para nosotros.	CONSULTA	QUEJA: se relaciona con el hijo en lugar de hacerlo conmigo.
GUIÓN: disimula la infidelidad como una aventura provocada por la "otra".	GUIÓN	GUIÓN: Distancia y desconfianza.

DOLOR: enojo porque Adriana lo ha descuidado igual que a su hijo.	MAPA I	DOLOR: se culpa de no atreverse a la separación igual que su madre en iguales circunstancias.
ESTRATEGIAS DEFENSIVAS: no viene a terapia sino a demostrar su inocencia.	CO-CONSTRUCCIÓN DE PROBLEMA	ESTRATEGIAS DEFENSIVAS: pasividad y depresión frente al dilema de seguir juntos.

Cuando la infidelidad es una oportunidad para el cambio de la pareja

En las descripciones anteriores se ha acentuado la importancia del tránsito de la queja al dolor de una relación para obtener elementos que permitan la construcción de un problema diferente al que los integrantes de la pareja traen en primera instancia e iniciar entonces la terapia con el propósito de caminar juntos por senderos diferentes a los ya conocidos por ellos mismos. En términos generales, se trata de una forma de "reetiquetamiento" o co-construcción inicial del problema desde el dolor que el conflicto les produce, en la medida que se ha vuelto crónico. Lo que también se ha evidenciado es el recorrido reflexivo para lograrlo, que se diferencia de las intervenciones directas o paradójicas que se practicaban hace algunos años por los terapeutas estructurales, estratégicos o interaccionales.

Lo que relatamos a continuación intenta dar cuenta del proceso longitudinal de la construcción del problema, a lo largo de varias sesiones o incluso de toda la terapia de tal forma que se transforma en una guía que marca los hitos de la evolución del sistema terapéutico, en la medida que sigue un rumbo más profundo, complejo y dialógico.

La consulta inicial de Laura, una mujer de alrededor de 35 años, muy exitosa en su trabajo profesional, se produce como resultado de una serie de evidencias sobre la infidelidad de su marido, Oscar, quien ha mantenido una relación paralela por un periodo de seis meses. Con síntomas severos de una depresión que incluyen fantasías de suicidio y continuas obsesiones que le persiguen con imágenes muy vívidas de escenas eróticas que presume que han existido en la realidad, ha recurrido previamente a un colega que le ha prescrito antidepresivos, que le han mitigado parcialmente sus molestias, sin lograr una recuperación satisfactoria.

La pareja se inicia como novios desde hace más de siete años, cuando ambos compartían sus estudios universitarios. El matrimonio se concreta hace tres años, por iniciativa de Laura y de su familia, que presionan para que la relación se formalice, antes que Oscar estuviera muy seguro porque no había terminado todavía sus estudios.

Tuvieron un hijo bastante pronto, antes del año de haberse casado, al cual Oscar accedió sin oponerse, aunque tampoco se sentía tan dispuesto para hacerlo porque estimaba que era preferible dedicar más tiempo para ellos. Además, su situación económica no era todavía muy estable, en contraposición a la de Laura, quien ganaba más de lo que se habían imaginado en tan corto tiempo.

El desbalance entre ambos era evidente: Laura iba dos pasos más adelante que Oscar en cada uno de los eventos de la vida compartida. Se agregaba una diferencia con respecto a su pertenencia de clase ya que la familia de Oscar es más humilde.

En la consulta de pareja ambos se mostraron dispuestos a colaborar en la terapia, la cual se inicia una vez que Oscar me asegura que ha terminado su relación con su amante, una mujer de 20 años con la cual han compartido un idilio más romántico que pasional. La definición inicial es simple: la terapia estará destinada a sobrellevar el dolor de la infidelidad con la expectativa de superarla, aunque manteniendo la puerta abierta a la separación, en el caso de no lograrlo.

En las sesiones subsecuentes se agregan algunos datos que resultan significativos con respecto a sus familias de origen. Laura proviene de un hogar de normas muy estrictas impuestas por su padre que incluyeron la elección de su profesión, que abandonó inmediatamente después de titularse para ubicarse en un trabajo distinto en el que la promocionan con rapidez, debido a sus capacidades que incluyen su extraordinaria inteligencia. Desde pequeña ha tenido una relación conflictiva con la autoridad (de su padre) que ha ido resolviendo con paciencia a través de demostrarle que es capaz de tomar sus propias decisiones.

En el matrimonio no le ha sido tan difícil imponer su criterio ya que Oscar asume que ella tiene argumentos muy válidos para ganar cualquier discusión. Incluso la terapia le parece una buena opción, aunque inicialmente ocupe el lugar del acusado.

En la familia de Oscar, la infidelidad ha estado muy presente como resultado del abandono del padre, que su madre sufrió cuando era pequeño y que se tradujo en un amargo resentimiento que mantiene hasta la fecha. Para Oscar, se trata de un guión que no quisiera repetir con su hijo, no sólo en cuanto al abandono sino que en las repercusiones emocionales que ha tenido desde su infancia, escuchar de su madre esa mezcla de dolor y tristeza que no han sido superadas.

En el curso de las sesiones próximas Laura avanza y retrocede porque no puede evitar los celos y la desconfianza, cada vez que Oscar se atrasa o no le llama por teléfono para asegurarle que no se ha ido con la "otra". No es extraño que siga tomando iniciativas, aun en el terreno de la sexualidad que se trasforma en una actividad en la que busca más la confirmación que el placer y que desemboca mal, en un embarazo accidental.

Ambos coinciden en que la continuación de este embarazo sería un error, en la medida que no están seguros de que puedan superar los efectos de la infidelidad, además de que esta vez, Oscar ha sido escuchado en su oposición a un nuevo crío, y que Laura lo comparte, aunque con ambigüedad y contradicción, porque acepta que la relación navega por pantanos movedizos.

Una vez superada esta nueva crisis, la terapia va cambiando de giro: ya no se trata solamente de acompañarlos en la resolución de la infidelidad y sus efectos sino que es necesario reevaluar los fundamentos de su relación. Los resultados de la configuración anterior, en la que Oscar ha asumido una actitud pasiva y temerosa, similar a la que ha ocupado en la relación con su madre desde niño, ha desbalanceado el equilibrio del poder y las decisiones han sido tomadas por iniciativa de Laura. A partir de la infidelidad y, más tarde del embarazo accidental, las condiciones cambian de una forma inesperada.

Aparecen nuevos elementos. Laura ha conservado las fotos de Oscar y su amante, que le hieren día a día además de producirle dudas y fantasías obsesivas que la atormentan. Ha llegado hasta el punto de considerar el suicidio como única salida, con el agravante de incluir a su hijo en el intento, a manera de venganza. Como resultado de asociar el dolor de la reciente interrupción de su embarazo con sus fantasías de suicidio compartido, la alarma producida se reduce.

En las fotos, las imágenes que más le torturan son las que muestran a Oscar en los mismos lugares de su noviazgo, en las playas de Acapulco, de donde provienen. En la narración, la estructura de sentido es evidente: para Oscar, su infidelidad ha seguido el camino de sus deseos: continuar el noviazgo antes de tener hijos con Laura, con fotos que repiten los paisajes de su infancia, donde escuchara los lamentos que su madre ha querido dejar atrás, sin éxito.

Frente a la repetición de guiones tan dramáticos, es preferible la construcción de un ritual como intervención y les propongo lo siguiente: es necesario deshacerse de las fotos de la forma que ambos elijan. A continuación, les aconsejo plantar una semilla en el jardín de su casa: Laura elige la semilla de una flor y no es difícil imaginar la conexión que hace con su embarazo, tan reciente. Oscar, en cambio, elige plantar una palmera en la playa y representar así lo que relaciona con su masculinidad, escondida en la posición de pasividad dentro del matrimonio.

OSCAR	INCIDENTE	LAURA
	Serie de evidencias sobre la infidelidad de su marido.	
QUEJA: me persigue y presiona para ubicarme donde estoy a cada momento.	CONSULTA	QUEJA: desconfió de que haya terminado su otra relación.
GUIÓN: me arrepiento de mi infidelidad.	GUIÓN	GUIÓN: te demostraré que soy mejor que ella en todos los aspectos.
DOLOR: me angustia que me obligue a continuar con ella.	MAPA	DOLOR: me entristece y enloquecen las imágenes obsesivas de su otra relación.
ESTRATEGIAS DEFENSIVAS: regresar con ella para no repetir el abandono de su padre por adulterio.	CO-CONSTRUCCIÓN DE PROBLEMA	ESTRATEGIAS DEFENSIVAS: obligar y presionar para su regreso, incluso con un embarazo.

La terapia continúa por otro rumbo: la posibilidad de un cambio en la configuración de la pareja, que se encadena a sus guiones infantiles y que les ponía en el peligro de crear dilemas tan dramáticos que amenazaban la continuidad de la vida de Laura y de su hijo.

La elaboración de este ritual, en colaboración con ellos mismos, puso en marcha una serie de movimientos de una alta "eficacia simbólica" ya que permitía que Laura manifestara su decisión de superar la infidelidad, en la medida que quemara las fotografías, que había conservado sin que Oscar se enterara y, en consecuencia, que sus fantasías y celos desaparecieran.

Por otra parte, la elección que Oscar hiciera, de un árbol (una palmera en las costas de Acapulco) en lugar de una flor, da cuenta de un intento por recuperar su masculinidad, un tanto perdida por la relación en la que ha ocupado un lugar un tanto "infantil". Se le agrega el hecho que ocupan un departamento en el edificio que su suegro les facilita y donde viven también sus cuñadas.

Lo más importante de este ritual es que representa una redefinición metafórica de sus problemas de pareja: ya no se trata de superar (¿o no?) la infidelidad como un obstáculo sin solución que ha gravitado sobre la vida de Oscar desde su infancia sino de replantear la configuración de la relación para descubrir formas diferentes que no repitan los guiones previos. En el caso de Laura, no se trata de ubicarse en el mismo lugar que ocupa con su padre, confirmándole que toma las decisiones adecuadas, sin considerar a su esposo necesariamente.

También sirve para ilustrar que el proceso de la construcción de un problema para la terapia sigue un curso progresivo, a medida que se obtienen datos más significativos sobre la relación de pareja. Los guiones significativos del pasado surgen al escenario y se conectan con posibilidades de diseñar intervenciones específicas y más precisas que hacen que cada sesión sea un estímulo para la curiosidad y el asombro que los descubrimientos amorosos nos ofrecen.

---

[1] Los autores que han escrito sobre la necesidad de identificar la configuración de la relación como punto de partida para una terapia de pareja son numerosos. Los más importantes, a mi juicio, han sido: Lederer y Jackson (1968), Watzlawick y Weakland (1977) con el *quid procuo,* P. Papp (1988) y la búsqueda del tema central mediante la técnica de la coreografía, P. Caillee (1992) con la utilización de las esculturas fenomenológicas y de ensueño, y recientemente Fishbane y Scheikman (2004),"The Vulnerability Cycle: Working with Impasses in Couple Therapy", *Family Process,* 43, 279-299, y su propuesta de graficar el ciclo de las vulnerabilidades mutuas.

[2] Es fácil estar de acuerdo con R. Manrique, psiquiatra y terapeuta de pareja de la Universidad de Cantabria quien plantea que lo peor de los celos y de la infidelidad es la necesidad de certidumbres que moviliza a quien lo sufre hacia la patología: los celos, una patología de la certidumbre.

CAPÍTULO **8**

LA CONSULTA DE PAREJA EN EL CONFLICTO CRÓNICO

La terapia de pareja se hace más difícil cuando los problemas se hacen repetitivos y ayudan a configurar ciclos que incluyen a diferentes problemas o escenarios, al mismo tiempo que adoptan la forma de un conflicto crónico que no se resuelve tan fácilmente. Aunque se acompaña de un sufrimiento a veces descomunal, también apuntala la identidad de cada uno de sus integrantes dentro de la relación.[1]

Es frecuente que este conflicto crónico se decante hacia el interior de la terapia produciendo un impasse que impide el avance y se requiera de una consulta externa, como sucede en el ejemplo que se narra a continuación.

La terapeuta me plantea que se encuentra en un impasse ya que después de algunos meses, no hay avances significativos y le parece que se trata de un conflicto crónico estacionado en el tiempo, que le impide encontrar una manera de avanzar más deprisa.

Se trata de una pareja conformada por Sergio de 53 años y Adela de 48 años, casados durante 22 años. Tuvieron dos hijos: un varón, actualmente de 19 años y una hija menor de 14.

Ella estuvo casada anteriormente y procrearon una hija. Esa relación fue muy breve; ella dejó al esposo por episodios repetidos de violencia física en su contra.

Cuando Sergio y Adela se casaron, la primera hija de Adela tenía seis años.

JAVIER VICENCIO: Maru me estuvo comentando algunas cosas de ustedes como pareja y de la terapia de pareja, y me está pidiendo que busque la forma de conocer una faceta que le agregue a esta terapia algunos elementos y que ustedes vayan avanzando. Para hacer eso, me gustaría que ustedes me contaran en qué ha consistido lo que han hecho con ella en la terapia de pareja hasta la fecha.

Javier: Qué beneficios les ha traído o qué desventajas les ha traído, dónde están ahora...

Adela: Empezamos esta terapia hace muchos años. Hace 14 años empezó él solo por problemas de depresión, ansiedad y todo eso. Se trataba de los problemas que él acarreaba y otros que no supimos comprender, pero luego empezó a haber problemas en la pareja. Hace cuatro meses que decidimos esta terapia, para ver si valía la pena continuar con esta relación o de plano, terminarla bien. La primera idea era que Maru nos ayudara a terminar bien, como amigos por lo menos, por nosotros. Después cambiamos un poquito la visión, pensamos que podía haber algo que salvar, que pudiera rescatar esta relación, pero finalmente hace poquito decidimos que no hay mucho que salvar de esta relación. Creo que sería mucho más sano para los dos terminarla de la mejor manera posible.

Javier: Adela es muy elocuente y muy clara...

Por favor, Sergio cuénteme qué es lo que han obtenido, si está de acuerdo con ella, ¿Cuál es su versión de lo que ha pasado?

Sergio: Ya habíamos hablado y habíamos decidido terminar y ver si en el proceso de terminar bien, surge algo que nos lleve por otro camino y... el problema es que yo hablo muy poco y lo que no hablo se me queda aquí en la garganta y lo expreso de otra manera. Yo usaba la palabra autodestructivo y me afectaba yo mismo y sin querer a los demás, a mi familia. Tuve una crisis de depresión, el fallecimiento de mi hermano y mi papá, que se manifestó años después y yo no sabía qué era eso. Yo nomás me sentía muy mal. No tenía ganas de hacer nada. Tenía muchas cosas que hacer, porque separamos las tareas en el trabajo, para cuidar a los niños, ella por la mañana y yo en la tarde. Entonces yo tenía que dejar en orden la...

Adela: ¿Nos separamos en el trabajo?

Sergio: Tenía cosas que hacer y no podía por la depresión. Decía, esto tiene que pasar. Siempre he sido muy sano, no me gusta tomar medicamentos. Esto tiene que pasar, pero no podía y me sentaba y quería arreglar todo ahí sentado y... quería dormir, entonces pedía cita con la Cocaína, como un método temporal para...

Sergio hace un intento de alianza por medio de la enumeración de una serie de síntomas psiquiátricos que han sido seguramente su tarjeta de presenta-

ción e invitación en cada nuevo encuentro con un terapeuta, que acepto en parte pero sin descartar que exista una estructura de sentido que sea coherente con las situaciones que me describe.

JAVIER: Como un antidepresivo...
SERGIO: Erróneamente como un antidepresivo.
JAVIER: Funciona... con malas consecuencias pero funciona.
SERGIO: Después supe que no es antidepresivo, es un estimulante, muy bueno por cierto, pero al final...
JAVIER: Termina siendo peor el remedio que la enfermedad.
SERGIO: No me curaba la depresión. Tuve crisis de ansiedad, no podía controlar mi cuerpo, porque me daban sudores, porque no podía hacer lo que yo quiero y pensaba que la cocaína no era la solución. Al final, los últimos meses estaba yo endeudado y sin poder arreglar nada, al contrario.
JAVIER: Ahora, eso que me está contando usted pasó hace 14 años atrás.
SERGIO: El 99.
JAVIER: ¿Por qué lo tiene tan fresco? Porque la pregunta que yo le hice, es alrededor de qué es lo que han hecho con Maru en esta terapia. Usted me está contando lo que pasó hace 14 años, y no entiendo bien por qué me cuenta eso si ella ha dicho que a través de esta terapia ha llegado a la conclusión de que lo mejor para ella, lo mejor para los dos, sería que se separaran. ¿Por qué me está contando esto ahora?
SERGIO: Porque para mí es como una forma de empezar a contestar la pregunta. Después de eso ya no fue lo mismo. Dejé la cocaína, pero la "deuda" era...

A pesar de que su lenguaje es algo confuso, aparece una palabra apertura, "deuda", que permite adentrarse más adelante en el conflicto mayor.

JAVIER: Es decir, para usted desde entonces la pareja entre ustedes dos se vino al suelo. Y así ha estado sintiéndose mal, deprimido y culpable.
SERGIO: Sí, ella es más inteligente, más hábil, más activa, se le facilitan las cosas. Para lavar los trastes por ejemplo ella lo hace en tres minutos, yo lo hago en 10. Ella es muy hábil, también para pensar, para hablar.

Inmediatamente destaca la configuración asimétrica en la que Adela es superior e inalcanzable...

JAVIER: Me interesa lo otro que decía usted, corríjame en esta historia. Usted siente que perdió a Adela hace 14 años, cuando la depresión y la cocaína le ganaron la partida. ¿Es eso lo que está diciendo, cuando la perdió?

SERGIO: Yo la perdí poco a poco. El problema fue la deuda que yo le tenía escondida y que ella me protegió para que nadie supiera.

JAVIER: ¿Ella se hizo cargo de la deuda?

SERGIO: Era muy grande el problema. Nadie sabía que yo consumía cocaína y para mí sigue siendo un malestar.

Titubea entre la deuda y la cocaína como temas que están seguramente conectados pero prefiere mantenerse en el rol de paciente identificado.

JAVIER: Déjeme consultar con ella, espéreme un segundito. Si lo entiendo bien, su marido está diciendo que desde entonces, cuando se deprimió, que usó la cocaína y con eso se endeudó y que le salió peor el remedio que la enfermedad, usted se hizo cargo, se responsabilizó de él y poco a poco, con este arreglo, la empezó a perder.

ADELA: Digamos que se empezó a alterar la relación.

JAVIER: ¿Cómo cree usted que se ha ido deteriorando, ahora que está llegando a la decisión de que sería mejor terminar y terminar bien, antes de que se deteriore tanto y terminen mal. ¿Es así, no?, cómo se fue deteriorando más. Usted se hizo cargo de decir, bueno, OK, si estás mal, yo te saco del problema, yo te acompaño en esto, pero en vez de eso, parece que él está diciendo que de ahí para adelante empezó a perderla y perder la relación.

ADELA: A partir de ahí creo que el problema fue que Sergio se hizo muy dependiente de mí, totalmente.

JAVIER: Cambió a la cocaína por usted.

ADELA: Más o menos.

SERGIO: La cocaína no es un problema para mí.

JAVIER: Me refiero a la dependencia, no a la droga. Yo entiendo así la dependencia a cualquier droga. Creo que se recurre a una droga primero porque es más fácil que recurrir a una persona.

Aunque sea temporalmente, se ha conseguido eludir el discurso alrededor de lo sintomático para transitar a lo relacional, a partir de la deuda y la dependencia.

ADELA: Sí, se llenó de irresponsabilidades como padre de familia, como hombre de familia. Se recargó totalmente en mí. Yo me tuve que hacer cargo de la familia. Esa deuda que causó la cocaína se pagó, pero después de algunos años resultó que no. Esa deuda económica había continuado creciendo y él seguía cargando con eso y con la culpabilidad de que no me decía nada, dependiendo totalmente de mí, no sabiendo tomar ninguna decisión. Todo lo que él hacía o dejaba de hacer lo tenía que consultar conmigo. Yo le tenía que dar el visto bueno, para todo porque de otra manera, no lo hacía. Yo pienso que era por esa culpa que traía cargando que no me había dicho totalmente la verdad de que esa deuda continuaba.

SERGIO: No se terminó de pagar.

Reafirma su guión dentro de la relación a través de recordarle a Adela que todavía le falta dinero por pagar, sin manifestar abiertamente la culpa a la cual ella se está refiriendo.

JAVIER: ¿Todavía deben, cuanto?

ADELA: Yo ya no sé, porque hace como 4 o 5 años recibí una llamada del banco que decía que era ciento y cacho mil pesos. Le dije... oye qué pasó y por no decir él nada, la deuda aumentó con intereses y él seguía con esa presión, cargando con eso, de que en cualquier momento si yo me daba cuenta lo iba a dejar. Aparentemente estábamos bien pero en el fondo él seguía presionado, asustado, sin poder decirme la verdad, por miedo.

Confirma que, según el guión de dependencia, es posible que Sergio se aterre sólo de pensar en perderla y prefiere ocultarle la verdad sobre la deuda.

JAVIER: ¿Y le parece que todavía hay un problema de ese tipo?

ADELA: Sí, porque hace dos o tres meses vuelve a pasar lo mismo. Esa deuda la volví a pagar, y supuestamente quedaba pagada. Todos los años pasados seguía él sosteniendo esa mentira, sólo presionándose, hasta que ocurre lo de la muerte de su hermano que se agrega a su malestar. Siguen las mentiras o las verdades no dichas, pero continúa siendo totalmente dependiente de mí. El nunca toma ninguna decisión.

Con el propósito de eludir el diálogo sobre lo sintomático y mantenernos en lo relacional, decido incluir el relato de un paciente adicto en tratamiento, más severo que Sergio, que se debate en el dilema de la pérdida de la protección familiar y los riesgos a los que, indirectamente los expone.

JAVIER: Déjeme pensar, yo estoy viendo a alguien bastante más joven en México, es un caso de un adicto severo. Primero cocaína, un chavo de unos 25 años y últimamente crack. Y el problema de él consiste en que la familia lo ha ido abandonando poco a poco y este muchacho miente mucho, pero no sabíamos realmente por qué mentía, hasta que nos enteramos de que estaba metido en una deuda muy importante, pero con la gente de Tepito en la Ciudad de México, es decir con gente que está metida en la venta de drogas, narcomenudeo y todas esas cosas. El tiene una manera de consumir, en la que trabaja para esa gente y por lo tanto, consume más de lo que trabaja y lo extorsionan y la última vez que salió de la clínica, hizo una extorsión al padre, que es el único que se mantiene cercano a él. Y vino con dos o tres muchachos de Tepito a pedirle dinero, porque seguía debiendo.

Yo he logrado entender que este muchacho está metido en un lío, del cual no puede salir y que es muy contradictorio, porque por un lado quiere que la familia lo apoye para que siga en contacto con esta gente, porque de ahí saca la droga, pero por otro lado, cada vez que se mete más con esta gente, más se droga y más se "endroga" y en muchos momentos pienso que no le dice a la familia para protegerlos y de repente resulta que la protección que trata de darles resulta más peligrosa. Por eso la familia ha decidido dejarlo completamente solo, aún incluso a costa de que se muera. Se puede morir naturalmente, porque está metido con gente que si no paga, lo mata.

Entonces cuando usted hablaba recordé ese caso. No sé si tiene algo que ver con lo que le pasa a usted. Me comentaba Maru que ha hecho un intento de suicidio en el pasado, ¿se puede volver a matar?

Quizá no está metido con gente tan peligrosa como la de Tepito, pero está "endrogado" económicamente.

ADELA: Nosotros trabajamos en una telesecundaria y él maneja todo el dinero de la escuela y de ahí tiene la facilidad de agarrar lo que sea. Somos contralores y maneja la chequera de la escuela, entonces tiene acceso a mucho dinero que no es de él.

Como resultado de mi relato, aparece un dato adicional con respecto a la deuda de Sergio, que incluye al dinero proveniente de la fuente de trabajo de ambos y por lo tanto, explica lo estrecho del nudo que comparten en el mundo institucional en el que se exponen ambos en cuanto a su credibilidad.

JAVIER: O sea que él se endroga con el dinero de la escuela.
ADELA: Entonces cuando hay que rendir cuentas a la escuela, se endeuda con los bancos...
JAVIER: Entonces no le dice a su mujer en el lío en que está metido, ¿por protegerla a ella o por un intento de proteger a ambos? ¿Por qué lo hace?
SERGIO: Por temor a separarnos.
JAVIER: ¿Por temor a separarse?
SERGIO: Ella es mi droga, la necesito para vivir.
JAVIER: "¿El dinero, para que lo usa? ¿Para sentirse mejor frente a ella, para que lo vea más rico?
SERGIO: Sí, aunque el problema son los intereses.
JAVIER: Se lo comen los intereses y en vez de verlo más rico, lo ve más pobre.
SERGIO: Ahora sí, antes no.
JAVIER: ¿Y a lo largo de 14 años ha podido mantener este castillo de naipes así, en el aire?
SERGIO: Más o menos.
JAVIER: Qué maravilla, es un acto de magia. Aunque difícil porque tiene un costo muy alto. Entonces si entiendo bien, corríjame si no, usted pensó que se hundía con la depresión y se encontró con la cocaína. Igual después, pensó que la perdía y para no perderla empezó a usar el dinero de la escuela, para que no se separaran.

Además de ofrecer una hipótesis más o menos coherente que explique la aparición de sus síntomas, intento una connotación positiva de su buena intención para conservar a su "reina" a cualquier costo.

ADELA: Es que en los primeros cuatro años esa deuda enorme era para comprar la droga. Cuando me doy cuenta de eso, se liquida la deuda, pero era muchísimo para nosotros que éramos empleados de gobierno. Llevábamos tres años pagando y él me dijo ya es todo, ya no se debe más y al rato la cosa empezó a funcionar más o menos, pero no era cierto, esa deuda que duró 4 años no se liquidó, le daba miedo decirme que había más todavía, porque ya iban como $250,000 pagados, que ahorita sigue siendo un dineral, pero no podía pagar lo que debía en el banco, la deuda iba creciendo, creciendo y creciendo y él haciendo gastos muy mínimos, pero sin poder pagar y sin poder decirme.

JAVIER: ¿Cómo cree usted que es una droga para él? Ahora ya no se droga y no tiene deudas por la droga, sino que dice "yo estoy demasiado apegado a ella y dependo de ella.

ADELA: Por lo que comentó ahorita, el dependía emocionalmente de mí, como un hijo mío, el más apegado, el más inútil, porque yo tenía que decirle absolutamente todo, cómo, por dónde, a qué hora y cuándo.

JAVIER: ¿Ha sido una buena droga para él?

ADELA: No, he sido una droga igual de dañina, pero aparte esto es muy contradictorio, porque no puede estar ni conmigo ni sin mí. Por las últimas pláticas que hemos tenido. Anoche nada menos, el me culpaba a mí de que yo le quité su fuerza de voluntad, yo hice que él perdiera su hombría, de que se hiciera irresponsable, yo soy la culpable de todo lo que le pasa.

Se insinúa una posibilidad de cambio en la que ambos están cuestionando el daño que esta droga les produce, aunque ella lo dice en tono de reproche: después de todo lo que he hecho por él, me paga de esta forma: yo soy la culpable de sus males.

JAVIER: Yo estaba en la primera parte, en la lucha que usted ha hecho para que ella no se enoje por la deuda que adquirió y cómo se la ha ocultado para que ella no lo despida. Discúlpeme mi brutalidad para decirlo.
    Bueno, pero veamos el asunto al revés. ¿Qué cree usted que hizo que su marido tratara de mantener la relación? ¿Qué le habrá dado usted tan importante para él, como para que él hiciera este acto de magia para mantener la relación?

ADELA: Una tranquilidad, estar con mis hijos en la casa. Los hijos no saben nada de nada.

JAVIER: Pero no es tan simple porque él dice: yo dependo de esta droga que es usted, y cuando lo dice seguramente es porque usted es muy importante para él.

ADELA: A lo mejor por la estabilidad, para dar una apariencia de que estamos bien, porque tiene la seguridad de un hogar, de estar con sus hijos, de estar bien en el trabajo, en el trabajo no saben nada.

JAVIER: No me resulta convincente. Eso sería algo necesario para un niño y no para un adulto que lucha a brazo partido para conservar el aprecio de su mujer.

ADELA: Pero así se comporta.

JAVIER: El está luchando por una relación amorosa, en la cual no quiere perder a su única droga. Usted es mejor que la cocaína.

ADELA: Pues no, yo creo que por las pláticas de estos últimos meses, yo le he hecho más daño.

JAVIER: Bueno, puede ser que sea igual a las drogas por el daño que producen porque en la medida de que esto se ha prolongado más allá de la cuenta, él haya perdido mucho.

ADELA: Mucho.

JAVIER: Y ahí está, con la soga al cuello con respecto a la deuda y prefiere no decirle más, porque puede ser que usted le diga: ahora arréglatelas por tu cuenta, y parece que anda como un corderito con la soga al cuello pero que se deja llevar por su mano, para no perderla"

ADELA: Entonces, ¿yo soy la culpable...?

JAVIER: No lo creo, ese es el peligro de este pacto, de este acto de magia: de eso se trata: cuánto es lo que les cuesta quererse y que implica en este caso dinero constante y sonante.

Es posible que la terapia que han tenido con Maru les esté ayudando para considerar más en serio el costo que están pagando al mantener esta relación y Sergio empieza a decir, no, no, me está saliendo muy caro, me sale más cara esta droga que la deuda económica. Emocionalmente, se podría interpretar como una respuesta positiva.

JAVIER: Y cuál ha sido el costo para usted, porque a usted la han mantenido en una posición de cierta ignorancia con respecto a lo que estaba pasando.

Él no habla y no es que no sepa hablar porque habla estupendamente bien, lo que pasa es que no le conviene hablar porque se pone en peligro.

ADELA: El costo ha sido la pérdida de la confianza. Son muchos engaños.

JAVIER: Parece que a Sergio le va peor que a usted con respecto al sufrimiento en lo emocional.

Digámoslo así, usted ha preferido ignorar parcialmente esta situación y ha seguido con Sergio a su lado, constantemente. Parece que esta forma de protegerla en algún sentido ha sido satisfactoria, porque no le ha causado tanto sufrimiento.

ADELA: No, pero lo que él contaba, parecía que las cosas iban bien, pero el golpe es peor y... tres veces. El primero se tolera, luego el segundo, pero ahora es la tercera vez. Y yo creo que la situación está bien, que la relación va más o menos bien, todo tranquilo y de repente otra vez el golpe.

JAVIER: Se refiere a este golpe de ahora que usted se enteró de la deuda.

ADELA: Por tercera ocasión.

JAVIER: Y cuánto es lo que deben ahora.

ADELA: Ya no sé, porque él cada vez me da diferentes cantidades.

JAVIER: En todo caso, más de lo que él le dice.

ADELA: Sí, generalmente, la primera vez nunca me dijo, la segunda me dijo que eran $40,000 y cuando yo le dije qué pasaba con el banco, me dijo que eran $110,000. Ligeramente diferente la cantidad, ahorita ya no sé.

JAVIER: Pero cuánto le dijo que era ahora.

ADELA: $80,000, pero la última vez que le pregunté, me dijo que necesitaba hacer cuentas.

JAVIER: El costo ha sido estar con alguien que no sabe en qué deuda la está metiendo.

ADELA: O se está metiendo.

JAVIER: Bueno, hasta ahora ha sido de los dos. ¿Ustedes están casados por bienes mancomunados?

ADELA: Ni sé bien, en verdad.

JAVIER: Usted se ha mantenido en la ignorancia total.
¿Por bienes separados o mancomunados?

ADELA: Se me hace que separados.

JAVIER: Entonces, si ustedes se separaran, usted tendría que hacerse cargo de esa deuda.

SERGIO: Sí.

JAVIER: ¿Y puede?

SERGIO: Tengo que hacerlo.

Javier: Qué bueno... Porque da la impresión que la única manera de recuperar esta droga es haciéndolo.

Sergio: Hay manera.

Adela: Pero la confianza, ¿cómo se recupera?

Javier: Bueno, a lo mejor eso habría que ver cómo, pero antes de eso, él tendría que demostrar qué es lo que está dispuesto a hacer con respecto a esta situación.

Adela: Yo le comentaba, yo tengo dinero este año en mi caja de ahorro y yo pienso darle la mayor parte del dinero, no es tan grande el problema, porque el dinero se va a pagar como sea, pidiendo aquí o allá, lo que sea. La deuda se va a pagar como se ha pagado en el pasado, pero no se puede recuperar tan fácilmente la confianza. Y, cuántas veces más va a ocurrir esto.

Porque yo no veo en qué se gastó ese dinero. La gran mayoría ha sido por los intereses. Porque no ha hecho algo que se note, que mejoró el carro, mejoró la casa, algo significativo que avale una poquita cosa esa cantidad, pero no ha sido nada.

Javier: Bueno, veámoslo por el otro lado. Ustedes saben bastante de hacer cuentas y poner las cuentas en orden. Son contralores.

Adela: Más o menos. Sí soy buena para los números.

Javier: Debe ser buena. Durante todo este tiempo, él ha creído que se está manteniendo esta relación pero no ha considerado que el costo para Ud. haya sido desarrollar una gran desconfianza.

Con lo buena que es usted para los números... ¿Cómo cree que con estos costos tan altos en dinero y confianza se haya mantenido junto a él?

Adela: Porque creo en los milagros.

Javier: Es religiosa usted.

Adela: Sí.

Javier: Y a qué santo está esperando, yo no sé mucho de eso.

Adela: De Dios directamente, del jefe.

Javier: ¿Y qué es lo que le pide como milagro?

Adela: Recuperar la confianza, que él sea más honesto.

Javier: ¿Y usted cree que se requiere de un milagro de Dios?

Adela: Yo creo que se requiere de la voluntad de él. De que empiece a tomar decisiones, afrontar sus acciones con las consecuencias que le traiga, sería más respetable.

JAVIER: O sea, usted lo quiere mucho.

ADELA: Sí, sí.

JAVIER: Todavía piensa que aunque sea por un milagro, usted podría volver a esta relación con él si se recuperara la confianza.

ADELA: Después de lo que platicamos anoche yo creo que no.

JAVIER: ¿Por qué cree que no?

ADELA: Anoche me volvió a repetir que yo soy la culpable de sus inseguridades, de sus miedos, de su falta de voluntad, de todo eso, entonces ya no hay mucho que hacer aquí.

JAVIER: Bueno, quizás habría que considerarlo mejor porque usted le está pidiendo que enfrente la situación y por lo que le dijo ayer, él está intentándolo.

ADELA: ¿Buscándome a mí?

JAVIER: No necesariamente pero, si entiendo bien, lo que ella está pidiéndole es que usted tome a su cargo la responsabilidad de lo que ha hecho mal y trate de hacerlo bien. Eso es lo que Adela le está pidiendo. ¿Entiendo bien?

ADELA: Sí.

JAVIER: Porque así recuperaría la confianza, porque le está diciendo la verdad y recuperaría la confianza de que usted es una gente íntegra. Entonces le está pidiendo que deje de mentir, que deje de ocultarle, eso es lo que le está pidiendo, lo cual implica que usted tiene que ser, ahora sí, súper honesto, sin que le importen las consecuencias. ¿No es así? Entonces cuando a uno le piden que sea honesto, empieza a decir lo que no ha dicho durante bastante tiempo y a veces las cosas que dice no le gustan al otro, pero yo entiendo que eso es un avance, aunque el riesgo en el que usted está es grande porque cree que diciendo lo que tiene que decirle, la va a perder.

SERGIO: Yo no he podido decirle cosas que la lastimaran. Ni a ella ni a nadie. El color de la pared no me gusta, el tono es frío. A veces se me salen cosas...

JAVIER: Pero lo que yo le estoy diciendo es que lo se le sale de repente, es lo que ella está queriendo escuchar para recuperar la confianza.

Está en un lío grande porque lo que ha hecho ha sido todo lo contrario para tratar de conservarla. Ha preferido no decirle casi nada y guardarle las cosas, pensando que si las dice le va a hacer daño y si le hace daño ella no va a querer estar con usted.

Sergio: No la quiero ver enojada. Ponerme a discutir, tengo todas las de perder, porque ella tiene más elementos, es más inteligente. Por eso yo evito hasta donde sea posible que se enoje, no le veo caso.
Javier: ¿Qué le parece?
Adela: Él tampoco me ha visto nunca enojada, muchas veces he tenido que hacerme la enojada.
Javier: O sea que es probable que si él le dice todo, no se enoje tanto.
Adela: Muy poca gente me ha visto enojada, pues no me enojo, no vale la pena. A veces hay cosas que no me gustan y hay una discusión, un comentario y el resultado no sea lo que él quiera.
Javier: ¿Por qué se ha enojado, podría saberlo?
Adela: Pues con mi primer marido, qué mejor.
Javier: De qué le sirvió el enojo, dice que no le gustaría mostrarlo, volverlo a tener.
Adela: Porque puedo perder el control, casi siempre espero tener el control de mi conducta.
Javier: Entonces a lo largo de este tiempo, usted ha ido perdiéndole la confianza y el resultado no ha sido el enojo...
Adela: Lo que pasa es que más que enojo ha sido decepción, ha sido dolor, han sido muchas desilusiones. Si el problema fuera el dinero, ahí nos vemos. El problema mayor no se resuelve. El problema han sido las mentiras.
Javier: Yo creo que lo dice bien. A mí me interesa mucho saber de qué manera duele una relación, qué costo tiene. Y cuando usted dice en realidad, "más que enojo", que es lo que él teme, el dolor mío en esta relación es la decepción. Escúchelo bien. Porque tiene razón. No le tiene que tener miedo a su enojo. Ella con respecto a eso, sabe controlarlo, sabe manejarlo y en verdad, parece que no se va a enojar tanto como se enojó con su primer marido. Lo que ella tiene es una gran decepción, porque le perdió la confianza y porque cree poco en usted. Entonces es un lío estar en una relación en la que uno cree poco en el otro. Es un dolor muy grande estar con alguien en quien uno no cree mucho.
Sergio: Es muy claro eso.
Javier: Es muy claro. En cambio, lo que usted tiene, me parece, es un dolor de ansiedad y de terror de perderla. Y ha hecho toda una cantidad de maniobras para ocultarle cosas que usted cree que podrían

decepcionarla más. Entonces, vive en un constante estrés y por lo tanto está continuamente ansioso. Y de repente deprimido y culpable, porque no ha podido hacer que las cosas le salgan bien. Y por lo tanto, amenazado por la terminación.

Ha vivido con el alma en un hilo. Entiendo bien por lo que han estado pasando. "Es muy doloroso…"

JAVIER: Si te parece, Maru, podemos terminar aquí, ¿cómo te gustaría que lo hiciéramos…? Así como lo han expuesto, mi pregunta es si te ayuda. Me decías que querías tener una mirada desde afuera sobre lo que están viviendo ellos y ver cómo les puedes ayudar mejor. ¿Yo no sé si lo que hemos platicado te da esa posibilidad?

MARU: Tú hablabas de que es muy doloroso para los dos, porque la decepción de Adela y la ansiedad de Sergio de perderla a ella, sería el eje y el problema actual de la terapia.

Yo pensaba mientras los escuchaba y me acordaba de las frases que ellos usaban cuando me narraban cómo había sido la historia de su relación. Y algo que a mí me ha llamado mucho la atención ha sido que Adela veía en él a un hombre tan caballeroso, tan disponible como un apoyo para ella. Y cómo Sergio decía que haberla conquistado había sido como alcanzar una estrella. Y que desde esa definición puede que sea muy difícil cumplir con un cuadro tan romántico, y también debe costar mucho perder la ilusión de conservarlo.

Por ejemplo, yo me he preguntado, bueno, por qué tendría que necesariamente perderse a alguien por el hecho de asumir algunas cosas que se han hecho aunque no estén bien, o por qué tendría que recuperar alguien totalmente la confianza, cuando se hace hasta lo imposible para que confíen diciendo sólo lo que está bien, lo que le quieren escuchar para quedar bien, y en la ignorancia, se mantiene algo de la confianza. Eso es lo que yo me preguntaba mientras los escuchaba.

JAVIER: Tienes razón en que el costo de quererse de esta forma es muy alto, que no es fácil pagarlo, ni en dinero ni en confianza.

Lo que se me ocurriría plantearles, en una próxima sesión sería: ¿por qué será que el costo mayor para la mantención de la relación lo paga él?

Él está en el filo de la navaja, en el abismo, y está ansioso, deprimido, ocultándole cosas. Está tratando de mantener lo que describes como su buena disposición y la caballerosidad con ella. Es como una especie de "Quijote", que lucha contra castillos de viento mientras contempla lo impagable.

Y claro, no tiene la genialidad del "Quijote", sino que lo sufre. ¿Quién está pagando el costo más evidente? Aunque yo creo que el dolor es equivalente en ambos, quien está pagando el costo más evidente es Sergio y entonces hay que bajarle a ese costo.

Bajarle a ese costo implica dos cosas. Porque todo esto tiene un costo medible, incluso en términos económicos. Él suyo tiene un valor, ¿$150,000? Es el primer costo que habría que ver en cuánto consiste y empezar a ver cómo disminuirlo. De qué parte se va a hacer cargo él, qué parte lo van a hacer entre los dos, etcétera. Es una parte concreta del costo que se está pagando. Y el segundo, yo diría que es más complicado. El costo emocional de estar siempre en el borde, desde donde es muy difícil tomar una decisión sobre seguir o abandonar una relación.

Entonces yo diría que si ustedes pudieran trabajar sobre eso que es muy concreto primero, para ir disminuyendo los costos... tener una conversación sobre eso, porque al enfrentar mejor Sergio la deuda, le caería mejor que la decepción que le produce con su comportamiento.

Para plantearse, en segundo término, si están en condiciones de separarse. Cuando el costo disminuya, yo creo que en ese momento, ustedes estarían en condiciones de plantearse la separación o la continuación. Pero en este momento él está hipotecado y usted está endeudada. ¿Qué les parece?

ADELA: Sí, sí.

JAVIER: Hacer un ejercicio de reducción de costos primero, para ver si en función de eso, él estará más entero como para hablar en serio sobre lo que implicaría seguir juntos o separarse. Pero me iría por ese camino, reduzcamos los costos de esta relación porque han sido demasiado grandes.

Lo que yo no haría y eso no se lo aconsejo, Sergio, es andar con ella como un corderito con la soga al cuello, y creo que mientras menos la acompañe físicamente, sería mejor.

SERGIO: ¿Y si anoche ya habíamos decidido por la opción de separarnos?

Me parece una respuesta inesperada pero positiva de la sesión.

Javier: Entonces quiere decir que yo me equivoco, y que ustedes están dispuestos a enfrentar también eso. Y entonces tal vez ya hayan hecho un trabajo suficientemente importante con ella, con Maru, y ya están en condiciones de hablar sobre la separación en la próxima sesión.

A manera de un comentario final y resumen de esta consulta, plantearía lo siguiente:

La relación de pareja de Adela y Sergio es totalmente asimétrica hasta el extremo de conducir a la enfermedad en el sentido sintomático: adicciones, depresión y ansiedad del esposo, que fue el primer escollo que tuvo que abordarse en el principio de la sesión para deslizarse lentamente hacia lo relacional. En este nivel, se han mantenido dentro de un relativo equilibrio inestable, aunque con un conflicto crónico que ha sido cada vez más costoso, incluso en términos económicos. Además, en la medida que trabajan en el mismo lugar, en el cual tienen responsabilidades contables, está en juego su reputación que si la pierden, se quedarían desempleados.

El curso de la sesión permite una deconstrucción del costo de esta relación que incluye al conflicto que evitan ambos con verdades a medias, que les ayuda a mantenerse juntos en una historia de dependencia en la que Adela triunfa siempre. Sergio, por su parte, mantiene la creencia en lo inalcanzable que es su "estrella", a la que sigue como se cuenta de los "Reyes Magos", hasta Belén y el milagro del nacimiento de Cristo.

La consulta termina cuando aparecen signos de insatisfacción y de dolor en ambos que se traducen en críticas (Sergio) y decepción (Adela) que, en la medida que sirvan para redireccionar la terapia, los movilizará hacia una crisis eventualmente terapéutica. En efecto, para mi sorpresa, al final de la sesión Sergio se anima a avanzar más rápidamente hacia la separación, y me ayuda para dejar en manos de la terapeuta la continuación de la terapia.

Si bien es cierto que se trata de un conflicto crónico que había conducido al impasse de la terapia, el abordaje es predominantemente estratégico porque no llega más lejos que a postular un nuevo problema para diseñar intervenciones más útiles.

Lo más relevante consiste en la distinta posición del esposo con respecto a la separación, aunque no es tan seguro que la mantenga más adelante.

Con los datos obtenidos, se puede construir el segundo mapa de la terapia que se refiere al guión terapéutico que define el curso posterior de la terapia.

SERGIO	INCIDENTE	ADELA
	Posible separación.	
QUEJA: no puedo vivir sin ella.	CONSULTA	QUEJA: depende totalmente de mí como si fuera un hijo más.
GUIÓN: Víctima de las drogas y de las deudas.	GUIÓN Ayuda para que sigamos juntos.	GUIÓN: pasiva espera de un milagro como solución.
DOLOR: angustia de perderla.	MAPA 1	DOLOR: enojo y decepción por su dependencia.
ESTRATEGIAS DEFENSIVAS: aumentar sus ingresos para drogarse y sentirse menos inferior en relación con ella.	CO-CONSTRUCCIÓN DE PROBLEMA 1. Dirimir los costos y las deudas para liberarlos de una relación de la que están hipotecados. 2. Definir su relación como una historia de adicción que debe relacionarse con sus familias de origen. 3. Desafiar a ambos para salir de esta prisión.	ESTRATEGIAS DEFENSIVAS: Tolerar sus defectos porque no incluyen episodios de violencia.

---

[1] Se trataría del 60% de los problemas de pareja que no requieren de soluciones, según apunta Gottman acertadamente, porque son elementos de los respectivos Mapas del amor de cada uno. Gottman, J.M. (2003), "Interactional Patterns in Marital Success or Failure", en F. Walsh *Normal Family Processes*, 3ª Ed., Nueva York, Guildford.

CAPÍTULO 9

LA TERAPIA EN EL CONFLICTO CRÓNICO

En los capítulos anteriores se ha ido diseñando la ruta propuesta para iniciar una terapia de pareja a partir de un incidente que promueve la consulta para luego conectar estos acontecimientos, a veces intensamente emotivos e incluso críticos, con posibilidades para un cambio que se produce cuando es posible incidir en algunos puntos nodales de la relación que han quedado al descubierto por la indagación sistémica que se enfoca hacia el dolor de ambos en lugar de escuchar las quejas mutuas.

Sin embargo, no es extraño que algunos de estos incidentes se repitan indefinidamente e incluso se olviden por su insignificancia pero que aparezcan de nueva cuenta, cuando se pregunta por la queja principal que se tiene sobre el otro y viceversa, y se les pide que describan los escenarios en los cuales se reproducen las discusiones que las quejas originan. Es frecuente que los episodios difíciles se repitan tanto que lleguen a constituir un conflicto crónico que, al mismo tiempo que les perturba más de la cuenta hasta hacerlo insoportable, les resulta conocido e irresoluble. Por el contrario, les conduce a menudo a que ambos adopten posiciones específicas de ataque y retraimiento, desprecio, distanciamiento... es decir, los cuatro jinetes del Apocalipsis de Gottman, los patrones interaccionales que amenazan a la pareja con la ruptura.

En estos casos, la terapia es más difícil porque se requiere profundizar en las historias del pasado de la pareja y de la familia de origen para explicar la aparición de algunos temas más significativos, que se relacionan con este conflicto, en particular.

En realidad, es necesario avanzar desde un nivel descriptivo que da cuenta de la configuración de la relación, desde lo fenomenológico, hacia la comprensión de una estructura de sentido emocional y cognitiva que sirva de explicación hipotética. Para su elaboración se cuenta con la aparición de aquellos elementos de sus respectivas historias de la pareja y de las familias de origen evocadas por medio de preguntas circulares reflexivas.

De nueva cuenta, el dolor que la relación les produce y que ha servido, en primera instancia, para poner en primer plano la configuración de la pareja, nos sirve ahora para ahondar en esta nueva fase. Con el método dialógico reflexivo, las preguntas y respuestas nos guían hacia terrenos más íntimos, hacia las historias dolorosas que han servido de base para la construcción de mapas mentales en los que se grafican las vulnerabilidades individuales. Éstas se conectan con las historias de vida que, como pareja o individuos han experimentado previamente y que se unen, igual que si se tratara de redes invisibles, a sus dificultades actuales.

Por ejemplo:

Gilda es una educadora que ha trabajado en diferentes escuelas ocupando lugares jerárquicos cada vez más altos por su eficiencia como directora. Aunque su profesión inicial era la medicina general, su ejercicio laboral le ha ido conduciendo a la educación, en parte porque Juan, su esposo, es maestro. Tienen dos hijos que han terminado la escuela y estudian en la universidad en diversas licenciaturas. Como pareja, ella y Juan llevan 25 años juntos y alcanzan los cincuenta años de edad, sin demasiados tropiezos, hasta que tres años atrás Gilda empieza a ir cuesta abajo.

En primer lugar, la despiden del trabajo de directora, por razones que no quedan muy claras. Un año más tarde, le practican una histerectomía luego de haber tenido una anemia crónica por hemorragias menstruales prolongadas. La operación fue muy traumática porque los médicos comentaban, durante la cirugía, que no estaban tan seguros que podría resistirla debido a sus malas condiciones generales, lo cual, a su vez impidió que utilizaran anestesia general. Por lo tanto Gilda estuvo despierta y siempre al tanto del inminente peligro.

Además de síntomas evidentes del síndrome de estrés postraumático que se manifestaron como ataques de pánico, luego de la operación se instalaría una depresión con agitación psicomotora que la hacía deambular por el hospital y dentro de su casa, sin rumbo alguno. Consultaron con varios psiquiatras y terapeutas de diferentes orientaciones pero sus problemas aumentaron, en parte porque se le agregaron movimientos automáticos involuntarios característicos de la disquinesia tardía, debido al uso de antipsicóticos en dosis altas como tratamiento de lo que le diagnosticaron como una "depresión psicótica".

La historia esbozada hasta ese momento es evidentemente psiquiátrica e individual pero adquiere otros matices, más complejos, cuando me consultan como pareja, aún cuando el problema central consistía en la severa depresión de Gilda.

El primer capítulo de la terapia se relacionó con un secreto que Gilda había mantenido por algunos años: su hija mayor había iniciado su vida sexual en la adolescencia y no quiso que el padre se enterara, por temor a que la castigara expulsándola de la casa. Como consecuencia de la depresión de su esposa, el padre tuvo que enfrentar la emergencia derivada de la situación amorosa de su hija por su cuenta, con bastante éxito por cierto: a los 22 años, pudo formalizar su relación de noviazgo y decide intentar vivir en forma independiente de su familia, con el novio.

Luego de dos sesiones, este tema queda resuelto, una vez que la ansiedad del padre disminuye, sin medicamentos, porque solamente se debía a la existencia de problemas normales del ciclo vital familiar, que desconocía como manejar correctamente sin contar con la opinión más "autorizada" de su esposa. Sin embargo, la depresión de Gilda no mejoraba sino que la invalidaba cada vez más.

En la medida que Juan reaccionaba con bastante más mesura de lo que Gilda temía y, además, mantenía una posición de acompañante paciente, que no era muy coherente con el temor que Gilda le demostraba, me pregunté si su angustia y el secreto de su hija, que había mantenido por años, no estarían más relacionados con algún guión de su pasado.

En efecto, Gilda es la hija mayor de tres hermanas, de un padre médico extremadamente autoritario que las aterrorizaba en la infancia. La reacción pasiva y sumisa de la madre no le atrajo en lo absoluto y prefirió, igual que sus hermanas, desarrollar un guión "correctivo", es decir enteramente opuesto al de su madre, algo obsesivo pero más compatible con la posición del padre, a quien quiso y admiró intensamente.

Pronto adquirió habilidades directivas y un alto sentido de responsabilidad y autoridad que el esposo describe como las de su "gendarme", que incluso extraña, ahora que ha cambiado tanto y se comporta como si fuera su hija menor.

Este guión de vida personal, laboral y de pareja se vino abajo con la muerte de su padre, como resultado de un error médico en una operación de columna que se complicó, porque le perforaron la pleura. Como consecuencia, Gilda se sumió en el duelo, a partir del coraje por semejante injusticia, que no fue ni siquiera penalizada por la Comisión de Etica Médica.

No es tan extraño entonces, que sus temores a las supuestas reacciones de su marido por la conducta sexual de su hija, que aparecieron al mismo tiempo que su depresión y duelo, estén conectadas con el autoritarismo de su padre, de quien se hubiera esperado un cataclismo emocional, además de la evidente censura y castigo.

Con la trama de esta historia, es posible comprender el impacto emocional que le puede haber causado la posibilidad de fallecer, como su padre, en una operación en la cual los médicos, quizá no cometieron un error quirúrgico, pero sí una imprudencia de profundas consecuencias traumáticas para alguien sumido en un duelo enquistado y no elaborado.

Por último, como pareja, el duelo es compartido porque su padre les brindaba una fuente de apoyo emocional y económico que, en este momento de emergencia, les habría ayudado para enfrentar las consecuencias económicas del desempleo y de las enfermedades sucesivas.

Como resultado de estos nuevos elementos, que me ayudan para construir un panorama más complejo de las dificultades de Gilda y Juan como pareja, porque incluyen al duelo, el trauma, el guión correctivo de sobrevivencia de ella vis a vis, su padre y la expectativa de que Juan ocupe ese lugar vacío y temido, les propongo un ritual de despedida. A manera de una intervención tentativa, en la medida que están de acuerdo con la hipótesis que les comparto y que se traduce además, en lo emocional, porque es la primera vez que ambos lloran en la sesión, les propongo lo siguiente:

Como las cenizas de su padre fueron llevadas al mar, les pido que visiten el lugar donde las abandonaron, escriban un mensaje de saludo y despedida en el que aparezcan los obstáculos con los que han tenido que luchar y vencer en su ausencia y lo introduzcan en una botella, como se ilustra en los cuentos infantiles, para que se vaya a su encuentro, con el ritmo de las olas.

Este ritual puede resultar "naive" pero lo importante es que los moviliza a una acción que tiene una importante carga simbólica porque concentra la información obtenida hasta el momento. Permite comprender cómo la depresión de Gilda, que se inició hace tres años, se relaciona con este primer suceso traumático, la inesperada muerte de su padre, que dio origen probablemente a un escaso rendimiento laboral que la dejó desempleada. Además, quedó desprovista de un rol ya conocido en su guión de vida, de directora de escuela, en el cual se desempeñaba con eficiencia y autoridad y que desencadenaría posteriormente una cascada de incidentes que le han hundido cada vez más.

Ahora es cuando es útil reflexionar sobre las pistas que fueron apareciendo como "aperturas" para ir construyendo una hipótesis sistémica de significados que, al mismo tiempo, proporciona una estructura de sentido, que es coherente como explicación y útil para disolver el problema, una depresión muy severa, a partir de un conflicto individual y de pareja que no había sido abordado anteriormente por quienes la trataron infructuosamente.

Si empezamos por el dolor, a Gilda le duele la ausencia virtual del marido a lo largo de la relación que, sin embargo, no había sido tan manifiesta hasta ahora porque contaba con su padre, como apoyo emocional e incluso económico, cuando atravesaban por momentos difíciles.

Juan proviene de una familia más humilde y refiere que Gilda prácticamente lo impulsó para que se desarrollara profesionalmente, en parte para que su suegro lo aceptara.

Esta ausencia de su parte se hizo más patente cuando su padre falleció y su estabilidad de pareja y laboral se estremeció hasta los cimientos. La ausencia ambigua del marido y la amenaza económica que la pérdida del empleo les originara, ahora que no contaban con un apoyo suplementario, se hizo insoportable: el dolor fue más profundo y se le incrustó en el cuerpo, facilitando que síntomas comunes, como son las hemorragias menstruales prolongadas, no tan infrecuentes a los 45 años, le ocasionaran un desbalance mayor que le amenazara la vida.

La coincidencia de su operación con la que ocurriera anteriormente, que causara la imprevista muerte de su padre con el agregado de la alarma desencadenada por las condiciones en las que su intervención quirúrgica tuvo lugar, más los comentarios que le hicieron recordar vívidamente la tragedia anterior no fue de lo más afortunada. Lo más grave consistió, sin duda en que era ella ahora la que podía ser la víctima de un error fatal. En el contexto de una depresión sintomática ya establecida, aunque no diagnosticada ni tratada, no es tan rara la presencia de un Síndrome de Estrés Postraumático de tal gravedad, que prácticamente la invalidó en su casa.

En estas condiciones, se invirtieron los términos de su relación de pareja porque, a la ausencia de Juan se le agregaba ahora el temor de imaginar la agresión a la que su hija mayor estaba expuesta, por la iniciación sexual que había mantenido en secreto. La solución inicial adoptada por Gilda consistió en desarrollar un comportamiento infantil y regresivo, en el que se anuló como persona, evitando entonces su responsabilidad en el ocultamiento.

Sin embargo, como este comportamiento se mantuvo, el temor se acrecentó y reapareció el fantasma del padre, como en Hamlet, con la diferencia que su mensaje no la consuela sino que la atemoriza porque le revive su conducta autoritaria, que estima como posible reacción de Jorge, aunque en relación con la hija de ambos.

La posibilidad de despedirse del padre en este ritual ceremonial, les abre la puerta para caminar de nuevo a la resolución de un conflicto crónico que se había estabilizado parcialmente mientras el padre de Gilda estaba incluido en la historia. Con su muerte, se crea un desbalance que estaba oculto parcialmente, porque Juan trabajaba intensamente para ganarse a su suegro, mientras ella cumplía con sus actividades con una dedicación a veces obsesiva, que se convertiría más tarde en un severo trastorno depresivo.

No está por demás añadir que en este caso fue necesario prescribir medicamentos más eficaces, para que la terapia fuera posible, ya que en un comienzo, Gilda sólo preguntaba si se iba a mejorar o si ya no tenía más remedio: el fantasma de la locura y del manicomio, característico de los cuadros de pánico.

El acercamiento a estos guiones, que se ligan con historias del pasado familiar, activados en el presente, deriva de las narrativas del "apego temprano" estudiadas en extenso por Bowlby (1969) en la Tavistock Clinic y actualizado más tarde por Byng Hall (2008) para la terapia familiar. El interés por sus trabajos ha sido retomado recientemente por diversos autores, pero en la terapia de pareja especialmente por S. Johnson en Ottawa (2004) y por R. Dallos y A. Vetere (2009) en Inglaterra.

Una de las razones de este interés resurge, a mi juicio, por la importancia adquirida por la inclusión más abierta de lo emocional en la terapia sistémica, que se había quedado un tanto relegada explícitamente. En efecto, la indagación enfatizaba temas que ayudaran a la comprensión cognitiva de los problemas familiares y de pareja, por lo menos en las transcripciones de sesiones (en textos escritos) en los que no es muy fácil acceder a las demostraciones de empatía emocional, tal cual como se perciben en las consultas en la vida real.

El relato de Gilda y Juan es tan intensamente emocional que no han podido con ella psiquiatras ni medicamentos, porque no han captado la fuerza de los sentimientos implicados en sus historias y guiones del pasado.

Gilda, que proviene de una familia en la que su madre estuvo ocupada en dar a luz a tres hijas con escasos intervalos, a quienes no pudo brindarles suficiente cuidado; que se sintió amenazada por el autoritarismo de su esposo y que no estuvo en las mejores condiciones para proporcionarles una base segura en lo emocional. Es muy posible el surgimiento de un tipo de apego inseguro y evitativo, del cual derivan estrategias de tipo rígido, desprovistas de emociones como respuestas para evitar la exposición repetida al dolor temprano.

No es difícil imaginar la aparición posterior de un guión "correctivo" por medio del cual, Gilda no repitiera el papel de su madre. Por el contrario, es muy probable que prefiriera tomar una posición más activa, igual que sus hermanas, quizá dominante y emocionalmente lejana pero efectiva en su relación con su propio esposo e hijos. No llamaría demasiado la atención que este guión le permitiera acercarse a su padre, sin tanto temor como el que seguramente experimentara en la infancia. Es interesante que Juan corroborara, en la entrevista individual, que la adopción de este guión por parte de Gilda le ayudó inicialmente, no solamente para apoyarse en ella sino que también para sentirse más seguro con su suegro.

El guión le ha sido muy determinante para su profesión, ya que ha reemplazado la medicina que estudiara para complacer al padre, por tareas directivas en instituciones educativas: su perfil se adapta y corresponde bastante bien con el de "Directora de Escuela" o de "gendarme" como la describe su esposo.

Sin embargo, este guión sufre una "herida de muerte" con el fallecimiento del padre en circunstancias tan traumáticas y Gilda no encuentra en quien apoyarse: su esposo es muy frágil pero además, no puede confiarle todo en la medida que conserva el secreto de la hija como un compromiso de honor y de lealtad absoluta.

Más adelante, se enfrenta a una operación en la que experimenta una repetición de la misma herida, aunque ahora en carne propia porque es ella misma la que puede sucumbir, dejando a sus hijos desprotegidos.

No es extraño, desde esta perspectiva basada en las profundas heridas emocionales presentes desde su infancia, que se reactiven los guiones conocidos, que en el caso de Gilda consisten en la puesta en marcha de una estrategia de sobrevivencia que incluye un desempeño laboral eficiente, que no puede ejercer ahora que ha quedado fuera de sus funciones en la escuela que dirigía.

Su caída en la depresión se explica mejor por la imposibilidad de hacer uso de este guión, con el agravante del duelo que la debilita hasta un punto que antes no conocía.

La recuperación se inicia luego que en la terapia se exploran estos acontecimientos con toda su carga emocional, a diferencia del abordaje anterior, con una perspectiva exclusivamente psiquiátrica, muy reducida y posiblemente dañina.

El ritual construido en conjunto abre la posibilidad de un nuevo guión de pareja que sirva de eje para que Gilda deje atrás lo que le sirvió tanto en el pasado. No se trata ahora que ella tenga que satisfacer al padre con su dedicación tan estricta al trabajo sino de vencer juntos los obstáculos, desde una posición más colaborativa e independiente, lo que viene más adelante.

Generalmente no basta con un diálogo reflexivo sobre los guiones del pasado para que se produzca una recuperación del estado emocional tan gravemente afectado, cuando la herida emocional es tan profunda como sucede en este caso. Se requiere de una experiencia emocional correctiva seguida de la implementación de un ritual terapéutico que conduzca a caminar por una nueva senda. De esta forma, es más probable que se logre "perturbar" las premisas que han servido de filtro para la participación en determinadas historias amorosas.

Luego de la implementación del ritual, ambos se propusieron trabajar juntos, con Gilda ayudando a Juan como auxiliar en las clases para niños que venían a trabajar horas extras para pasar los exámenes.

Más adelante, sus ocupaciones divergen porque Gilda inicia un negocio en casa que consiste en la fabricación de pasteles que reparte entre sus conocidos. Como es muy disciplinada, las ventas aumentan rápidamente pero también su vida íntima, porque se atreve a tomar iniciativas sexuales como nunca lo hiciera antes. Coincidencia inesperada de la terapia que seguramente acompaña a nuevas premisas y comportamientos más liberales que están más de acuerdo con las experiencias de su hija, aceptadas por el marido, sin inconvenientes.

Mapas del modelo de terapia

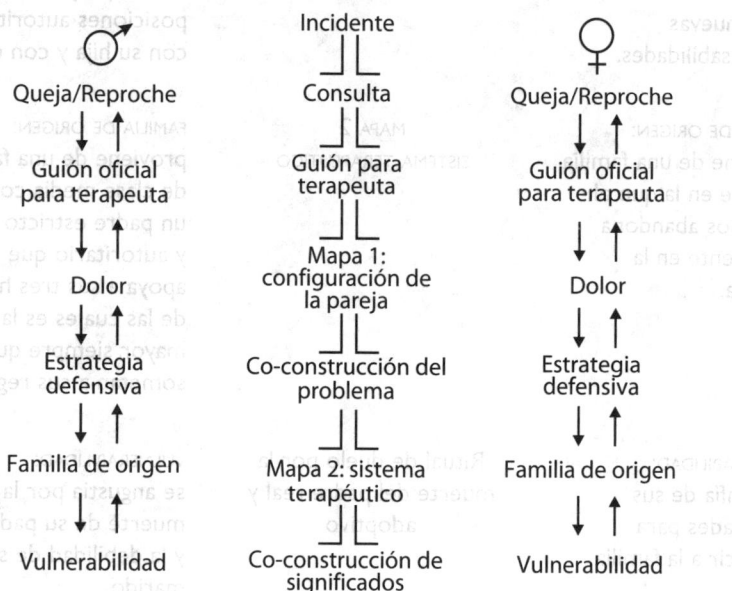

JUAN	INCIDENTE	GILDA
	Hospitalización de Gilda por depresión ¿psicótica?	
QUEJA: me abruma su enfermedad sin mejoría.	CONSULTA	QUEJA: me angustia morirme de depresión.
GUIÓN: necesito de su apoyo para vivir.	GUIÓN	GUIÓN: renuncio a todas mis responsabilidades.
DOLOR: angustia y enojo por su invalidez.	MAPA 1	DOLOR: angustia traumática luego de operación quirúrgica.

ESTRATEGIAS DEFENSIVAS: tomar a su cargo nuevas responsabilidades.	CO-CONSTRUCCIÓN DE PROBLEMA	ESTRATEGIAS DEFENSIVAS: evitar que Juan adopte posiciones autoritarias con su hija y con ella.
FAMILIA DE ORIGEN: proviene de una familia humilde en la que el padre los abandona totalmente en la infancia.	MAPA 2 SISTEMA TERAPÉUTICO	FAMILIA DE ORIGEN: proviene de una familia de clase media con un padre estricto y autoritario que apoya a sus tres hijas, de las cuales es la mayor, siempre que se sometan a sus reglas.
VULNERABILIDAD: desconfía de sus habilidades para conducir a la familia.	Ritual de duelo por la muerte del padre real y adoptivo	VULNERABILIDAD: se angustia por la muerte de su padre y la debilidad de su marido.

J. Bowlby señalaba con cierta insistencia que, de acuerdo con el tipo de apego temprano, se origina el primer "mapa del mundo" (*internal working model*) que da inicio a la estructuración del sujeto. Éste se refleja y opera en su constitución emocional y afectiva, que es la que adquiere mayor importancia en las relaciones amorosas.

Esta aseveración es muy evidente en la consulta con *María*, una brillante ejecutiva de 35 años que ha terminado recientemente con su pareja, un gerente de banco que además es casado y padre de tres hijos. María, a su vez, tiene una hija de 10 años que vive con ella en la semana y con su ex pareja en los fines de semana.

Resulta contradictorio que se defina en la primera consulta como una madre soltera ya que cuenta con la activa cooperación del padre de su hija, aunque parece que lo menciona por el hecho de no haber consolidado ninguna relación de pareja a lo largo de su vida. Sus elecciones amorosas han sido fallidas por definición porque se trata de hombres casados, sin la menor intención de divorciarse o de solteros adictos, que han preferido las drogas o el alcohol.

Proviene de un familia de clase media que ha tenido serios problemas de pareja derivados de las múltiples infidelidades del padre que le ha producido una relativa ausencia de la madre, que ha estado deprimida a lo largo de la vida, incluso después de haberse divorciado. María es la mayor de tres hijos y mantiene una relación muy conflictiva con ambos padres, aunque especialmente con su madre, con la que discute a menudo por insignificancias que se transforman fácilmente en intensos dramas. A pesar de sus desavenencias, les mantiene económicamente, proporcionándoles empleos auxiliares dentro de su empresa.

Aunque ha estado en terapia con diferentes terapeutas desde los 25 años, no ha conseguido la estabilidad emocional que ansía, no sólo para ella sino que también para su hija, quien ha presentado diversos trastornos psicosomáticos y emocionales detectados en la escuela.

Relata que la experiencia actual de separación, igual o más dolorosa que las anteriores ha sido provocada por celos, que no se han dirigidos a la esposa de su amante sino hacia su hija menor, de quince años, que se ha enterado de la existencia de este "segundo frente" de su padre y que ha reaccionado con furia.

Lo que se repite como un guión muy conocido en su familia de origen, es el abandono como consecuencia de relaciones conflictivas y extremadamente ambivalentes que, además son breves e imposibles, de acuerdo con su propia definición. Le parece que es preferible establecer este tipo de relaciones, sin llegar a establecer un compromiso, para evitar repetir el sufrimiento que conociera antes, en la pareja de sus padres.

A medida que relata la historia de su situación actual, en la que menciona que no puede evitar la intensa persecución telefónica que le hace a su amante, vía emails y encuentros públicos que ha provocado a propósito, es posible distinguir un esbozo del tipo de apego temprano de María. La imagino aferrada a las faldas de su madre cuando debía separarse de ella para ir a la escuela: es el tipo de apego ansioso y ambivalente que la inunda de angustia en la separación.

No es frecuente, sin embargo, que la relación con la madre se mantenga casi intacta en su misma configuración del pasado, contradictoria y ambivalente, complicada por los intentos de María de proporcionarle un trabajo para tenerla cerca, aunque a su cargo y jerarquía.

Esta relación ha terminado judicialmente hace dos meses porque su madre, que tenía acceso a sus cuentas bancarias, le ha "robado" casi todo.

Por el momento, trato de ayudarla a terminar con esta persecución del amante antes de que se exponga a mayores peligros de los que no ha estado exenta en el pasado: alcohol y anorexia con un par de internamientos.

Es posible establecer las conexiones existentes entre sus dificultades emocionales, que surgen cada vez que se separa de sus amantes, con el tipo de apego que ha predominado en su infancia. Es evidente, especialmente en relación con su madre, con la cual permanece muy unida aunque habiten en ciudades diferentes porque a pesar de las dificultades judiciales, se siguen visitando cada fin de semana. Lo que predomina es el reclamo y las recriminaciones por su ausencia, cuando más la necesita, aunque se contradice con el mutuo conflicto crónico que se repite incesantemente y que termina a menudo con discusiones interminables que las distancian.

A continuación, se instala en la persecución telefónica, emails y amenazas de suspenderles el empleo a ambos padres, que dependen en parte de su apoyo económico.

Sus relaciones amorosas parecen seguir las mismas pautas: elige a personas que seduce con ofertas de posibles negocios conjuntos de los cuales se beneficiarían ampliamente. En otros casos, se acerca a quienes, a la inversa, podrían ocupar un rol paternal aunque sean casados y no se comprometan mayormente con la relación.

No es casual entonces que estas relaciones sean tan breves aunque intensas y pasionales. Lo tremendo es el final, obviamente anunciado pero que le produce una angustia enorme y que describe como "locura temporal y recurrente".

Cuando el desenlace se produce, no puede tolerar la ausencia del otro y lo persigue inútilmente, consiguiendo una ruptura tan irremediable como inevitable.

Y el ciclo se repite... aunque en este caso se interrumpe con la escritura de una carta "a dos manos" en la que le relata a su amante su dolor por el abandono, similar al que supone que su hija padece cuando el padre (su amante) le es "infiel" con ella y que compara con el abandono propio, de su infancia. Esta carta no sólo fue útil para terminar con el amante sino que para redirigir la terapia, ahora encaminada a "reescribir" un guión diferente con su propia hija, que ha traído a consulta en forma intermitente.

El patrón de apego inseguro ambivalente impide a menudo el desarrollo de una estrategia de sobrevivencia emocional frente a la separación que se experimenta como una catástrofe. Se requiere de la presencia de figuras de apego significativas, a las cuales se intenta retener por cualquier medio, desde el comienzo o hasta el final, como en este caso le sucede con sus padres.

María continúa unida a su madre de quien no se desprende, a pesar del evidente maltrato. Se relaciona con quienes la protegen como ha esperado a lo largo de su vida o con parejas fortuitas que le "compren" su oferta de éxito económico asegurado.

Establece relaciones de extrema cercanía física aunque no necesariamente íntimas en cuanto al tipo de vínculo, porque predomina lo sexual y pasional por encima del compromiso y del intercambio afectivo. En este terreno, de lo sexual, su comportamiento es parecido, es decir predomina la seducción activa que la lleva incluso a una cierta dosis de promiscuidad o, por lo menos, a exponerse fácilmente con relaciones peligrosas y sin futuro, como si su cuerpo fuera parte de lo que ofrece.

Los ejemplos clínicos de Gilda y María ilustran dos polos del apego que se oponen totalmente.

Gilda elige un guión de vida en el que predomina la eficiencia y la autoridad como se manifiesta en su relación de pareja con su posición de gendarme, según su esposo, quien es frágil y dependiente. De esta forma, se facilita el establecimiento de una interacción de tipo complementaria en la que el tema central es el control y la dependencia que, cuando se agota, desemboca en una depresión.

María, por el contrario, se desliza rápidamente hacia la cercanía que requiere de la presencia constante y apresurada de una pareja que, en la medida que no es segura, la hunde en la desesperación cuando le abandona. Son episodios que se escalan al infinito y que son tan frecuentes en las relaciones de tipo simétrico, en las que el tema central es la persecución y la huída.

Ambos ejemplos muestran la relación que existe entre estos ciclos de interacción descritos inicialmente por Bateson y los guiones que están detrás del tipo de patrones de apego temprano pero que siguen vigentes hasta ahora. Se quedan grabados en la memoria y se repiten en la cotidianeidad de la vida familiar, especialmente cuando las figuras de apego continúan vigentes y mantienen patrones de relación ya establecidos desde entonces hasta la fecha.[1]

Este mapa del mundo inicial (*internal working model*) está compuesto de dos dimensiones: la primera es emocional, porque el drama se repite en el escenario del conflicto crónico y origina expectativas de cuidado y afecto que no se han cumplido en la primera infancia. La segunda es corporal o caracterológica, es decir, se "encarna" en el self mas arcaico y alimenta el modo particular de comportamiento sexual e íntimo.

En lo que se refiere a lo emocional, para la terapia es útil identificar estos guiones tempranos y relacionarlos con las dificultades actuales, lo cual permite la elaboración de un mapa inicial mínimo, una pista desde donde iniciar un recorrido que ayude a comprender un poco mejor lo que les está sucediendo a un nivel emocional e interaccional.

Los mapas se externalizan, de acuerdo con las prácticas derivadas de la terapia narrativa de White, de tal forma que representan, para la pareja y el sistema terapéutico un gráfico explícito a vencer en lugar de estar presos del mismo.

Estos esquemas resultan bastante simples pero son el resultado de una indagación emocional muy intensa, que implica reproducir situaciones muy dolorosas que han dejado una vulnerabilidad muy específica que se repite cuando una relación amorosa la reactiva. Se corresponde con el concepto de "herida de apego" de S. Johnson (2002), es decir que ocurre en algún momento del conflicto, cuando uno necesita de una conexión íntima y el otro no responde de la forma esperada. Por lo tanto, se vuelve a escenificar lo que la memoria no ha olvidado, el tipo de cuidado inseguro recibido y que ha dejado una huella de vulnerabilidad especial.

La inclusión de las emociones y sentimientos no era tan importante o, por lo menos tan explícita, hasta que se transformara en el centro de la terapia "focalizada en las emociones" de S. Johnson y Cols (2004), actualmente clasificada como una de las más eficaces por investigaciones basadas en la evidencia. No resulta tan extraño que así sea, especialmente en la terapia de pareja, donde las emociones juegan un papel tan fundamental.

Sin embargo, la terapia que planteamos estaría más inclinada hacia la combinación de lo sistémico y las narrativas de apego, como ha sido descrito recientemente por R. Dallos y A Vetere (2009) en Inglaterra.

En efecto, los autores enfatizan la necesidad de crear una base segura como sistema terapéutico para la exploración de estas narrativas, que sirva a su vez de contención, dada la intensidad emocional que produce considerar alternativas para el futuro y planear actividades que permitan alejarse de guiones tan dolorosos como los mencionados en ambos ejemplos, que requirieron de rituales o de cartas para interrumpirlos.

En lo que se refiere a la dimensión corporal y caracterológica del apego temprano, ésta se manifiesta en la forma de acercarse a la intimidad y por ende, a la sexualidad.

Es muy obvio en la historia de María, quien se acerca con el cuerpo desde una necesidad imperiosa de ser querida y deseada, que es exactamente lo contrario de lo que ha experimentado en su infancia. A pesar de su atractivo físico, no confía que será suficiente sino que además promueve conversaciones en las que ofrece posibilidades de beneficios económicos, como forma de asegurar la permanencia de la relación desde el comienzo.

Para Gilda y Juan, en cambio, la sexualidad ha sido bastante convencional y estereotipada. De esta forma, se explica su temor a compartir la iniciación sexual de su hija y mantenerla como un secreto, por el temor de que fuera expulsada violentamente de la casa. Como no fuera exactamente lo que sucedió y en la medida que Juan se hiciera cargo de la situación, luego de su recuperación, han hecho grandes progresos en su vida sexual, que se ha vuelto más activa y creativa en el curso de la terapia.

La exploración de la intimidad y la sexualidad también ha sido descuidada por la terapia sistémica y, en general, es abordada por terapeutas sexuales que han aprendido técnicas para enfrentar los problemas más frecuentes pero que no son necesariamente útiles para acercarse sutilmente a las conexiones que existen entre el vínculo de cada pareja y las repercusiones emocionales y corporales implícitas.

El terapeuta sistémico está más preparado para acercarse a los temas del amor y de la sexualidad aplicados a la terapia de pareja, especialmente los que se engloban bajo el título de "inhibición del deseo", que son los más frecuentes.

En este sentido, y sin desconocer que un porcentaje no tan insignificante de los problemas sexuales derivan de la existencia de enfermedades físicas que producen impotencia o retardos en la obtención de placer sexual, la mayoría de éstos están relacionados con otros factores, dentro de los cuales, el tipo de vínculo determina también las características de la sexualidad.

Sin embargo, no siempre el tipo de vínculo depende de las narrativas de apego sino que también están profundamente influenciadas por los discursos de género de la cultura dominante. Por ejemplo, en las culturas rurales con influencias católicas muy arraigadas, la sexualidad es considerada como un mal necesario para la reproducción y no incluye necesariamente el placer ni el goce. En efecto, una mujer que lo manifieste puede ser repudiada por el esposo porque su comportamiento le resulta escandaloso e impropio.

La importancia adquirida por los discursos de género en la terapia sistémica en las últimas décadas ha tenido también un impacto directo en la construcción social de la sexualidad en sus diversas variantes. Los ejemplos más significativos son, a mi juicio, las investigaciones realizadas tempranamente por G. Brown (1982) en los setenta, que demuestran la protección que brinda la existencia de relaciones íntimas para que las mujeres estudiadas no presentaran cuadros depresivos severos, o las más recientes de S. Dallos (2009) que destacan que la anorgasmia femenina está correlacionada con la dependencia económica más que con ningún otro factor de origen biológico o psicosocial.

La aproximación a la sexualidad es un imperativo que la terapia de pareja no ha resuelto todavía, así como la inclusión de las emociones dolorosas que los conflictos crónicos sacan a la superficie. La incorporación de las narrativas de apego temprano a la terapia sistémica fue insinuada tempranamente por Bying Hall en los ochenta y ha sido utilizada en diferentes contextos, pero en la pareja facilita la indagación hacia el pasado para identificar las "heridas del apego" y rescatar a quienes se sumergen en un conflicto crónico para que, desde una base segura se arriesguen a buscar nuevas salidas o, por lo menos, un punto de partida para una nueva historia.

---

[1] El apego temprano da origen a los primeros mapas del mundo, de la realidad mental (*internal working models*), especialmente en lo que se refiere al dominio de lo afectivo que es, a su vez, lo que está en juego en primer lugar en las relaciones amorosas. Derivado de este planteamiento, de la importancia del apego temprano para el desarrollo emocional de Bolwby, ha resurgido el interés por ensamblar a la terapia sistémica con las narrativas de apego para su aplicación a una serie de problemas clínicos. Dallos, R. y Vetere A. (2009), *Systemic Therapy and Attachment Narratives,* Londres, Routledge.

CAPÍTULO 10

EL SISTEMA DE CREENCIAS DE LA PAREJA Y LA TERAPIA

La importancia del sistema de creencias en la terapia de pareja fue abordada por P. Papp en el "Proceso del cambio", pero ya había sido insinuado antes, en artículos previos publicados en la revista *Family Process* (1983) en los que reportaba sobre las ventajas del uso de la coreografía como técnica para trabajar con parejas en grupo en un formato de diez sesiones. Desde entonces, la utilización de esculturas simbólicas, en las que se le solicita a cada uno de los miembros que ejecute la representación escénica de la danza que se pondría en marcha entre los elementos que habían elegido por medio de un ejercicio de fantasía dirigida, es una de sus marcas de fábrica para el diagnóstico y el tratamiento. Su uso ha ido cambiando a lo largo del tiempo, en la medida que su modalidad de trabajo se ha ido adaptando a las influencias más recientes, derivadas del constructivismo y del construccionismo social. Por consiguiente, ha abandonado las intervenciones paradójicas y dilemáticas del inicio para adoptar una postura más colaborativa y centrada en los recursos y las posibilidades que se abren hacia el futuro para la pareja que consulta.

En la medida que cada uno de los integrantes de la pareja elige objetos, animales, figuras abstractas o vegetales para representarse mutuamente y luego, cuando las imágenes se desplazan al escenario terapéutico como una coreografía que da cuenta del movimiento, se está recurriendo a un ejercicio simple. Sin embargo, está ligado a las creencias o premisas que están en juego a niveles simbólicos porque provienen de sus respectivos marcos de referencia mentales.

Identificar las creencias centrales de cada uno requiere de una dosis de intuición y de una indagación cuidadosa de aquellos acontecimientos e historias del pasado, de la pareja o de sus respectivas familias de origen, que se han unido, a la manera de "patrones que se conectan".

No se trata de descubrir las causas de sus conflictos en el pasado, que no es posible cambiar ni tampoco revivir, como se acostumbra hacer con la compulsión a la repetición en el presente de la relación transferencial con el psicoanalista. Por el contrario, se busca seguir el hilo de las conexiones de estas historias y sus repercusiones actuales para establecer un diálogo reflexivo entre el terapeuta y la pareja para que les sirva de explicación o de "doble descripción" de su problemática.

De esta manera, se evita la posibilidad de recurrir a otro marco de referencia, el psicoanálisis más clásico, que acentúa los defectos adquiridos en las historias de carencias afectivas de la infancia para el análisis consecuente.

La referencia conceptual a la "ecología de las ideas" que planteaba Bateson en sus escritos epistemológicos en "Espíritu y naturaleza" (*Mind and Nature*)[1] ha sido uno de los cimientos más sólidos del Equipo de Milán para el desarrollo de su metodología de conducción de la sesión, con el consiguiente abandono de su orientación psicoanalítica previa.

No es ningún misterio, ahora que conocemos más de cerca su historia como grupo y de la definitiva influencia que ejercieron en el equipo de terapia breve de la Clínica Ackerman de los ochenta (formado por P. Papp, O. Silverstein, L. Hoffman y otros), que la epistemología cibernética de Bateson les aportaría los elementos necesarios para sumergirse en el mundo de las creencias, premisas y mitos, tal como reaparecían en el presente, con el cuestionamiento circular reflexivo como instrumento para el cambio.

De esta forma se explica, a grandes rasgos, la profunda transformación epigenética sufrida por la terapia sistémica de esa época, descrita por diversos autores bajo distintas denominaciones: "de la pragmática a la estética" (B. Keeney), de la cibernética a la cibernética de la cibernética (Von Foesster), de la primera a la cibernética de segundo orden y la autopoiesis (Maturana y Varela).

En el campo de la práctica clínica, significó el abandono parcial de los enfoques estructural y estratégico, centrados en la descripción y cambio de conductas sintomáticas, para derivar a la conversación que lograra "perturbar" el sistema de creencias y premisas de la familia. El método de cuestionamiento adoptaba una forma semejante a la de un tejido, lleno de informaciones y diferencias que se hilaba finamente de tal manera que servía de piso y de explicación de las conductas manifestadas en el seno del sistema terapéutico.

Esta revolución epistemológica, esbozada previamente por Bateson con el nombre de "epistemología cibernética", serviría de fundamento para explorar el mapa del mundo de las creencias o de las premisas cognitivas que resultaban de las experiencias e historias más significativas de los sujetos que se enamoraban y que seguían juntos, a pesar de los dolores que les ocasionaban sus conflictos crónicos en repetición constante.

Además de la influencia que el equipo de Milán y de Roma (Andolfi, *Tiempo y mito*, 1989) ejercieron para incluir las historias de las familias de origen y sus significados en la terapia sistémica, es posible identificar a otros autores, verdaderos pioneros y fundadores de lo que se ha denominado terapia de pareja transgeneracional: Bowen, Whitaker, Boszormenyi-Nagy y Stierlin.

El uso del genograma trigeneracional (Mc Goldrick, 1998) como instrumento de evaluación es una de las características de este enfoque, que considera como indispensable reconocer, desde el comienzo, los episodios más significativos que influyen en la constitución de la pareja y en el tipo de conflictos. Habitualmente provienen de asuntos no resueltos en las respectivas familias de origen y que reaparecen casi intactos, aún cuando el tiempo haya transcurrido a lo largo de varias generaciones.

A pesar de estar de acuerdo con la importancia que se le concede a las historias de cada uno con su respectiva familia de origen en la configuración "fenomenológica" de la pareja que consulta, considero que es más útil elaborar genogramas bi y trigeneracionales en las fases intermedias de la terapia para evitar que el foco de la misma se incline hacia la búsqueda de repeticiones de patrones en el pasado. Representa una tentación enorme, tanto para terapeutas en formación como para los "clientes", porque favorece el acercamiento emocional y enriquece la alianza y colaboración entre ambos, lo cual no es un error en sí mismo. Sin embargo, no proporciona siempre un punto de partida para el diseño de intervenciones o preguntas interventivas (hipotéticas, existenciales o de futuros posibles) que promuevan el cambio que la pareja requiere con cierta urgencia desde la primera consulta.

A partir de la tercera sesión, una vez que se han redefinido los problemas que se abordarán en la terapia, por medio de la indagación sobre el dolor, el poder y la sexualidad como se ha explicado anteriormente, y luego que se acuerdan medidas tentativas de resolución que podrían adoptarse entre sesión y sesión para medir asimismo las actitudes y disponibilidad para el cambio de los integrantes de la pareja, el empleo del genograma resulta más fructífero. Produce información sobre temas centrales del sistema de creencias de cada uno que aún siguen vigentes porque son parte de experiencias de vida significativas como sujetos. Es probable que sean las más dolorosas las que contribuyen a la mantención de relaciones amorosas que se perpetúan en la danza de la pareja con costos enormes a niveles de la subjetividad emocional: las posiciones y versiones de cada uno no se comparten en la coexistencia mutua sino que se quedan en algún espacio de la mente y la memoria y no se relacionan espontáneamente, sin ayuda sistémica, con los episodios que construyen el conflicto actual.[2]

El recorrido hacia el pasado para identificar las historias personales o de pareja vigentes aún en el sistema de creencias adoptan la forma de premisas cognitivas, y sirven para la elaboración de hipótesis que guían la indagación sistémica que podría hacerse muy dispersa, si se dejara abierto el camino para la "asociación libre". Con el uso de una metodología secuencial en la cual se van abordando las historias que se anudan con las experiencias de la pareja, se abordan los niveles más sensibles y las expectativas generadas en el pasado así como la forma en que están presentes en el tipo de vínculo que caracteriza a toda relación amorosa cuando sufre de un estancamiento por un ciclo que se repite hasta el infinito.

La existencia de este estancamiento o impasse ha sido enunciada desde los comienzos de la terapia de pareja sistémica como un obstáculo para el cual se han intentado diferentes abordajes. En la mayoría de los casos se requiere de una mirada más profunda, hacia el interior del alma y de la mente de quienes se prestan para aventurarse en el planeta Beta descrito por Caillee.

En un comienzo, de acuerdo con Bowen (1978) y sus seguidores, se planteaba que se trataba de un problema de indiferenciación en la que los miembros de la pareja no lograban desanudarse de la "masa de ego familiar" que, como si fuera un engrudo, no permitía la autonomía necesaria para formar una relación independiente y que, incluso a niveles más amplios, elevaba las posibilidades de no conseguir un estado satisfactorio de salud mental.[3]

Más adelante, B. Nagy (1975) se pronunciaría por la importancia de los legados familiares que permanecían intactos, de generación en generación, y que exigían una dosis de lealtad en un hipotético texto no escrito de "Deberes y Responsabilidades" que se inscribía en el inconsciente transgeneracional. Stierlin no está muy distante de este planteamiento cuando describe el mecanismo de la "delegación" para explicar que la información que se trasmite como herencia no está solamente en los genes. También se incluye en los mensajes que se graban, como si estuvieran "encriptadas" en forma de lemas, como parte de un legado de compromisos y obligaciones que impulsan a su cumplimiento para quedar en paz con la familia de origen.

En una consulta reciente, Pamela, una médico en formación como terapeuta de pareja, cercana a los cuarenta años, separada desde hace tres años de un piloto de aviación con el cual tuvo tres hijos, me pedía una opinión sobre su dilema actual que consistía en definir su lugar de residencia: en Cancún, que es donde vive o en el DF (Ciudad de México) donde transcurrió su infancia y adolescencia e incluso su estadía en la Facultad de Medicina de la Universidad Nacional. Es la hija mayor de cuatro hermanos que han vivido a cargo de su madre, quien es la hija única de un psiquiatra de renombre, el abuelo, a quien conocieron sólo como referencia porque ya había fallecido cuando llegó a este mundo. Aún así, su leyenda se trasmite por delegación y Pamela se encarga de cumplirlo, obteniendo el título de médico que le hubiera llenado de orgullo y satisfacción (al abuelo) aunque no a su esposo quien, por el contrario, le prohíbe acercarse a su familia, especialmente a las mujeres, y ejerce el rol de un juez autoritario que define las reglas del juego.

No es de extrañar que su relación haya terminado mal, luego de diez años juntos: el ejercicio del poder de una forma tan brutal les condujo a un final no exento de episodios de violencia emocional y física que se interrumpió con la separación. Aún así, Pamela sigue esperando su reconocimiento, como mujer y madre, amen que como profesionista, y se esmera en el cuidado y la educación de sus hijos, no solamente porque los quiere sino para no sentirse culpable frente al ex marido, y presumo que también frente a su familia, a quienes tuvo que abandonar con motivo de su migración, como hermana mayor y representante del abuelo.

Este tipo de dilema lo identificaba rápidamente el equipo de terapia breve de la Clínica Ackerman en los 80 (O. Silverstein y P. Papp) quienes, con el uso de diferentes "voces", emitían mensajes de cambio y de no cambio. Las voces de "no cambio" se justificaban en estrecha coherencia y lealtad con alguna de las figuras representativas de la familia de origen y la información que obtenían, les servía de base para la construcción de complejas intervenciones dilemáticas.

En un sentido metafórico, en los dilemas y dramas compartidos en el escenario terapéutico por medio de las coreografías, se representaban los nudos más centrales de los sistemas de creencias de ambos, que impedían el cambio porque les jaloneaban hacia el pasado, como si se tratara de una red de emergencia para quienes se encontraban en el trapecio, en busca de los retos de la novedad y del peligro.

Desde esa época, en la cual no solamente se incluyeron las "voces" de las mujeres y del discurso feminista, se iniciaría el proceso actual de una terapia "sensible al género". El impasse de la pareja se exponía casi al desnudo como uno de los elementos centrales a identificar para obtener una mirada más profunda y "culturalmente sensible" a los conflictos amorosos, que se correlacionaban con las tramas y redes de identidades intersubjetivas de cada uno de los participantes.

Desde entonces, se ha reconocido la utilidad de algunas sesiones individuales, en las etapas intermedias de la terapia, especialmente cuando se trata de abordar aspectos no resueltos a nivel intergeneracional, para lo cual incluso se propuso invitar a padres y abuelos, para así, continuar con el proceso de la diferenciación en vivo (Framo, Andolfi).

Se trata, a mi juicio, del mismo nudo de tipo doble vincular expuesto anteriormente por los autores europeos, Caillee y Elkaim, que ayuda más para la comprensión teórica, porque no es tan fácil de utilizar en la clínica porque induce, terapeuta incluido, a la creación de un sistema muy complejo de ideas que se entrecruzan y que, a menudo, producen confusión.

Es más útil la propuesta de la terapia narrativa, especialmente en lo que se refiere a la externalización y a la deconstrucción para contar con mapas que apoyen a la terapia de una forma práctica en la medida que se construyen en conjunto con la pareja.

La externalización está presente como un recurso terapéutico más amplio que lo que el mismo modelo de White propone porque no se reduce exclusivamente al síntoma sino que también se puede utilizar para graficar los distintos mapas del amor que se han enunciado en las diferentes fases de la utilización del modelo *los cuatro mapas del amor y de la terapia*.

La deconstrucción es más pertinente como recurso técnico porque sirve para profundizar en los aspectos intrapsíquicos que conforman las redes de significados y creencias individuales que nos proporcionan la identidad subjetiva necesaria para enamorarnos y que, al mismo tiempo, nos sujetan a los sistemas de lenguaje y a sus discursos de los que formamos parte indisoluble como integrantes de una familia determinada.

El modelo que planteo elige el lenguaje del dolor que la relación produce como el punto de partida para esta indagación. En un primer momento, ayuda para la construcción de un problema diferente al que traían bajo el brazo con ayuda de las quejas y la reeducación del otro como propuesta.

Ahora se trata de exprimir este sufrimiento más a fondo para identificar las experiencias que les han hecho particularmente vulnerables a algunos de estos dolores más que a otros, en función de las historias de las que provienen. Para que esto sea posible, se ha debido avanzar lo suficiente en el proceso terapéutico para lograr la capacidad de la escucha empática mutua que se requiere para que la información que se produce no actúe como un boomerang, cuando regresen a casa.

Con Pedro y Alejandra, una pareja joven que vino a verme tres semanas antes de su boda porque no estaban seguros de si era lo mejor, a menos que se resolvieran los conflictos que se habían generado entre Alejandra y su cuñada, se trataba de un incidente más de una cadena, aunque más grave, porque ponía en peligro sus intenciones de coexistencia mutua y el éxito de la ceremonia en sí misma. Sólo fue posible realizar un par de sesiones, de tipo "intervención en crisis" en lugar de adentrarse en este nivel, en primera instancia, porque querían casarse a toda costa evitando suspender la ceremonia.

Más adelante, al año siguiente, una vez que el conflicto entre ambas cuñadas pasara a un segundo plano, luego del complejo ritual de la boda, que le asustaba tanto como posponerlo ya que no contaba con hermanos, hija única de una pareja asimétrica con un padre que había fallecido años atrás, fue posible adentrarse con más detalle en sus dilemas amorosos de pareja.

Pedro es el segundo hijo de una pareja muy exitosa en lo económico, que han trabajado arduamente en la empresa de ambos, lo cual ha significado que el cuidado de sus hijos haya estado a cargo de su abuela materna. Su hermana mayor, Ana, la cuñada, está casada hace cuatro años y tiene tres hijos, dos de ellos por medio de un parto gemelar. Ha tenido problemas con su marido últimamente porque no cree que participe lo suficiente en el cuidado de los mismos aunque en gran medida, se trata más bien de su propia desconfianza en que lo haga tan bien como ella. Estas características personales, de esfuerzos y responsabilidad, le hacen la hija preferida de la madre, lo cual representa una fuente adicional para los celos de Alejandra.

Pedro trabaja con sus padres y no le ha sido fácil establecer una buena relación laboral, especialmente porque la autoridad de su padre le sobrepasaba; discutían a menudo, hasta que se fue de viaje al extranjero para obtener un grado mayor en Ingeniería, la profesión en la que ambos compiten, pero en la que han logrado distribuir los roles de forma tal, que no se estorban. Sus ingresos son altos y además, sus padres han dispuesto de un fondo especial para sus hijos que funciona como herencia en vida.

Alejandra, en contraste, es la hija única de una pareja de diplomáticos de origen extranjero avecindados en México desde que naciera. Su padre, treinta años mayor que su madre, enfermó cuando ella tenía 10 años y era casi su abuelo cuando falleció, a los 75 años. Han tenido que sortear dificultades económicas y demás derivadas de una infancia al cuidado de su madre y de un padre anciano que aún cuando vivía, estaba ausente, como ha sido tan bien descrito por P. Boss (1999) como "duelo ambiguo", en plena adolescencia. Es la ambigüedad de esta pérdida lo que más le duele, a la que Alejandra es más vulnerable porque reaparece cada vez que Pedro no está con ella sino que con sus padres.

En efecto, Pedro no se ha separado de ellos ni un milímetro, en el trabajo, en las comidas (que prefiere hacer en la casa familiar con su madre), en el lugar de residencia porque ocupan un bungalow que les han prestado hasta que se construyan la propia, que estará ubicada en otro edificio donde vive también su hermana. En este contexto, Pedro es más vulnerable a la incomodidad, al esfuerzo que implica acomodarse a las necesidades de Alejandra, sin perder nada a cambio.

La implementación de un ritual terapéutico surgió cuando se preguntaban sobre la forma que adoptaría la celebración del día del Padre (que en México es un acontecimiento menor en comparación con la fiesta de la Madre) y que Pedro pensaba compartir naturalmente con sus padres. En cambio, les sugerí que se acercaran a la Iglesia Anglicana, ya que en una de sus criptas se habían depositado las cenizas del padre de Alejandra, diplomático de origen británico, y que llevaran consigo una foto de su boda, con una corona de flores como las que la novia lanza junto con el velo. Como lo hicieron un día domingo, coincidió con la celebración de una boda de otros, que les trajo a la memoria y a la mano, la suya propia.

En estos casos, lo más importante es el efecto que la preparación del ritual implica porque se ponen en juego mecanismos inconscientes de consecuencias insospechadas. En el caso de Pedro, le impulsó a releer las cartas que su abuela le había dejado antes de morir, en las que se traducía la forma en que ella estaba atenta a sus necesidades más mínimas, antes de que aparecieran, para resolverlas inmediatamente, sin que tuviera que esforzarse nada. Era el mismo tipo de vínculo que esperaba que se trasladara a su pareja, con Alejandra, y que además, se había prolongado hasta la fecha, ya que también sus padres estaban atentos a cumplir con cada uno de sus deseos.

Para Alejandra, la puesta en marcha del ritual le significó un reencuentro con su padre, con la serie de pérdidas que incluían las diferentes migraciones que sus padres habían tenido y con familiares que no vivían más en México pero que habían desaparecido del mapa en el que su madre era el único referente. La visita a la cripta era la primera que hacía desde la fecha del funeral.

Lo que fue quedando atrás en esta fase de la terapia fueron las defensas con las que Alejandra había funcionado antes, con Pedro en el noviazgo. Cada vez que le pedía algún "detalle" o regalo, lo hacía como una niña mimada, con un "berrinche" que era la estrategia que usaba con su madre, quien a menudo no le hacía caso y el asunto terminaba rápidamente. Sin embargo, Pedro, quien no tolera mucho las incomodidades y que está acostumbrado a que se le cumplan todos sus deseos al instante, se apuraba demasiado por cumplir con sus "caprichos" y se frustraba hasta la desesperación cuando sus intentos no daban en el clavo.

En resumen, cuando la terapia se desplaza hacia las vulnerabilidades de cada uno y se ligan a los dolores amorosos del pasado, se encuentra una manera de abordarlas con el dialogo reflexivo o con rituales y se disuelven los nudos que las defensas de ambos han creado.

Sin embargo, en las fases intermedias de la terapia crean un impasse porque se generan ciclos que se repiten incesantemente, pues tocan al otro en sus puntos más sensibles, a los que son más vulnerables por tramas que se han quedado detenidas o, por lo menos, entre puntos suspensivos.

El problema del ciclo que se genera y se repite como conflicto crónico consiste en que sirve como un andamio para que la terapia gire en círculos. Es muy difícil avanzar en una nueva dirección, a menos que la reflexión se dirija hacia el interior de las historias que sitúan al dolor en el pasado y permita comprender las vulnerabilidades mutuas. Además se requiere nos proporcione explicaciones tentativas que auxilien a la hora de identificar en conjunto, una estructura de sentido con una dosis importante de coherencia lógica.

La externalización del ciclo, a través de la construcción de un gráfico o mapa en el que estos elementos están a la vista, es muy útil porque lo hace más accesible y concreto. Representa un recurso y una oportunidad para evitar la atracción y el reclutamiento que el ciclo ejerce, porque implica recurrir a las mismas conductas que sirven de estímulo para seguir por el camino ya transitado con un costo que cada vez desgasta más a una relación que tambalea.

Se trata del Mapa 3 de la terapia que postulamos y sirve de eje para las fases intermedias, después de agotar el repertorio de intervenciones estructural-estratégicas del comienzo. Se adopta la modalidad de preguntas reflexivas hipotéticas o de futuros posibles para facilitar la co-construcción de un genograma más intencionado, con información más específica.

Mapas del modelo de terapia

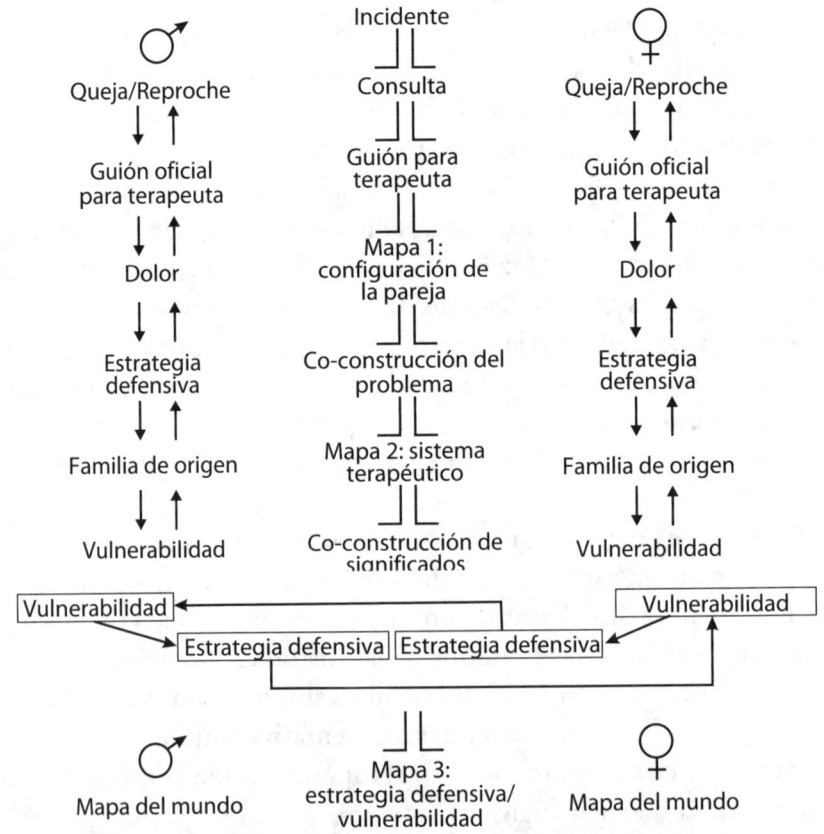

Se puede recurrir, entonces, a la deconstrucción del conflicto central con la inclusión de personajes significativos de la familia de origen, incluso fallecidos, junto a los eventos que han originado las estrategias defensivas de cada uno así como sus vulnerabilidades específicas, las cuales se articulan en un ciclo que ambos generan cuando la terapia se estanca.

Aunque ya lo habían enunciado otros autores (Caillee, Elkaim) con la metáfora del "doble vínculo", este ciclo ha sido retomado recientemente por M. Fishbane y M. Scheikman (2004) en artículos que destacan la relación entre vulnerabilidades, estrategias de supervivencia y el impasse terapéutico, el escollo más frecuente para el cambio.

PEDRO	INCIDENTE	ALEJANDRA
	Boda en puertas.	
QUEJA: duda de la boda.	CONSULTA	QUEJA: Duda de su amor y compromiso
GUIÓN: cumplir formalmente con la ceremonia de acuerdo con lo planeado.	GUIÓN	GUIÓN: Necesito que me prefiera a su hermana.
DOLOR: me frustra con sus demandas infinitas.	MAPA 1	DOLOR: Me entristece su distancia emocional
ESTRATEGIAS DEFENSIVAS: mi refugio es mi familia.	CO-CONSTRUCCIÓN DE PROBLEMA	ESTRATEGIAS DEFENSIVAS: mi refugio es mi trabajo.
FAMILIA DE ORIGEN: abuela materna se dedica a resolver sus necesidades. Reemplaza a su madre en el cuidado maternal. Padre lo asocia en su empresa.	MAPA 2 SISTEMA TERAPÉUTICO	FAMILIA DE ORIGEN: padre de hija única que se enferma y fallece en su adolescencia. Madre oscila entre cuidar al padre enfermo y a su hija.
VULNERABILIDAD: Prefiere que lo quieran en lugar de demostrar su afecto.		VULNERABILIDAD: requiere de exclusividad en el afecto para sentirse segura.

MAPA 3

ESTRATEGIA DEFENSIVA: huye, hace regalos y espera recompensas por haberse comportado bien.	ESTRATEGIAS DEFENSIVAS	ESTRATEGIA DEFENSIVA: demanda con berrinches infantiles.
MAPA DEL MUNDO: merezco que me amen desde antes que naciera.		MAPA DEL MUNDO: me engañan con "regalitos" para ocultar el desamor y el abandono.

La oportunidad para el cambio se alimenta del azar; una noche, en la que Pedro se excede con el alcohol, luego de un berrinche de Alejandra, llega tarde a la casa y le reclama, con una mezcla de frustración y tristeza, que no siga pidiéndole una cosa y otra, sin detenerse ni un minuto para gozarla.

El espacio de la terapia está diseñado para esto y permite adentrarse en este campo con cierto detalle ahora que parecen más dispuestos a no dejarse ganar por el ciclo nuevamente. La información que surge ahora es escuchada con mayor empatía y por lo tanto, es posible diseñar intervenciones más creativas como el ritual propuesto que los conecta más profundamente.

Más adelante, se cuestionan las conductas apresuradas de Pedro con las que cree que va a satisfacer a Alejandra y que se corresponden más estrictamente con su vulnerabilidad al abandono y a la incertidumbre que tolera poco, especialmente cuando ella se refugia en su trabajo, el cual además le proporciona el afecto y la pertenencia que ansía, como si se tratara de una familia de adopción porque sus jefes la estiman y acompañan desde antes que su padre falleciera.

La inclusión de rituales familiares con el restablecimiento de vínculos que siguen intactos en el presente no es más que una intervención posible. La co-construcción del mapa generalmente causa una "perturbación" por sí misma o, por lo menos, facilita el camino para el diálogo sobre las excepciones o para destacar los "eventos extraordinarios" que

White propone como alternativas para el cambio en los sistemas de lenguaje, en las narrativas dominantes.

Por ejemplo, en la consulta mencionada anteriormente con Pamela, quien finalmente decidió volverse a Cancún, el problema planteado no requirió de un recorrido tan largo. En efecto, como hija mayor de la familia a la que abandonó por imposición del ex marido, ahora no quiere repetirlo, por decisión propia, a menos que pueda pasarle la estafeta a los hermanos que le siguen. Le propongo una pequeña ceremonia en la que entregue una carta a su hermana, que tenga la forma de un diploma, en la que le cede su lugar hasta que se recupere de su vulnerabilidad a la responsabilidad excesiva, que la ha impulsado a cumplir con todos los encargos familiares pendientes, incluido el título de médico, dedicado en ausencia al abuelo, y que se dedique más a ella misma en esta nueva oportunidad que la vida le ofrece, una vez que la separación termine por cerrar las heridas que todavía quedan abiertas, aunque haya sido la víctima de un esposo abusador y violento que la abandonaba frecuentemente por su profesión de piloto o simplemente porque se sentía con el derecho de hacerlo.

Para estos fines, le recomiendo acudir a una terapia corporal porque me parece que las cicatrices dejan marcas en el cuerpo y en la memoria emocional, porque apuntan a lugares muy sensibles, que no se curan solamente con palabras. Por esta misma razón, los rituales y las ceremonias de "cuerpo presente" son más efectivos cuando se invita a los hermanos o a los padres a las sesiones de pareja: las conexiones emocionales se tornan más reales en la medida que se "corporizan" en el panorama de la conciencia (Bruner, (1986))

En este sentido, la inclusión del cuerpo en la terapia sistémica obedece a una inclinación personal que me hizo interesarme por las diferentes técnicas derivadas inicialmente de la bioenergética pero que he seguido de cerca, en su evolución hacia las terapias alternativas (o complementarias), hasta la fecha.[4]

Me parece que, en las relaciones de pareja más importantes, se generan verdaderas heridas y cicatrices que se conectan íntimamente, aún en ausencia, con las separaciones o las frecuentes migraciones que nos distancian físicamente y que se graban en alguna parte de la memoria semántica en la que el cuerpo está incluido: en la pipa que un padre le regala a su hijo y que conserva su olor tan particular y lo mantiene vivo, no sólo como espíritu sino que como presencia real aún luego de años de haber fallecido.

Creo también que en la terapia que le he recomendado a Pamela será posible identificar alguna hebra de este inconsciente sistémico que le ha hecho particularmente vulnerable a experimentar el dolor de la culpa, que la motiva a realizar una serie de actividades excesivas, para cumplir con los mandatos familiares trigeneracionales, en la medida que estima que su madre, hija única del abuelo psiquiatra, no lo ha hecho todavía ni remotamente.

Esta vulnerabilidad a la culpa le impide separarse porque el ex marido la acusa de no haber educado bien a sus hijos, a pesar de que éste los visita dos a tres veces al año, lo cual no deja de ser curioso para un piloto en activo que tiene todas las facilidades para viajar cuando desea. Además, su hijo mayor, de 11 años, la insulta usando idéntico vocabulario al padre, para descalificarla. Me parece útil recomendarle una serie de consultas familiares para más adelante, para que se aborden también los efectos de esta separación inconclusa en el funcionamiento familiar.

¿Cuáles son los temas que guían la conversación en esta fase de la terapia?

En primer lugar, se intenta conectar las reacciones conductuales inmediatas y defensivas de cada uno frente al conflicto central con las vulnerabilidades al dolor que provienen de la experiencia de episodios significativos con las familias de origen, aunque también puede haberse gatillado por incidentes traumáticos infantiles o dentro de la propia convivencia como pareja. En el momento que se evita la aparición de una respuesta defensiva tan automática y el dialogo se desliza hacia el dolor y las vulnerabilidades de ambos, que derivan de un pasado que adquiere una enorme validez en el presente, es más fácil que ambos se escuchen con mayor empatía y afecto y se despegue el camino para una indagación que no se desliga del discurso amoroso.

En segundo lugar, es conveniente diseñar intervenciones que les ayuden a detenerse cuando las conductas defensivas predominan y el ciclo se repite automáticamente. Se puede interrumpir el ciclo en el consultorio, en primera instancia, para facilitar el aprendizaje y la identificación de los indicios que dan cuenta del torrente que se les viene encima, de los efectos que las conductas de uno promueven en el otro para facilitar el camino para una conversación que sea más reflexiva y emocionalmente significativa. En algunos casos, se puede recurrir incluso a ejercicios derivados de la meditación (*Mindfulness and Psychotherapy*).

Por último, es muy útil no reducirse al cambio en el ciclo con el uso del diálogo exclusivamente, sino que es necesario diseñar intervenciones y rituales que ayuden a retomar las historias del pasado y de sus efectos en el presente para continuar por un camino nuevo, que no sea igual al de siempre, que aunque el conflicto crónico lo hace manifiesto como una evidente equivocación, lo seguimos recorriendo y transitando. En el nivel de lo metafórico se asemeja al que siguen los caballos cuando vuelven por la misma ruta a la querencia, sin que nos tomen en cuenta en lo más mínimo, jinetes insignificantes de su destino.

---

[1] Bateson, G. (1979), *Mind and Nature*, Nueva York, Dutton. En este ensayo se encuentran las bases de su "epistemología cibernética", especialmente en lo que se refiere a la "ecología de las ideas". Inicia con una serie de ejemplos complejos bajo el título de "Todo lo que un escolar sabe", una fina ironía británica, para adentrarse en los laberintos de la mente extra cerebral.

[2] Según H. Maturana, desde la perspectiva de la biología evolutiva, el amor es la "intención de coexistir juntos" que se empalma, de alguna manera, con la idea de compartir experiencias de la práctica de la vida cuando se aplica a los seres humanos y no a los seres vivos en general, el dominio de la biología *per se*.

[3] En este grupo, actualmente se ubica a D. Snarch, autor de uno de los textos más populares de terapia sexual, quien plantea que se requiere de una intención constante en la dirección de obtener un grado mayor de diferenciación con la pareja y con las creencias de la familia de origen para evitar que el deseo sexual se apague. Desarrolla una modalidad de terapia sexual que es más profunda que las técnicas que caracterizan a otros autores más clásicos de origen cognitivo conductual.

[4] En este sentido, concuerdo con J. Shotter (2007) cuando se desmarca del construccionismo social más cercano a K. Gergen y a la terapia narrativa como tal, especialmente cuando enfatiza que se requiere incorporar ese lenguaje de lo "no dicho" con palabras, para incluirlo en otros sistemas de lenguaje como la metáfora y el cuerpo para que el panorama de la conciencia no quede tan exclusivamente reducido al mundo de las palabras y de las historias que nos construyen como sujetos del discurso a los que el cuerpo sigue como si fuera un dócil acompañante al que se requiere darle importancia como tal.

CAPÍTULO 11

El eneagrama en la terapia de pareja

Judith Gómez de León del Río

Cuando nos preguntamos cómo nos duele el amor, en la terapia es común llegar a un punto en el cual cada miembro de la pareja "demanda" o espera que el amor no le duela, así como que el amor del otro se exprese como una completa y total aceptación de su persona de manera incondicional. En ese sentido el conflicto se experimenta no sólo como una dificultad en la interacción, las expectativas, los intereses, los acuerdos, sino que como una experiencia de desamor total que lleva al sujeto a preguntarse: "¿luego entonces tengo que dejar de ser yo mismo...?"

A lo largo de este libro se ha tocado el tema del desamor desde varios puntos de vista, sin embargo quiero enfocarme a esa dimensión de lo que es el amor para cada quien, y de qué manera la historia personal tiene una influencia determinante en la percepción del amor y del desamor ligada íntimamente a la experiencia del propio self y cómo este dilema se expresa inequívocamente en las expectativas que cada uno de los miembros de la pareja tiene de la terapia.

En este capítulo quiero plantear la exploración que he hecho en mi trabajo con parejas de lo que el Eneagrama aporta para la comprensión del conflicto amoroso y para el diálogo terapéutico en donde la reflexión implica identificar las experiencias que se desprenden de lo que Claudio Naranjo llama el eneatipo en su libro *Carácter y neurosis*.

Para adentrarme al tema, quiero de antemano dar una introducción al concepto del eneatipo y a sus orígenes, sin por ello pretender agotar un estudio que es de suyo amplísimo y de una gran profundidad.

En la tradición sufi existe como en el budismo un interés especial por entender cómo funciona la psique humana, y desde allí ofrecer un diagrama o mapa del mundo interior del individuo, y por ende, de su relación con el exterior, especialmente en relación con su autodesarrollo y en consecuencia, de su capacidad para vivir en armonía consigo mismo y en el seno de sus relaciones más significativas.

El diagrama diseñado para ilustrar los diferentes eneatipos (figura1) está formado inicialmente por un círculo que grafica la relación del individuo con el "todo" como un conjunto unificado. Corresponde a la comprensión oriental de la vida como un círculo o ciclos de vida.

En este caso, este círculo contiene 9 puntos equidistantes unos de otros que significan 9 experiencias posibles de la existencia, 9 interpretaciones posibles de ella, 9 formas de enfrentar los dilemas del self en el mundo, 9 expresiones de la esencia del ser como "self esencial", 9 formas funcionales de lidiar con las frustraciones y dificultades de la vida, 9 formas de fijarse en un estilo "seguro" y por lo tanto 9 manifestaciones de las "limitaciones" que se sufren producto de esta ilusión de seguridad. Son 9 facetas y expresiones de lo que hoy en día llamamos neurosis, que en este contexto tiene la acepción no de un trastorno psicopatológico sino de un resultado inevitable de la "elección" inconsciente para dismi-

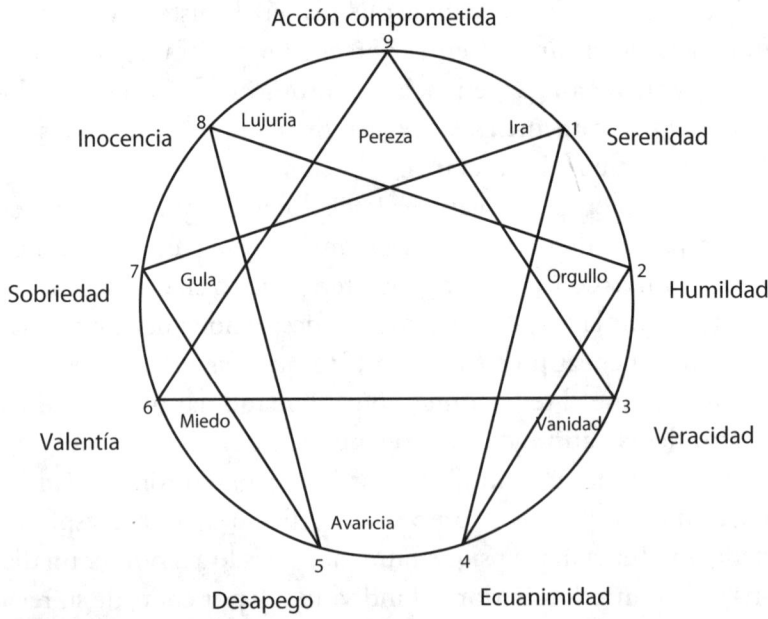

Fig. 1. Eneagrama de las pasiones y virtudes.

nuir el dolor, la carencia y la impotencia experimentada en la infancia, restringiendo la experiencia vital a una novena parte de lo que nos ofrece la vida en su totalidad: 360 grados de movimiento infinito y continuo en la "rueda de la vida".

Las características de cada uno de estos tipos o eneatipos incluyen al concepto de neurosis o estilo neurótico personal. Cada uno de estos 9 puntos muestra las posibles "opciones" que el individuo tiene para configurar su estrategia maestra para zanjar las dificultades de acomodarse a la realidad.

Como Claudio Naranjo afirma, "...la neurosis es un fenómeno universal...", en donde el individuo queda ciego de su propia ceguera, es decir, es ignorante de su propia elección, de su propia inconciencia, confundiendo su "sí mismo" con la estrategia de subsistencia emocional.

No obstante que el eje motivacional sea la búsqueda de la felicidad, su obtención se intenta por el camino de la evitación de la experiencia de carencia, y en la medida en que esta evitación se instala como objetivo y a través de un único estilo básico, el intento mismo trae consigo una trampa: el cumplimiento de la fantasía catastrófica y más importante, la idea de "esto soy yo"

Paradójicamente, en la medida que la intención está puesta en la evitación de la experiencia de carencia amorosa tal como si se tratara de una situación de vida o muerte, la restricción de las experiencias en todos los ámbitos de la vida, de su estar en el mundo, lleva consigo una limitación significativa del contacto con la realidad en toda su amplitud. Esto inevitablemente lleva al sujeto a que su experiencia de la relación y del vínculo amoroso quede atrapada en las distorsiones de las percepciones y las estrategias defensivas correspondientes.

Ya en la terapia, en la medida que los miembros de la pareja están atrincherados en la defensa de sus sentimientos de carencia, la posibilidad de que la experiencia terapéutica aporte un espacio reflexivo con respecto a las dificultades personales en la relación queda muy limitada y en ocasiones, incluso sea imposible pasar de la acusación, la rabia o el desinterés hacia un trabajo que involucre una reflexión más responsable de las diferentes facetas del conflicto que permitan un abordaje que conduzca hacia una mayor conciencia de sí mismo.

Se trata de entender el conflicto como la expresión dilemática de las posibilidades de maduración que se requiere para mantener una relación amorosa vital, independientemente de la decisión de dar continuidad a la relación o de optar por la separación.[1]

Este material es importante como modelo descriptivo y no como una herramienta de diagnóstico, ya que se refiere a las sutilezas que el conflicto amoroso trae a la conciencia para descubrir de qué manera se expresa el self cuando se enfrenta con la experiencia de dolor y de decepción que el amor trae consigo, es decir, de qué forma el intento por evitar la experiencia de carencia ha restringido su modalidad relacional hasta llegar a la imposibilidad de sostener la relación amorosa a menos que se transite solamente por un sendero, el más familiar, conocido y seguro. También permite identificar las demandas ocultas que cada miembro de la pareja ha puesto en el otro depositándole fantasías para cumplir con un amor ideal y, por ende, la responsabilidad de "hacerle feliz".

Cuando hablamos de los eneatipos, lo que resalta son los rasgos principales del carácter y de su combinación con la estructura de la personalidad. El énfasis está puesto en la distorsión de la realidad o el defecto cognitivo, así como en la naturaleza de la motivación o pasión dominante específica de cada eneatipo.

En esta visión, los nueve eneatipos no constituyen simplemente una serie de estilos de personalidad, sino que conforman un conjunto organizado de modalidades relacionales que mantienen entre sí conexiones específicas de continuidad, contraste, polaridad dentro del diagrama mismo, de tal manera que al ver cada punto en el círculo se puede identificar que el "trabajo" con uno mismo requiere de un proceso de identificación de las experiencias afectivas que han conducido a ubicarse en un estilo personal más que en otro.

Estas relaciones están representadas en la estructura geométrica del eneagrama, en el cual aparecen las líneas de conexión entre cada uno de los eneatipos.

Una de las características de este modelo consiste en la inclusión de ambas polaridades ya que se abordan las facetas neuróticas o inmaduras de cada tipo consideradas como pasiones, es decir aquello que se padece (que se encuentra en el círculo interno), y también las facetas positivas, maduras o virtuosas (que se encuentran en el círculo externo del diagrama). Al mismo tiempo se plantea que el trabajo amoroso consiste en descubrir el camino hacia el contacto con el "self esencial" y virtuoso que es el núcleo de cada eneatipo.

Desde esta perspectiva se puede abordar el conflicto como un umbral desde el cual cada uno de los miembros de la pareja observa y reflexiona sobre la oportunidad de moverse de una actitud "segura" y defensiva y en ocasiones reactiva, hacia un lugar de mayor flexibilidad respecto de los miedos, mitos y fantasías catastróficas acuñadas en sus experiencias infantiles y que han sido trasladadas a la relación actual, y de alguna manera posibilitar, a través de la terapia, una experiencia expansiva, autoresponsable, comprometida y en síntesis, "amorosa" en la vida de pareja.

Algunos autores (como Helen Palmer y Claudio Naranjo) plantean que, de acuerdo con la experiencia clínica y la observación experimental, el lado izquierdo del eneagrama está asociado con las características masculinas y en efecto, se han encontrado más hombres en este lado del círculo, mientras que el lado derecho se corresponde más con las características femeninas, y por lo tanto predominan las mujeres con estos eneatipos.

A continuación se sintetizan las características básicas de cada eneatipo y se enfatizan aquellas que se refieren a los temas del amor y la pareja.

Eneatipo I

El carácter o eneatipo I corresponde a una persona formal, correcta, orientada básicamente al deber ser, perfeccionista y por lo tanto criticas, exigente consigo misma y con cierta dificultad para obtener placer. La pasión que constituye el núcleo dinámico de este tipo es la ira que se expresa básicamente como si se tratara de un policía, vigilante y severo consigo mismo con cierto grado de puritanismo. En el conflicto interpersonal, el eneatipo I es proclive al resentimiento con el otro ya que no expresa abiertamente su molestia en aras de mantenerse como "bien educado", lo cual le genera una profunda y sorda amargura que en ocasiones le distancia de su necesidad de calidez, volviéndose frío con los otros y consigo mismo. Esta dureza hacia sí mismo le limita en su espontaneidad, lo cual hace que se exprese con cierta hipocresía y con una aparente autonomía. Tiene una actitud deliberadamente bien intencionada y su ira se manifiesta como una defensa ante lo que considera inmoral. Tiene una tendencia controladora, disciplinaria, normativa que lo constituye como una autoridad moral severa y arrogante, ya que se siente superior y virtuoso. El eneatipo I está en constante vigilancia de sus patrones morales y de los otros. Evoca el afecto a través del mérito, es limpio y metódico y considerado hacia los demás en la medida que apuntan al orden. Es amable y cuidadoso de las formas y especialmente en la medida que evita el conflicto. Lo que más teme es la pérdida del control de sus impulsos, que percibe como una amenaza a la seguridad de su autoimagen; esto tiene un especial efecto en la sexualidad, ya que en el fondo teme "perderse" en la pasión y la intensidad. Una forma de equilibrarse consiste en vivir "una doble vida", o limitando con trabajo, ocupaciones y creencias religiosas el tiempo disponible para su esparcimiento, con la sensación de que existen dentro de sí mismo dos seres: uno juguetón y ligero y otro punitivo.

El eneatipo I tiene una fijación en la carencia experimentada como incertidumbre y caos en el afecto recibido en la infancia, lo que le genera un enojo profundo.

Las personas con este eneatipo fueron "niños y niñas buenas" que aprendieron a ser bien portados y responsables especialmente a los ojos de los demás, a que el placer "debe" ser pospuesto, que la vida es dura y los beneficios se ganan con gran esfuerzo.

El eneatipo I puede ser generoso y amable, cuando en el curso de su vida desarrolla el lado virtuoso de su eneatipo que es la serenidad. Esto es posible cuando, a través de la observación y el autoconocimiento descubre que su mente crítica y severa es la fuente principal de su sufrimiento; cuando se hace consciente de su enojo, lo acepta y se hace responsable de que este resentimiento tiene como víctima al "sí mismo".

Las personas correspondientes al eneatipo I son muy eficaces en contextos donde se requiere organización y cuidado en los detalles, como en la enseñanza y la contabilidad. Se sienten muy a gusto en situaciones en las que se requiere protocolo, formalidades sociales y son eficientes investigadores. Se acercan a contextos religiosos porque las reglas son estrictas y exigentes y forman parte de comités de ética y evaluación. Trabajan en juzgados y ocupan puestos jerárquicos debido a su diligencia, perseverancia y a la estricta observancia de las normas. Por otro lado, se sienten muy incómodos en contextos donde se requiere un cierto nivel de riesgo para tomar decisiones, o en interacciones de trabajo en equipo, porque se requiere de tolerancia a opiniones diferentes versus situaciones en las cuales existen guías claramente establecidas.

En relación con el vínculo amoroso, el eneatipo I tiende a idealizar el amor perfecto, tiene una idea del amor como algo superior y siente orgullo de ser capaz de controlar sus instintos al servicio de este tipo de amor; al mismo tiempo, tiene un miedo subyacente a perder el amor del otro debido a su imperfección, lo cual lo pone ansioso, y muy probablemente celoso.

Su perfeccionismo se manifiesta esperando la relación perfecta en el sentido ético, lo cual le dificulta aceptar que él mismo y su pareja tienen rasgos positivos y negativos que coexisten. Desde un ámbito menos desarrollado, el eneatipo I enfatiza el lado negativo de su pareja y se siente avergonzado por los defectos del otro, lo critica y trata de educarlo, al mismo tiempo que compite secretamente asegurándose un lugar de superioridad. Su mente está en constante actividad y se involucra en discusiones largas e interminables hasta que logra descargar su irritación, generalmente exagerada por el resentimiento de conflictos anteriores no ventilados ni resueltos. El eneatipo I demanda fidelidad, consistencia, congruencia, que sea un buen trabajador y que se ponga a la altura de este ideal superior del amor, que se manifiesta en cuidar la salud, mantener una vida práctica, recta, saludable, ética. En secreto espera del otro una clara obediencia a sus estándares, al mismo tiempo que oculta su deseo de dominación en la racionalización de sus propuestas y en el sentido del deber ser.

Eneatipo II

El enatipo II tiene una gran capacidad de seducir y su principal distorsión cognitiva lo lleva a dudar constantemente de que sea apreciado y valorado por lo que requiere ser reconocido y "adorado" constantemente por parte de los otros. Su arrogancia se manifiesta de forma sutil y principalmente hacia sí mismo. En el exterior, está seguro de su gran valor. Se orienta hacia las emociones y necesita sentirse protegido e importante para los otros. Desarrolla un radar fino y agudo para detectar las situaciones que le permiten sentirse seguro a través de ser "generoso" y de esta manera ocultar su dependencia y sus necesidades. La pasión de la que sufren es el orgullo en el sentido de que al desvalorizar sus necesidades y su vulnerabilidad tienen una imperante necesidad de estar por encima de sí mismos, no necesitar. Son simpáticos, intuitivos y agradables en el trato, perceptivos y ligeros. Son hábiles para las relaciones públicas y saben cuidar de los otros. Capaces y organizados para el desempeño en grupos y participativos, atentos a evitar conflictos con otros.

Fueron niños que se "ganaron" el amor y la seguridad respondiendo a las necesidades de los demás, de ahí que tengan una distorsión con respecto a sus capacidades y necesidades reales, especialmente aquellas que tienen que ver con la posibilidad de no recibir la protección que necesitan. Esta necesidad se experimenta como humillante, como si tuviera que responder a la consigna interna que dice "yo no lo merezco". En este afán por asegurarse, se adaptan no solamente en su conducta sino en sus sentimientos para adecuarse a satisfacer las preocupaciones de los demás, al punto de perder de vista sus verdaderos sentimientos, sirviendo, halagando, complaciendo y transformándose al gusto de lo que creen que los otros aprecian o necesitan.

Con respecto a las relaciones amorosas, su objetivo principal es evitar la experiencia de rechazo a toda costa, creando una relación donde el énfasis está puesto en que el otro necesite de su presencia, su apoyo, y quede oculta su necesidad afectiva experimentada como si fuera inmensa en magnitud. El eneatipo II se percibe a sí mismo como alguien que "siente" mucho, que es sensible y empático. Hay un énfasis en seducir al otro y dar una apariencia de no necesitar, al grado que dar es sustituto de pedir, pues de esta manera obtiene la cercanía haciéndose indispensable para el compañero. En el camino, el tema de la independencia y la dependencia constituye un asunto central para este eneatipo, de tal forma que se confunde frente a su necesidad de libertad y de protección. El eneatipo II puede con facilidad involucrarse en relaciones triangulares donde el tema de la atracción erótica es muy intensa ya que alimenta su sentimiento de ser especial y es hábil para acercarse a quienes no están disponibles, en la medida en que le permite "luchar y conquistar" al ser amado. También es posible que tengan varia(o)s amantes y no puedan elegir a uno, es decir autolimitarse.

La historia infantil del eneatipo II está cimentada en la experiencia de que sus necesidades básicas de contención y apego seguro fueron desatendidas, desvalorizadas y eventualmente ridiculizadas, de ahí que el eneatipo II sea muy sensible a la humillación. La actitud de ligereza, frivolidad, sensualidad e incluso voluptuosidad de personas con este eneatipo les da una sensación de fortaleza y responde a la "necesidad "de sentirse imprescindible para el otro.

En la relación amorosa, el eneatipo ll se muestra generoso, dadivoso, incluso se sacrifica pero no muestra el costo de sus sacrificios, sino que los rodea de una aura de placer y abundancia; sin embargo cuando no recibe "en la misma moneda" una retribución equivalente a sus peticiones (que no son pocas) suele acompañarle un arranque de rabia y enojo que él mismo percibe como "justo" pues es lo "mínimo" que espera del otro. En esta medida se puede decir que espera una manifestación incondicional de adoración o de disponibilidad del otro a sus propios deseos de contacto afectivo: "que sus deseos sean los míos".

El eneatipo II si bien se manifiesta cálido, cercano, dispuesto y servicial, es el resultado de un alejamiento de sus propias necesidades y del miedo a sentirse humillado al mostrar su fragilidad, lo que lo atrapa en una sobrevaloración interna que le deja desprotegido y debilitado por este esfuerzo constante de atender a los otros por encima de sus propias fuerzas.

Eneatipo III

El eneatipo lII tiene la fijación en la experiencia infantil de haber recibido constantes muestras de aprobación y reconocimiento, a partir de su capacidad de adaptarse a los deseos de orden, adoptando el comportamiento que se corresponde con la imagen del "hijo o hija perfecta" de uno o ambos padres. El niño en este contexto aprende a manipular su comportamiento para amoldarse a las expectativas que percibe del exterior. Sólo que se amolda en la "forma" y se queda perdido en la adecuación. El orden, las reglas, la apariencia, los modales, son el foco de su control. Controlar sus conductas y formas le proporciona la garantía ilusoria de obtener el amor. En el trabajo y el mundo social suelen ser muy eficientes, activos, esforzados, trabajadores, con dificultad para trabajar en equipo y tolerar los tiempos y los errores de los otros.[2]

El eneatipo III espera con avidez que el esfuerzo que hace en complacer los deseos de los demás sea recompensado con creces, pues toma mucho tiempo de su propio mundo personal para cumplir con los requisitos que él mismo se ha impuesto. El enatipo III no deja ninguna posibilidad abierta a no merecer la admiración del otro y en este esfuerzo se agota y como consecuencia, se manifiesta internamente crítico y tremendamente exigente hacia el compañero. Su perfeccionismo está relacionado a la avidez con que busca el reconocimiento exterior y la severidad con que pasa por encima de su necesidad de relajarse para ser lo que "el otro espera". Puede ser entonces distante y sobreinvolucrado en el trabajo, lo cual lo hace demasiado exigente y en ocasiones estricto e implacable perdiendo el sentido de la empatía necesaria para mantener un cierto nivel de complicidad e intimidad. Su mirada está puesta en el valor externo de las cosas y de los actos más que en el significado de sus experiencias.

El amor que el eneatipo III desea es el amor-admiración; su autovaloración depende del aprecio que los otros hacen de su "actuación", de ahí que sea víctima de su propia imagen. Es la vanidad la pasión que no le permite ver sus rasgos negativos, ni ahondar en aspectos profundos de la vida ni tampoco de sus relaciones. Su atención está puesta en la imagen corporal, la moda, los signos de poder, dinero, prestigio, éxito, como las condiciones o metas que el eneatipo III se impone para conseguir su bienestar interno, y va a "negociar" con estas "monedas" para que su compañero o pareja le retribuya y pueda, entonces, sentirse un digno habitante de una relación equilibrada.[3]

La distorsión que deriva es el autoengaño y la decepción constante que experimenta a raíz de cultivar expectativas falsas tanto de los demás como de sí mismo; por lo tanto puede fácilmente sentirse en desventaja, desconfiado o abiertamente superior al otro, con base en un análisis limitado y superficial de la realidad. Es una manera de evadir la soledad y el desaliento de no conseguir el afecto que tanto anhela.

El eneatipo III tiende a encontrarse con frecuencia insatisfecho por la elección de pareja que hizo, o bien a no entender la insatisfacción del otro pues ha hecho "lo correcto", lo indicado, como ser ordenado, buen proveedor, ahorrativo y tolerante, incluso más que el otro. Tiene una idea del amor estereotipado e infantil con un cierto matiz de romanticismo cursi que le protege de profundizar en la complejidad de las relaciones amorosas.

Eneatipo IV

El eneatipo IV se corresponde con una persona cálida, necesitada, intensa y sin embargo, fijada en la carencia de afecto desde la perspectiva de haber sufrido de un abandono muy temprano e injusto, es decir que está convencido que los otros, hermanos, amigos, incluso la pareja tienen "más que yo", por ejemplo, gracia, afecto, suerte, distinciones, reconocimiento, salud, etcétera.

La distorsión básica de este eneatipo es la exageración de la experiencia de carencia afectiva que le lleva a una melancolía manifiesta y a padecer de una envidia irremediable. El eneatipo IV tiene una fuerte tendencia a la exageración de su sufrimiento y a una visión trágica y romántica del mundo y por lo tanto es proclive a la depresión. La conclusión implícita del eneatipo IV es que no merece o no es digno del amor que los otros reciben, gozan y disfrutan, y tienen una visión enfocada en lo que le hace falta, lo que no hay, tanto en el mundo exterior como en su mundo interno, lo cual le lleva a no darle importancia a lo que existe a su alrededor, adoptando una actitud masoquista y de automarginación.

Los individuos del eneatipo IV tienen un constante anhelo de una relación romántica y apasionada y esperan al amante ideal, ausente y lejano. Al mismo tiempo que cuando se trata de sostener una relación, tienen tal temor de romper la ilusión de lo ideal, que pareciera que prefirieren terminar abrupta y drásticamente antes de que se desmejore porque se contamine con los problemas cotidianos. En ese tenor, el eneatipo IV transita de la depresión y de la melancolía a estados de intensa rabia y enojo, pasando de un extremo a otro con facilidad.

El eneatipo IV tiene una sensibilidad fina que lo mueve hacia lo artístico; es creativo cuando su foco de atención está centrado en unir sus sentimientos al placer de obtener lo que desea. Tiene un alto sentido de lo estético y una gran necesidad y capacidad de comunicar sus sentimientos profundos si es capaz de ir más allá de la lástima que tiende a sentir consigo mismo.

Los individuos de este eneatipo tienden a acercarse a las personas que admiran o envidian, como una manera de fomentar la ilusión de que en algún momento recibirán o serán dignas de obtener lo que ellos tienen.

A partir de la autodevaluación, es muy probable que una vez conseguido el amor del otro tienda a menospreciar al compañero a consecuencia de la falsa idea de que si éste le ama debe ser porque es tan insignificante como el mismo. El pesimismo es un factor primordial para el estancamiento característico de este eneatipo.

En el conflicto, el eneatipo IV tiende a invalidar la historia y las experiencias positivas de la vida de pareja, propiciando peleas y conflictos caóticos, violentos, desesperados y no es infrecuente que llegue a tener pensamientos o amenazas suicidas ante su pareja. Se fomenta así un círculo vicioso de desesperación, manipulación y chantaje.

La virtud del eneatipo IV consiste en su capacidad para ser justo, sensible y reflexivo. Para ello la persona necesita discriminar entre su hipersensibilidad y la tendencia a la victimización y exageración de lo doloroso y orientar su rabia hacia acciones más organizadas, estratégicas y responsables para obtener sus propios logros, lo cual implica renunciar a la fantasía de que alguien, el ser amado, lo va a llevar finalmente a la salvación.

Eneatipo V

Las personas con eneatipo V tienen una fuerte tendencia al aislamiento y a una postura indiferente y escéptica frente a los intereses, estímulos y vínculos afectivos. Se muestra frío y reservado, tímido y serio, y al mismo tiempo adaptable, amable y honesto. La pasión dominante corresponde a la avaricia del saber y del conocimiento, de su mundo interno, de los afectos y de la calidez. Un rasgo característico de este eneatipo es la anestesia temerosa de sus sentimientos que se relaciona con la idea de que al soltar(se) se va a quedar empobrecido, hasta el grado de que es preferible abandonar la escena afectiva y retirarse emocionalmente de sí mismo, tendiendo a una falsa resignación, y a la mezquindad, como resultado de una "incapacidad inconsciente de dar".

En este caso el aferramiento o avaricia (su pasión) es de sí mismo, no del afecto del otro. Es un carácter introvertido que al aislarse, evita toda acción, encaminándose hacia un estancamiento que compensa con una intensa actividad mental.

En la relación de pareja, el eneatipo V tiende a evitar el contacto y el conflicto, renunciando a esperar algo positivo del enfrentamiento o de la resolución del mismo. Muestra aversión a cualquier lucha que involucre un esfuerzo emocional, al grado de renunciar a sus propios deseos. No obstante, las preferencias de sus rasgos están orientadas hacia la conservación de la privacidad con una tendencia al autocontrol activada por un miedo al dolor de la decepción amorosa.

El eneatipo V prefiere observar a los otros para tener la posibilidad de idear formas de mantenerse distante y a salvo. Hace mapas mentales acerca de los comportamientos de las personas que le rodean y de lo que puede o no esperar de ellos y de la situación que enfrenta.

La relación amorosa desde este ángulo es más satisfactoria mientras menos áreas de confluencia y de conflicto existan. El tipo V espera íntimamente que su compañero o compañera no "espere nada", para poder sentirse libre de culpa por su aislamiento. Su acercamiento a la intimidad es temeroso e intermitente y con dificultades para aceptar lo nuevo y espontáneo de una relación.

Por otro lado, los individuos de este eneatipo tienen la capacidad para involucrarse en sus intereses sin la necesidad del apoyo de otros. Encuentran la manera de expresar su afecto en formas más abstractas y condicionan su afectividad a la disponibilidad de que el otro le deje estar "a su aire".

Eneatipo VI

El eneatipo VI es el más complejo de los eneatipos pues se fundamenta en el miedo al miedo y la concomitante cobardía. Tiene un marcado énfasis en la duda ansiosa. Tiene varias maneras de manifestarse o subtipos que equivalen al carácter fóbico, contrafóbico y fanático-paranoico. El eneatipo VI tiene una arraigada sensación de que precisa de protegerse del mundo y de los otros como manera de resguardarse de dudas imperantes, sintiéndose muy inseguro y en constante ambivalencia.[6]

El eneatipo VI es susceptible a la acusación, a la autoacusación y por lo tanto a la culpa. Un tema central de este eneatipo es la relación con la autoridad; su respuesta es desconfiada y adopta una actitud autoritaria que se expresa como obstinación, testarudez y ante el desgaste por su duda de sí mismo, se devela con rasgos de un individuo melancólico, pesimista, provocativo que agota su energía anticipando dificultades improbables.

Su experiencia básica está cimentada en que el amor o afecto que recibe tiene "gato encerrado" y tiene que estar en guardia. El miedo no necesariamente es percibido como emoción sino que se transforma en un conjunto de elucubraciones que son producto del análisis "racional" de las circunstancias que le rodean. La principal necesidad que este eneatipo busca satisfacer consiste en sentirse seguro de sus vínculos. Al mismo tiempo que lucha por el amor, se defiende de "rendirse" a un amor que le amenaza. Entonces, ama y odia a su pareja y a sí mismo en la medida en que no puede descansar y confiar de que se trata de una opción segura.

En las relaciones interpersonales, a diferencia del eneatipo V, este eneatipo no evita el acercamiento y las relaciones. Por el contrario, es hipersensible a sentirse no aceptado, aunque a menudo lo oculta dando lugar a una hostilidad severa y prejuiciosa que se protege en las normas. Tiende a un perfeccionismo en su interior, lo cual lo hace en ocasiones introvertido.

En las relaciones amorosas, el eneatipo VI lucha por mantener una posición de dominio ante el miedo de ser traicionado, por lo cual puede ser celoso y posesivo al mismo tiempo que distante en lo afectivo. Para evitar la posibilidad de ser abandonado, establece un estilo paternalista y protector para asegurar la presencia del otro en la relación, en un esfuerzo por mantener el control y la seguridad. Este esfuerzo lo debilita y lo llena de resentimiento, lo cual se puede expresar como frialdad o distancia en lo afectivo y sexual.

Cuando el eneatipo VI ha podido identificar su propia persecución y puede retomar los rasgos hostiles que ha proyectado en otros, sin tanto prejuicio y culpa, puede acceder a la seguridad en sí mismo y relajarse un poco para manifestar con tranquilidad sus dotes de liderazgo y de sentido de trabajo por el bien común. Por otro lado, en la relación íntima, aprecia la honestidad de su compañero para admitir los sentimientos que están en juego. Tiene una gran capacidad para comprender los sentimientos de inadecuación en sí mismo y en los otros. Es psicológicamente complicado y eso le permite ser capaz de responder de manera profunda y coherente; puede ser extremadamente leal y poner las necesidades de los seres queridos antes que los propios.

El trabajo de las personas con este eneatipo requiere de confiar en su cuerpo y sus emociones para desarrollar el valor que contrarreste los temores creados en su cabeza. También debe desarrollar la capacidad de distinguir sus intuiciones de sus proyecciones por encima de las intenciones de los otros.

Eneatipo VII

Este eneatipo como los dos anteriores tiene que enfrentarse a los miedos de la infancia. A diferencia del eneatipo VI, la estrategia de este eneatipo consiste en la búsqueda del placer. Desde niños se hicieron expertos escapando de la realidad con las ilimitadas posibilidades de la imaginación. El eneatipo VII es ligero, juguetón y se fascina consigo mismo a la manera de Narciso, perdiendo de vista la realidad. Está convencido de su propio encantamiento y busca escenarios y situaciones que le reporten una imagen de excelencia, de altas expectativas y refinamiento. Tiene muy buen gusto y se deleita ocupando gran parte de su tiempo y visión generando planes a futuro que siempre serán maravillosos, si bien, poco realistas. Tiene un gran temor a la concreción de esos mismos planes, pues de la satisfacción no obtiene excitación alguna, de lo que se desprende que la pasión que sustenta este patrón es la gula que se expresa en el deseo de tener y probar de todo y especialmente lo mejor.

El placer está en el deseo mismo y es lo que lo mantiene activo y vivo: la fantasía es lo que lo alimenta.

El eneatipo VII busca situaciones emocionantes, espectaculares que le ayuden a salir de la sensación de que la vida es aburrida, esforzada, árida, amenazante y de poco valor. Busca el placer como la motivación única y básica de la vida; es encantador con los demás para evitar el conflicto; trata de mantener varias opciones abiertas para evitar comprometerse con una sola acción o situación que lo restrinja. Interpone el contacto más íntimo con flirteos y fantasías de aventuras interesantes, no sólo afectivas y sexuales, sino de poder y de interés intelectual. Se focaliza sólo en los asuntos positivos y elimina de la memoria los episodios dolorosos de su vida tanto del pasado como en el presente.

El eneatipo VII puede fácilmente, por su fascinación y avidez, cruzar la raya entre la seducción y la charlatanería pasando por encima de las reglas que él mismo ha admitido, hasta el punto de llegar a ser fraudulento. Tiene una profunda necesidad de ser adorado y admirado por lo cual busca seguidores que respondan a una preocupación interna de autovaloración que se expresa como una competencia con los otros de ser "más... que", "o... el mejor".

Por ello, su relación con la autoridad está marcada por un intento de neutralizarla y entrar en relaciones "igualitarias". En realidad, el eneatipo VII usa sus encantos para desarmar y quitarle poder a las figuras de autoridad.

En las relaciones íntimas, tiende a llevar el ritmo de la relación y se orienta hacia cosas interesantes para pasarlo bien. Es hedonista y espera "ser acompañado" y adulado pero siempre con el temor subyacente de aburrirse, de sentirse restringido. Antes de que el conflicto aflore, se escapa, pues no tolera la confrontación ya que significa un fracaso narcisista que es el eje de su malestar interno. Vive en un mundo de la fantasía, tanto en lo laboral como en lo afectivo, pensando que sus dotes son tan efectivas que puede improvisar y desarrollar un "performance" espléndido. Al mismo tiempo, las personas de este eneatipo tienen suficiente carisma como para crear un ambiente ligero y agradable frente a las dificultades, son livianos y simpáticos, lo cual les hacen atractivos y fáciles para convivir con ellos.

Es magnífico para contar historias y mentiras, pues tiene una gran habilidad de encontrar conexiones entre aspectos aparentemente opuestos, lo cual lo lleva a ser creativo y con una gran intuición, pero también lo convierte en un buen estafador.

En su relación con la mujer, tiende a verla como un accesorio, es un adorno atractivo que le "agrega" a su autoimagen. Si la pareja se deprime o se enferma, encontrará la manera de racionalizar su escapada, pues es difícil que se quede a cuidar al otro.

Eneatipo VIII

En el eje superior izquierdo del eneagrama se localiza al eneatipo VIII. Una de sus características más sobresalientes es el deseo irrefrenable de obtener de la vida una satisfacción inmediata de sus necesidades, que no pasa por el placer fantasioso de la gula, sino por la adrenalina del ejercicio del poder y del dominio. El eneatipo VIII está asociado al carácter sádico y por lo tanto es insensible al daño que produce y su sentido de culpa es casi inexistente. Una de sus principales motivaciones es la ansiedad por estar vivo, de experimentar sin límites los sucesos de la vida, que en el fondo ocultan una vaga y profunda sensación de falta de vitalidad. Su relación con la autoridad y con las reglas es claramente desafiante y transgresora y es hedonista e impulsivo.

El eneatipo VIII tiene una tendencia lujuriosa a ir más allá de los límites, tanto de la seguridad, lo socialmente aceptado y las experiencias sensoriales intensas. El peligro tiene la función de mantenerlo alerta. Es un carácter que está de acuerdo con los marcos de lo hiper-masculino, duro, osado y extra-punitivo.

Responde con enojo y rabia, sin consideraciones, a la menor provocación; tiene una actitud arrogante y descarada de autovaloración y tiende a menospreciar a los otros, en especial a las mujeres, a lo femenino en si mismo, no obstante que desea y busca la compañía femenina.

El eneatipo VIII está inclinado a la actividad y al mundo exterior tangible y es poco propenso a la reflexión, aunque debido a su capacidad de disfrutar, se convierte habitualmente en una buena compañía.

Es ambicioso y tiende a una actitud castigadora y explotadora de aquellos que menosprecia. A diferencia de la propensión a la venganza del eneatipo VI, el eneatipo lujurioso piensa en la venganza a largo plazo y con frialdad. Tiene que ver con la experiencia infantil de haber sentido la impotencia y humillación frente a una autoridad arbitraria y de sentir que su seguridad amorosa le fuera arrebatada. Este enojo es a la vida y contra el mundo, a sus reglas y a la frustración que conlleva inhibir sus impulsos. Manifiesta una franca rebeldía dirigida a sus padres, a quienes considera como ilegítimos, inferiores e injustos.

En esta búsqueda implacable de placer y debido a su insistencia en la excitación que le provee, en realidad el eneatipo VIII está imposibilitado de recibir, lo cual alimenta su lujuriosa (e incansable) búsqueda de triunfo y de otros sustitutos.

En la relación amorosa, el sujeto con este eneatipo suele ser intensamente erótico, en busca de nuevas conquistas. Tiene una actitud protectora de su entorno y exige a cambio una total lealtad. A través del trabajo personal, puede retomar su nobleza en la medida en que detiene su impulsividad para recibir el apoyo y la ternura de la que careció en su infancia.

Eneatipo IX

El eneatipo IX se caracteriza por una actividad exterior que conlleva en paralelo una indolencia de sí mismo. El sujeto con este eneatipo es perezoso con respecto a su interés por la vida interior, lo cual implica una sobreadaptación al medio ambiente que se disfraza de tolerancia y resignación. En realidad tiene una gran tendencia a la comodidad en los asuntos cotidianos. Aparece como bonachón y olvidadizo de sí mismo. Paradójicamente el eneatipo IX está orientado a la gente, es complaciente e infantil en tanto que logra que los demás se hagan cargo de sus necesidades personales y se somete a los demás, evitando sentirse rechazado. Tiene dificultad para tomar sus propias decisiones y se las arregla para no estar sólo, pues se siente desvalido.

Tiende a ser tranquilo y serio, y por lo tanto es confiable. En la relación de pareja responde al rol de un pilar, fuerte, estable, fiel y apoya todo lo institucional desde una actitud pragmática y administrativa. En contraste al eneatipo VIII tiene un estilo flemático carente de fuego, como si estuviera narcotizado.

Por otro lado, se muestra generoso y en ocasiones abnegado y cordial, no obstante que aunque sea visto como modesto, en realidad sucede que a menudo ha renunciado al deseo de reconocimiento con tal de sustituir su identidad perdida que la reemplaza por una forma de simbiosis con el grupo familiar, el club, el equipo, simplificando su vida a lo predecible, consecuencia de una indolencia intelectual y emocional.

Tiende a ser distraído, con mala memoria y confuso como mecanismo de defensa. Sin embargo, es eficaz ante aquello que le traerá confort y comodidad y especialmente cuando se siente ocupado. Ante el conflicto, responderá con terquedad o con una agresión pasiva, distanciándose en los momentos significativos. Evade los retos de la vida con inercia y pone su energía en el mantenimiento de hábitos, que al final del día sólo sirven para distraerse de asuntos importantes que teme enfrentar drenándose de la energía necesaria para apropiarse de sus experiencias significativas. El camino virtuoso de este eneatipo implica comprometerse consigo mismo y con su propio desarrollo, para salir de su adormecimiento disfrazado de intensa actividad.

El eneatipo y el amor

Para ampliar las descripciones anteriores se agrega la figura 2 en la que se especifican las formas en que cada eneatipo percibe e idealiza una faceta o

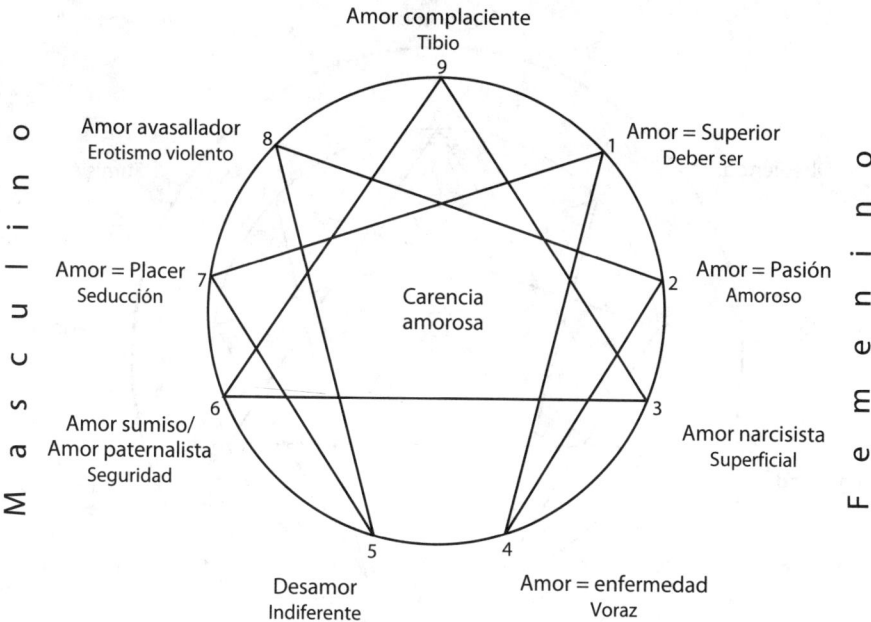

Fig. 2. Distorsiones del Amor. En este esquema se muestran las preferencias del estilo amoroso de cada eneatipo de tal forma que representan el tipo de amor "ideal" que se anhela.

expresión del amor humano, lo que implica una cierta ceguera y en ocasiones un fuerte prejuicio para otras manifestaciones de "lo amoroso".

En la terapia de pareja, esto es importante pues en el conflicto con frecuencia surge un intento de imposición del estilo propio de "ser amoroso" por encima del modo de funcionamiento del compañero o compañera.

En este sentido el concepto de distorsión no designa una desviación o error solamente sino que destaca la desvalorización de otras manifestaciones relacionales como consecuencia de la primacía que adquieren los rasgos más acordes con el propio mapa del mundo de cada eneatipo. En consecuencia, se intenta conseguir un tipo de amor "ideal" que se corresponda con cada estilo propio de "ser amoroso".

Desde la perspectiva de las preocupaciones recientes de la terapia sistémica, el eneagrama ayuda a plantear que cada sujeto ha co-construido un self acorde a su historia familiar y que en su vida adulta, las relaciones

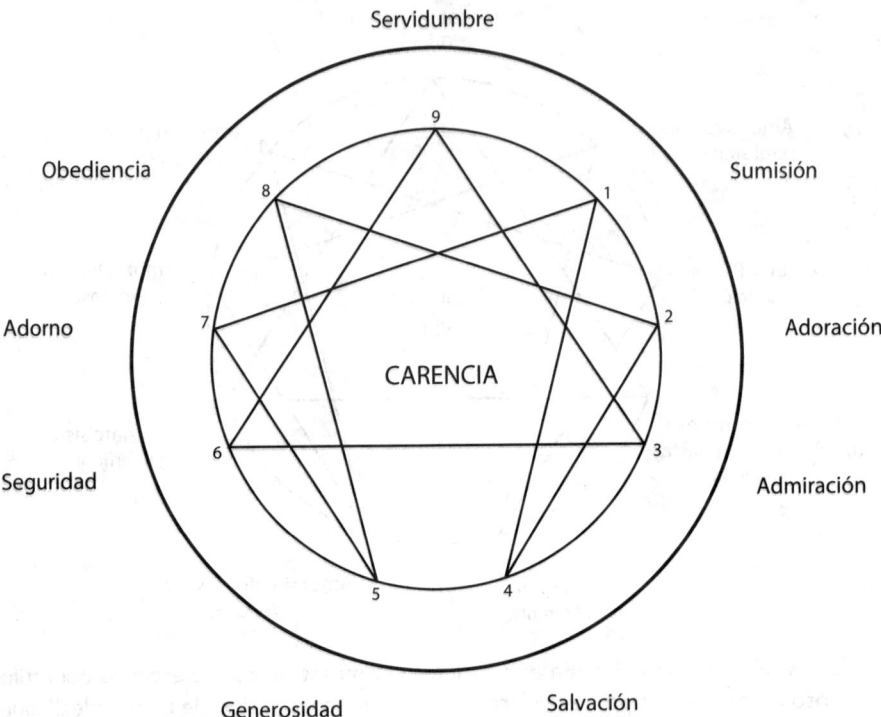

Fig. 3. Demandas sobre el otro. En este esquema se muestran las demandas amorosas que cada eneatipo impone a su pareja.

amorosas le ofrecen la oportunidad de identificar el dilema transpersonal, es decir, considerar que su experiencia en el amor puede ampliarse si es capaz de aventurarse a ir más allá del "sí mismo" con el que se identifica.

De esta manera, las preguntas y la conversación en la terapia favorecen que se obtenga una mayor distancia del conflicto y con ello facilite replantearse la perspectiva de lo que parece intolerable en el otro.

A continuación presento como ejemplo el escrito de una alumna en entrenamiento que hace una reflexión acerca de su proceso de separación a la luz del trabajo con el eneagrama en un taller de reflexión personal sobre la pareja actual del terapeuta.

Hace algunos años decidí emprender un viaje, sabía que en mi maleta tenía que incluir elementos que me solventaran en cada lugar que yo visitase, sabía también que tenía que turnar a los lugares visitados y que era necesario andar por lugares fuera de mí, pero sobre todo por terrenos quizá muy ocultos en mi interior. Yo no sé si esa decisión fue tardía, lo que sí sé es que crecen mis deseos de viajes cada vez más constantes, cada vez más profundos, hacia adentro de mí y sobre todo hacia afuera.

Dentro de este viaje, con gran suerte adquirí un pase hacia mi crecimiento profesional y con gran bendición ese pase llevaba un boleto extra (un viaje hacia mi interior). Y en mi maleta incluí a la Terapia Sistémica, y a lo largo de ese viaje me encuentro con algo llamado Eneagrama y sus eneatipos; tenía que depositar uno de ellos en mi maleta, sin embargo entre tantos viajes y tantas veces empacar y desempacar, hubo tantos cambios en mí que me sentía brincando de uno a otro de los eneatipos. Así es que como parte de esta confusión que me había producido mi reciente separación, fui interceptada por una invitación a conocer mi estructura defensiva.

¿Cómo es que crees que esta entrevista te sería más útil? Fue la pregunta con la que se inició... para aprender y conocerme más... fue algo a lo que respondí muy segura de lo que decía, sin embargo mi sangre corría aceleradamente por mis venas, mis piernas temblaban como un wong después de ser tocado, mis manos eran un nudo que no se sabía dónde empezaba una y dónde terminaba la otra y mi corazón latía reclamándome ¿por qué lo estaba exponiendo ante tantos ojos y oídos? Vaya ironía: mi cuerpo me gritaba qué eneatipo tenía que empacar y yo aún tan confusa.

El paseo siguió y a la luz surgieron tres tramas: la pareja, mis padres y yo. ¿Si él estuviera aquí cuál sería su queja? "...que yo no lo quería ver a diario..." Sin mayor reparo y con orgullo en mi voz, en resumen, dejé salir esa respuesta ¿y tú, cuál sería tu queja para él? Pregunta avasalladora que decapitó ese orgullo, mi sangre se congeló, mi cabeza luchaba con mi alma, porque ésta última sentía que por fin podía confesar su gran dolor pero mi cabeza trataba de convencerla que decirlo no era conveniente, mi garganta se cerró, como nubes que ocultan el cielo encerrando su claridad, dejando salir sólo una leve expresión: "no puedo decirlo."

Y en un silencioso respeto pude volver a la calma. Surgieron entonces preguntas respecto a mis padres, su relación de pareja y su relación conmigo, mi alma, mi cuerpo y mi cabeza estaban en relativa calma, no era tema nuevo, la diferencia es que era visto desde el terreno de la construcción de mi eneatipo: ¡excelente! Pensaba que esto me llevaría a seguir conociendo mi interior, con claves que ofrecieran un fulgor a mi eneatipo.

Y de nuevo se volvió a la pareja y con gran razón escuché cómo la pareja nos hace mostrar al eneatipo al desnudo. Empezó entonces a rodearme un sentimiento muy conocido en torno a este tema y mi cuerpo, mente y alma volvieron al combate, ¿cómo te duele esta relación? ¿Has pensado en tener hijos? ¿Tu familia qué piensa de esa relación? ¿Sientes vergüenza por esa relación? Entiendo que fueron algunas de las preguntas clave que a los ojos de los demás permitieron ir colocándome en uno de los caracteres, "...me debilita, me quita fuerza muscular", "...alguna vez lo pensé, pero como parte de lo esperado para una mujer, hasta el día de hoy no pienso en hijos", esa relación me ha ayudado a crecer, no me arrepiento..." Fueron parte de mis respuestas, todas ellas en medio de un vaivén de emociones, porque era como llevarme hasta el límite y luego bajar la intensidad para poder ver con claridad lo que ahí sucedía. Y de pronto, sin saber cómo me escucho diciendo aquello que tan celosamente guardaba "he pensado seriamente en la posibilidad de vivir sin pareja, pero es algo que aún me duele, con o sin pareja quiero aprender a disfrutar de la vida".

El paseo llegó a su final, en ese momento era más emoción que pensamiento y tuve pocas palabras para cerrar la entrevista. Si tuviese que abrir en ese instante mi maleta, espacio hubiese faltado para colocar todas las emociones, dolores, miedos, fantasmas, placeres y deseos de descubrimientos que se desbordaban en mi interior. Otras tantas cosas más enriquecieron la entrevista, pero fueron aquellas preguntas y esto último lo que marcó lo que vendría después. "Eneatipo cinco", concluyeron todos esos ojos y oídos, "¿cinco?" "¿Avaricia?" Repetía mi cabeza entre sorpresa y admiración. Acto seguido, visita a la literatura del eneatipo cinco.

Dice Naranjo: "Llega a ser una pasión su búsqueda de aislamiento y soledad, su deseo de no ser interferido, exigido, invadido. El amor al prójimo se ve eclipsado por el amor a los ideales y el conocimiento a sí mismo. Es también poca su disponibilidad para con los hijos. Su deseo de recibir amor está amortiguado por cuanto se ha acomodado a vivir con lo menos posible. Al pensar que desear es demasiado, surge la resignación. Forma parte de ese carácter decirse ¿vale la pena hacer algún esfuerzo? ¿Vale la pena insistir? El amor a Dios, cuyas exigencias se hacen menos presentes que las del prójimo, pasa a sustituir en cierta medida al amor humano."

"...demolición..." leía en esta literatura, lo que Naranjo escribe de los eneatipos: "la evidencia es demasiada (...) No hay dónde escabullirse: está hablando de ti (...)" Y me pregunto, ¿será que todo esto es un terreno que no había recorrido? Cómo evadirlo, acaso mi cuerpo temblaba en búsqueda de su lugar seguro: "ensimismarse". ¿Acaso no me eclipsó este paseo para voltear a ver el amor con un mayor conocimiento de mí misma y dejar de ver el amor del otro? Poca disponibilidad a los hijos, ¿coincidencia? Mi garganta se negó a decir: no quiero pedirle a él que se quede conmigo, ¿orgullo?, ¿dignidad? ¿O acomodada a vivir con lo menos posible? Vaya manera de decirlo. ¿Vale la pena seguir pensando en vivir sin pareja? acaso tiene aire de resignación y es quizá esta resignación a no tener pareja la imagen más fiel del Eneatipo V?

Bueno... si mi amor a Dios me ayuda, emprenderé viajes que me ayuden a levantar esa demolición."

El texto reproducido es bastante explícito acerca de la utilidad que tiene la identificación del eneatipo como una herramienta más para comprender el modo de funcionamiento personal en una relación amorosa que se ha roto recientemente y que ha dejado al descubierto la estructura defensiva como si estuviera a flor de piel, porque facilita la sobrevivencia emocional por encima de la confusión y el dolor que una crisis de este tipo produce habitualmente.

El siguiente caso es un ejemplo del trabajo con el eneagrama en la terapia con una pareja que acude en un momento de crisis.

Alicia y Juan acuden a terapia de pareja. Juan tiene 43, Alicia 39 y tienen tres hijos de 14, 8 y 6. Tienen 21 años juntos y 16 de casados.

Ambos están acudiendo además, por su cuenta, a sesiones de terapia individual. Cuentan que hace algún tiempo, de vez en cuando ambos quedan de encontrarse en un bar de la ciudad pretendiendo ser desconocidos y montan una escena en la que Juan aborda a Alicia para "ligársela" y de allí surge un coqueteo y planes que estimulan el erotismo entre ellos.

El incidente que motivó la consulta fue que, en el último encuentro, Juan le dijo a Alicia que "había otra persona en su vida y que no sabía cómo decírselo a su esposa" como si ella no lo fuera. A Alicia le provocó un shock y un gran enojo además del consiguiente conflicto y confusión. La queja de ella es que Juan no acepta su dolor y su enojo, porque en realidad, "no pasó nada" y que todo era entonces una gran exageración.

Durante la sesión siguiente, Juan relata la atracción e incluso su "enamoramiento" de una novia de la secundaria a quien había vuelto a ver últimamente aunque en realidad no había nada entre ellos más que algún coqueteo de ella hacia él.

Juan planteó que, desde el inicio se había sentido inferior a Alicia, pues él era virgen al iniciar la relación y ella, en cambio, había tenido varias relaciones afectivo-sexuales, lo cual le producía una mezcla de envidia y coraje al mismo tiempo que atracción hacia ella.

En el proceso de la terapia, Alicia comenta que atravesaban por una etapa en la que ella se había sentido más cerca porque habían hablado de asuntos conflictivos y dolorosos que se habían evitado desde el inicio de la relación y que eran muy importantes para ella; por ejemplo, que al regresar de la luna de miel, Juan la llevó de vuelta a su casa y le dijo que todavía no estaba listo para que vivieran juntos. Le pareció tan humillante que había optado por negárselo a sí misma y a su familia.

Juan es el cuarto hijo y vivió sobreprotegido por su padre hasta la adolescencia. A su madre la describe como distante y sumisa frente al padre. Juan cuenta una historia de frecuentes fracasos escolares que le produjeron una fuerte dosis de inseguridades. Se refiere a su familia como si fuera un lugar en el cual no pudiera sentirse a gusto porque sus hermanos mayores eran hostiles y crueles con él.

.Actualmente dirige su propia empresa y le es difícil gozar de sus logros que han resultado de su espíritu emprendedor. En su casa se muestra temeroso, inseguro, tiene pocas ganas de estar con la familia; evita involucrarse en la vida cotidiana de sus hijos y se retrae a menudo de los conflictos con un estilo pasivo-agresivo. Alicia se queja de que se tiene que hacer cargo totalmente del cuidado de los hijos además de su trabajo y de las responsabilidades de su profesión.

En lo afectivo, le cuesta trabajo la cercanía con Alicia y con sus hijos a quienes describe como excesivamente demandantes. Cuando llega a casa exige orden y todos lo experimentan como autoritario y gruñón. Tiene escasos intereses más allá del trabajo y pocos amigos.

Alicia es la segunda de tres hermanos y proviene de una familia en la que su padre tenía otra familia que era la "oficial". Su padre venía a casa en las tardes y se iba en las noches.

Alicia se ve a sí misma como alguien que aprendió a trabajar desde muy joven y a costearse sus gastos ya que el padre no aportaba significativamente. La situación de sus padres era "secreta". Ha cuidado cercanamente a su madre y aprendió a ser eficiente y práctica desde la infancia. Recuerda que era la preferida de su padre. Inició su vida sexual tempranamente en un ambiente permisivo aunque no promiscuo.

Los conflictos con la familia de Juan se originaron por las dificultades derivadas de provenir de una familia ilegitima de parte del padre, lo cual la ha hecho sentirse frecuentemente devaluada.

El incidente actual le recuerda a la situación de su madre, como la amante que toleró la existencia de la otra pareja "oficial" de su padre, lo cual le produce coraje cuando Juan le relata de su supuesta infidelidad.

En el proceso de la terapia, Juan aparece como eneatipo VI, miedoso e inseguro, con dificultades para enfrentar los conflictos que ha provocado por sus sentimientos hostiles encubiertos. Actúa de una manera pasivo agresiva y al mismo tiempo dependiente. Tiende a ser pasivo en lo sexual. Se muestra distraído, confuso y pretende "no saber" qué es lo que Alicia espera.

La descripción que hace Juan de su supuesto encuentro amoroso denota una actitud pasiva porque relata que lo seducen e insiste en que no "hubo nada" como una medida de protección ante la amenaza de Alicia de separarse. Por otra parte se escuda en una supuesta "lealtad" a la fidelidad mutua, que oculta su miedo a incursionar en una situación más compleja, amenazante y comprometedora.

Alicia controla su enojo y trata de aparecer razonable, dispuesta a no darle demasiada importancia. Sin embargo relata que cuando ha querido hablar del asunto con Juan, él se defiende con frialdad e indiferencia acusándola de exagerar una insignificancia y provocándole una fuerte humillación. En una ocasión incluso, desesperada, tomó un cuchillo de la cocina para intentar lastimarse y demostrarle la inmensa magnitud de su dolor.

Las actitudes de Alicia corresponden a las características del eneatipo II con una fuerte necesidad de afecto y valoración. Es activa y atenta a las necesidades de los otros por encima de las suyas. Intenta mostrarse comprensiva ante la "confesión" de Juan en un esfuerzo por protegerlo de su intensa ira. Su dolor y desesperación la llevan a amenazar con su vida antes que perderlo.

Más adelante en la terapia aparecen las expectativas implícitas de cada uno

Juan espera que lo protejan y ocupa una posición de debilidad frente a Alicia, sin considerar que esta actitud le genera una profunda hostilidad hacia ella, que encubre con dependencia y pasividad. Alicia espera ser valorada, deseada y protegida, sin considerar que esta necesidad la expone al abandono y está dispuesta a participar en un juego de seducción mutua arriesgándose a sentirse humillada aunque en oculta "lealtad" con la historia "secreta" de su madre.

Para Alicia ha sido importante hacerse cargo de las principales decisiones de la vida familiar ya que se corresponde con la necesidad de sentirse indispensable y no mostrar su fragilidad frente a Juan y que consiste en no creer que sea muy atractiva para él. Este temor se confirma con la "confesión" de Juan y su indiferencia sexual que requiere de juegos y ocultamientos.

El proceso terapéutico de esta pareja les ha permitido enfrentar el dilema personal que implica transitar de la insatisfacción hasta entonces encubierta y tolerada, hacia la identificación de las necesidades más profundas de su propio eneatipo y las del otro. En el caso de Juan, implica arriesgarse a hacerse cargo de su compromiso con ella a toda prueba. Para Alicia significa aceptar con humildad que lo necesita más de lo que admite.

El uso del eneagrama como instrumento terapéutico en esta fase, permite que la pareja y el terapeuta descubran un camino que deja atrás los estilos neuróticos infantiles que obstaculizan la experiencia amorosa y les conduzcan hacia el logro de transformaciones más profundas y transcendentales.

---

[1] El eneagrama es un estudio milenario detallado y minucioso a partir de la observación de las manifestaciones humanas a lo largo de la historia y plantea que cada experiencia significativa es una posibilidad de ampliar, enriquecer y confrontar la modalidad defensiva, rígida y estereotipada de la estructura del carácter que se ha fijado como un pseudo self, que es el eneatipo.

En muchos contextos, el eneagrama se ha asociado y utilizado básicamente como un conocimiento ligado a lo religioso y místico. A partir del trabajo de Claudio Naranjo desde principios de los años 80 y de sus publicaciones, especialmente "Carácter y Neurosis, una vision integradora" y "el Eneagrama de la Sociedad: males del mundo y males del alma" entre otros, he ido rescatando la valiosa contribución a la conversación terapéutica que los conceptos del eneagrama, su visión del self operativo y self esencial ofrecen a la terapia basada en los *significados* en el proceso terapéutico.

[2] C. Naranjo habla del este eneatipo III (Vanidad) como el más difícil de detectar, pues responde con fidelidad a las expectativas de una sociedad cuyos códigos requieren que las personas se hagan plásticas, maleables a las consignas de un mundo de consumo impersonal donde los anhelos y deseos propios no se registran como importantes motivaciones para el autodesarrollo. Por el contrario, hay aspectos sociales que favorecen que los individuos se adapten a moldes sociales, en los cuales la apariencia y el consumo superficial, sin crítica ni sentido configuran el ideal de la persona narcisista.

[3] C. Naranjo habla de que el eneatipo III tiene una actitud mercantil en las relaciones afectivas, demasiado atenta a lo que da y lo que recibe a cambio. Constantemente evalúa a los demás con cierto nivel de confusión en relación con sus necesidades reales y con sus conveniencias.

[4] Naranjo describe tres formas del eneatipo VI que corresponden: primero, al que lidia con el miedo buscando seguridad en alianzas que le posibiliten confiar en alguien, ante quien se esfuerza por no enemistarse, lo cual refuerza su debilitamiento ante la agresión. Un segundo tipo que ataca la ansiedad predisponiéndose al ataque entrando en el círculo vicioso en el que el miedo genera agresión y viceversa. El tercer tipo no confía en sí mismo ni en los demás, por lo cual deposita su confianza en la razón abstracta o en ideologías, como referencias impersonales, volviéndose rígidos, obsesivos y fanáticos.

CAPÍTULO 12

LAS HISTORIAS DE AMOR COMO UNA CONSTRUCCIÓN SOCIAL

A lo largo de los diferentes capítulos, se han descrito los diferentes niveles y mapas que facilitan el camino del terapeuta y de quienes lo consultan, y de cualquiera que se interese por un tema tan universal como el amor y sus destinos para que puedan recorrerse en forma secuencial o también al azar.

En la terapia de pareja, sin embargo, es preferible adentrarse paso a paso para que el proceso de dialogo reflexivo siga un orden que defina objetivos a cumplir de forma escalonada; que además, incluya temas sucesivos a problematizar, por medio del dialogo reflexivo, a lo largo de las 10 o 20 sesiones que destinamos para este fin habitualmente.

Es posible que algunas parejas abandonen las consultas antes del plazo establecido, lo cual no significa un fracaso necesariamente. No todas requieren del crecimiento que implica aventurarse en el "planeta Beta" de los significados más profundos y potencialmente transformadores que una relación amorosa puede brindar como una consecuencia existencial más trascendental.

En todo caso, cuando buscan a un terapeuta para que les ayude a enfrentar sus conflictos de la mejor manera posible, se encuentran al borde del naufragio, inundados por el agua que se filtra por las múltiples "averías" que predominan en el planeta Alfa, de tal forma que no es posible ignorarlo con un diálogo terapéutico que les remonte a sus momentos felices, cuando recién se enamoraron o eligieron vivir juntos. Por esta razón, no recomiendo iniciar la entrevista con preguntas que se desvíen del tema del dolor que les acongoja a un nivel tal que la estructura de la relación misma se encuentra fracturada.

Sin embargo, más adelante, cuando la terapia se encuentra en sus fases intermedias y se intenta responder a las preguntas sobre las "maneras de amarse preferidas" de cada uno, del tipo de defensas de cada eneatipo y la forma en que se articulan como narrativas del self, tal cual como se ponen de manifiesto cuando el amor está en peligro y sobrevive, la indagación sobre las historias de amor que habitan es más aconsejable.

Las investigaciones de Stemberg y colaboradores en EU y de Díaz Loving y otros en México han sido muy útiles para abrir la Caja de Pandora con una guía del camino, un mapa más, el cuarto y último de este recorrido, sin olvidar que en ambos casos, las entrevistas de investigación se realizaron con parejas que no habían solicitado una consulta sino que acudieron, en respuesta a una invitación abierta y pública a participar en sus estudios. En consecuencia, no se aplica en ese caso, dadas las características de la muestra, nuestra recomendación anterior de retrasar la averiguación de este tema para el final porque no se trataba de una terapia.

Sus resultados en la comparación bicultural de los datos obtenidos en EU y en México son bastante similares, con respecto a los guiones de las historias que ambos identificaron como las más frecuentes y por lo tanto, sirven de base para postular las siguientes afirmaciones:

1. El amor es como una historia que habitamos cada vez que, cuando sujetos, nos decimos "enamorados".
2. El amor en la pareja es una construcción social que se manifiesta por medio de múltiples historias de relaciones, y aunque su número es infinito, cuando se agrupan, se reducen a 25 tramas o guiones que son los más frecuentes.
3. Las historias de amor se adecuan al contexto cultural en el cual sus protagonistas están inmersos al mismo tiempo que les proporciona textos y discursos no escritos, sobre los que se apoyan sus narrativas dominantes.

La historia del primer amor y de su eventual fracaso

Es una experiencia universal que las anécdotas amorosas que más se graban para siempre en los archivos de la memoria episódica y semántica, son los recuerdos de la primera experiencia amorosa y de su habitual fracaso. Son historias que se encuentran en correspondencia con la historia ideal que da origen a una atracción tan intensa como irresistible, porque nos identificamos con esa otra persona, que de acuerdo a nuestra intuición inconsciente, parece que cumple con los requisitos que necesitamos para curarnos de las carencias amorosas más tempranas. El mecanismo que sustenta intensamente la elección consiste en la proyección, en sus diferentes modalidades incluyendo a la identificación proyectiva que le atribuye a la otra(o), características no deseadas para uno mismo.

No es casual que estas relaciones de amor primero o "primo" se encaminen al fracaso, en la medida que la persona elegida no corresponde a quien habíamos imaginado con tanta convicción como premura. Es posible también que no participe como un complemento en el guión que le habíamos asignado en esta historia que se desdibuja con pesar al poco tiempo, cuando no se confirma como el personaje imaginado tan ingenuamente.

En un estudio de R. Sternberg con estudiantes universitarios en Yale, jóvenes de 17 a 22 años (edad media: 18.8 años) de distinto sexo se encontró que los varones elegían con mayor frecuencia a las historias de arte (belleza), colección (objeto valioso) y pornográfica (objeto sexual) mientras que las mujeres se pronunciaban por las historias de viaje (aventura) y de negocios (economía). En ambos grupos, la puntuación más alta la ocupó la del jardín (que se cuida) y la más baja era la del terror (de adrenalina).

Es probable que la elección de estas historias preferidas por hombres y mujeres se encuentre fuertemente determinada por la edad y el género, es decir por la matriz cultural de la que formamos parte, pero también por la estructura caracterológica (eneatipo) e intrapsíquica de los entrevistados, especialmente como sucede cuando en la investigación se entrevista a parejas ya constituidas, que no se encuentran ya situados en la pregunta por la elección temprana, tan fuertemente idealizada o soñada.

Los fracasos tempranos de estos amores iniciales son una consecuencia posible de tres factores que se combinan entre sí:

- Las discrepancias entre las historias ideales y las reales, especialmente cuando la persona elegida no adopta el rol complementario que le asignamos en el guión deseado porque, a su vez, tiene su propia historia que jugar.
- La distribución poco equitativa de poder que se establece desde el principio y que empeora, en los casos en que el otro no cumple con las expectativas de rol deseado y no está dispuesto a cambiar muy fácilmente.

- La insatisfacción natural que deriva de las características del deseo, de la pasión y del erotismo, especialmente cuando, por razones culturales e ideológicas, no logra su consumación.

No es tan frecuente como antes que la historia de este primer amor termine en matrimonio, en la medida que las experiencias sexuales son cada día más tempranas. Sin embargo, cuando se produce, no tiene buen pronóstico y quizá lo mejor sería su fracaso para que acerque a sus protagonistas a una experiencia de error y de aprendizaje, siguiendo los consejos de Bateson sobre los procesos estocásticos.[1]

En el caso de que se traduzca en matrimonio, la precaución sobre las posibles infidelidades futuras es inútil, porque casi inevitablemente ocurren, especialmente cuando la relación se mantiene por largo tiempo o para siempre. Es preferible, por lo tanto, conservar episodios de su trama en la memoria como la hebra inicial de un camino que la experiencia de la vida enriquecerá con el tiempo.

Sin embargo, por el contrario, desde una posición más optimista y quizá más sabia, nos conduce a preguntarnos sobre los elementos que constituyen el amor y cómo es que se articulan como una historia que se autorregula para conservar su esencia.

En primer lugar, si se consideran esquemáticamente, los elementos constitutivos del amor, según Sternberg se reducen a tres y se pueden graficar en un triángulo que adopta la forma que sigue:

INTIMIDAD: Vínculo, Cuidado, Comunicación y Confianza.
PASIÓN: Satisfacción Sexual, Atracción y Deseo.
COMPROMISO: en la elección, decisión y mantención de la pareja.

Cuando estos elementos se agrupan en un esquema como el que se ilustra a continuación, es posible identificar diferentes tipos de amor, de acuerdo con el predominio de uno u otro de los elementos o la mezcla de ellos. De esta forma se construyen las primeras configuraciones que aparecen en el gráfico.

En el esquema, los diferentes tipos de amor están constituidos por las distintas combinaciones de estos elementos de tal manera que el amor romántico obtiene porcentajes más elevados de intimidad y pasión, el amor necio o banal se caracteriza por una mezcla de compromiso y pa-

Tipos de amor

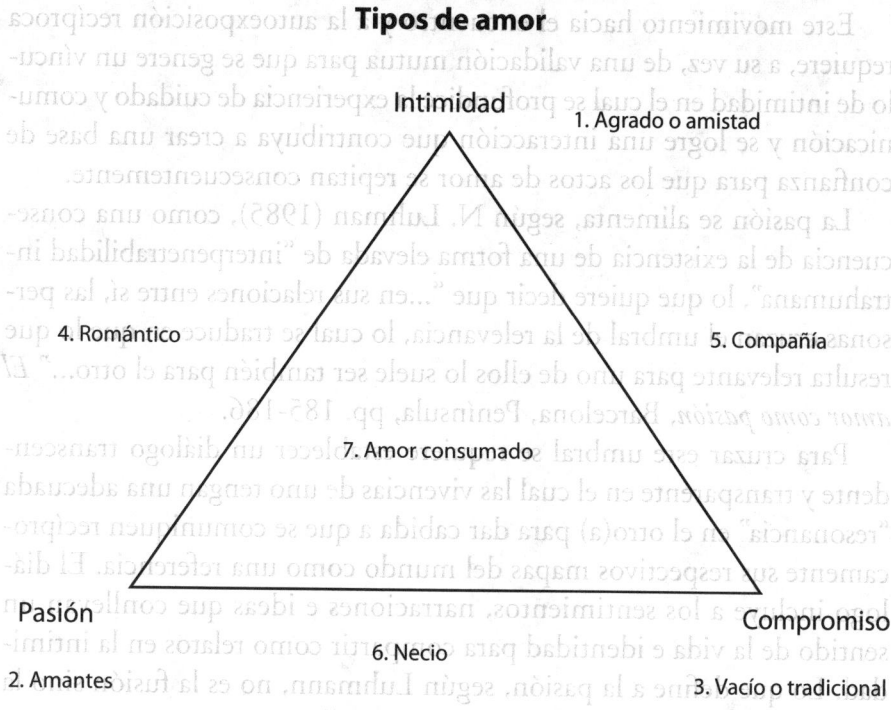

sión y el consumado o completo, la aspiración ideal del amor maduro de Fromm, se logra por una combinación equilibrada de pasión, compromiso e intimidad.

El problema surge cuando se trata de definir la magnitud de cada uno de estos elementos de una forma que sea útil para la construcción de una historia con estructura de sentido y no solamente sirva para elaborar un cuestionario para identificar la propia relación, de acuerdo con las respuestas ordenadas por el mayor o menor porcentaje de sus elementos constitutivos.[2]

Si se comienza por la elección y la atracción, las respuestas coinciden con el estudio de los jóvenes de Sternberg que señala cuáles son las preferencias en la cultura norteamericana y que seguramente se reproducen en la mayoría de los lugares con acceso a Telecable o a Internet como información de referencia: en nuestra realidad mediática, lo que se busca es lo que se publicita. Se genera entonces un compromiso inicial, derivado de la elección y su satisfacción, cuando el otro(a) se asemeja al ideal de la búsqueda, del cortejo y la conquista.

Este movimiento hacia el encuentro y a la autoexposición recíproca requiere, a su vez, de una validación mutua para que se genere un vínculo de intimidad en el cual se profundice la experiencia de cuidado y comunicación y se logre una interacción que contribuya a crear una base de confianza para que los actos de amor se repitan consecuentemente.

La pasión se alimenta, según N. Luhman (1985), como una consecuencia de la existencia de una forma elevada de "interpenetrabilidad intrahumana", lo que quiere decir que "...en sus relaciones entre sí, las personas cruzan el umbral de la relevancia, lo cual se traduce en que lo que resulta relevante para uno de ellos lo suele ser también para el otro..." *El amor como pasión*, Barcelona, Península, pp. 185-186.

Para cruzar este umbral se requiere establecer un diálogo transcendente y transparente en el cual las vivencias de uno tengan una adecuada "resonancia" en el otro(a) para dar cabida a que se comuniquen recíprocamente sus respectivos mapas del mundo como una referencia. El diálogo incluye a los sentimientos, narraciones e ideas que conllevan un sentido de la vida e identidad para compartir como relatos en la intimidad. Lo que define a la pasión, según Luhmann, no es la fusión sino la disposición a establecer diferencias con aquellas personas que se nos parecen en ciertos aspectos, pero que son potencialmente diferentes a nosotros.

De acuerdo con Sternberg, quien se manifiesta también como partidario del amor como una historia, un diálogo, luego de abandonar su marco de referencia anterior, basado en el análisis psicosocial estructural del estudio de sus componentes, es necesario identificar estas tramas narrativas para facilitar su comprensión:

En sus palabras...

> Las *historias asimétricas* se fundamentan en que la idea de la asimetría (o conducta complementaria, en la nomenclatura de Bateson) entre los miembros de la pareja debe ser la base de la relación. En una historia profesor-estudiante, uno de los individuos proporciona la estructura e información, mientras que el otro se encarga de recibirla. En la historia de sacrificio, un individuo realiza concesiones voluntariamente, mientras que el otro se encarga de recibirlas y beneficiarse de las mismas. En una historia de gobierno, un individuo ejerce su poder sobre el otro. En una historia policíaca, uno de los miembros se encarga de llevar a cabo la vigilancia y a menudo

también suele proporcionar una estructura al otro miembro. En una historia pornográfica, un individuo desea cumplir sus fantasías eróticas con el otro. En una historia de terror, un individuo es el torturador y el otro la víctima de sus vilezas.

Las *historias objeto* son aquellas en las que se supone que uno de los miembros de la pareja o la relación constituye el medio para conseguir algo que se encuentra fuera de la relación. Hay dos tipos principales de historias: en el primer tipo, *la persona es un objeto* y se subdivide en tres diferentes subtipos: En una historia de ciencia-ficción se valora la excentricidad o el misterio de la pareja. En la historia de la colección, se considera a la pareja como un objeto valioso que es parte de una gran colección. En una historia de arte, se valora la apariencia física de la pareja.

En el segundo tipo, *la relación es el objeto* y se subdivide en cuatro variedades: En una historia de casa y hogar, la relación es un medio para conseguir una hermosa casa y un ambiente hogareño. En una historia de recuperación, la relación es el medio para recuperarse de un determinado trauma. En una historia religiosa, la relación sirve para ayudar a uno o a ambos miembros de la pareja a sentirse más cerca de Dios, o incluso la propia relación se acaba convirtiendo en una especie de religión. En una historia de juego, los miembros de la pareja quieren jugar a ser vencedores y la relación les proporciona el escenario para conseguirlo.

Las *historias de coordinación* se basan en la idea de que ambos miembros de la pareja trabajan juntos para crear, hacer o mantener algo. En la historia del viaje, el amor es como un viaje y la pareja trabaja unida para elegir y llegar a su destino común. En la historia de coser y tejer, la pareja teje o cose la base de su relación conjuntamente. En la historia de jardín, la pareja cuida de su relación del mismo modo en que un jardinero cuida su jardín. En una historia de negocios, la pareja crea o establece un negocio en el que hay una división de funciones. En la historia de adicción, uno de los integrantes de la pareja no puede vivir sin el otro o, como mínimo, necesita ese contexto de dependencia que le parece indispensable para la vida de la pareja.

Las *historias narrativas* parten de la idea de que existe algún tipo de texto, fuera de la relación, que funciona como una norma indicativa del camino que debería seguir la relación. En una historia fantástica, el texto se basaría en un cuento de hadas que incluye a un príncipe y a una princesa, o a un caballero y a una princesa. En la historia científica, el texto hablaría del modo en que las relaciones se pueden analizar de acuerdo con principios y fórmulas científicas ya existentes. En la historia del libro de cocina, el texto consiste en una receta que, si se sigue al pie de la letra, nos conducirá hacia una relación exitosa.

En las *historias de género* (*literario*) se da importancia al modo o forma de ser en la relación y no tanto a los objetivos y principios que subyacen en la misma. En una historia bélica, lo que importa realmente son las batallas, la guerra que las genera, no el objetivo de las mismas. En una historia teatral, es importante que uno de los miembros de la pareja esté desempeñando un papel, sea cual sea (además, ese papel puede cambiar con el tiempo). En la historia de humor, lo importante es que la relación sea alegre y desenfada y que nunca se convierta en algo demasiado serio. Y en la historia misteriosa, uno de los individuos debe ocultar constantemente información al otro, sin importar el tipo ni la importancia de la misma.

Sternberg, R. (1999), *El amor es como una historia,*. Barcelona, Paidós, pp. 63-65.

Historias de amor

- Historias asimétricas
  - Maestro - alumno(a)
  - Sacrificio
  - Gobierno
  - Policiaca
  - Pornográfica
  - Terror

- Historias de coordinación
  - Viaje
  - Coser y tejer
  - Jardín
  - Negocios
  - Adicción

Historias de la relación como objeto
- Casa y hogar
- Recuperación
- Religiosa
- Juego

Historias de la persona como objeto
- Ciencia ficción
- Colección
- Arte

Historias narrativas
- Cuento de hadas
- Histórica
- Científica
- Receta de cocina

Historias de genero literario
- Bélica
- Teatral
- Humor
- Misterio

Además de las tramas narrativas enunciadas por Sternberg, son los literatos y los filósofos quienes han prestado más atención a la importancia subjetiva del tiempo para comprender las experiencias personales significativas, incluso las amorosas. Para Prigogine, en el *Fin de las certidumbres*, "...la cuestión del tiempo se sitúa en la encrucijada del problema de la existencia y del conocimiento. El tiempo es la dimensión fundamental de nuestra existencia." Para Merleau-Ponty, en la *Fenomenología de la percepción*, "...todas nuestras experiencias, en cuanto que son nuestras, se disponen en un antes y un después, porque la temporalidad es la forma del sentido íntimo y el carácter más general de los hechos psíquicos" (1945, pág. 148).

Más cercano a nuestro interés desde la psicología social es el planteamiento de Bruner, J. (2004) a quien se reconoce como el primer investigador que justifica la importancia de la dimensión temporal para referirse al pensamiento narrativo, que define como la forma de organización que toma el autoconocimiento del propio tiempo vivido. Describe dos modalidades de funcionamiento cognitivo: dos modos de ordenar la experiencia y de construir la realidad que denomina como pensamiento paradigmático (lógico-científico) y pensamiento narrativo.

Una diferencia importante entre ambas modalidades radica en sus procedimientos de verificación. En los argumentos del pensamiento paradigmático se requiere de una prueba formal y empírica. En las narraciones, en cambio, no se trata de establecer la verdad sino la verosimilitud, su semejanza con la vida.

La inclusión de las historias de amor para su comprensión deriva de un pensamiento narrativo que se caracteriza porque se percibe como válido de una forma intuitiva, que está más a la vista y no tan de acuerdo con pautas lógicas y racionales. El amor es más sintético que analítico y necesitamos entenderlo como relatos de experiencias subjetivas, plenas de significado para la identidad personal.

Es más fácil la autoobservación de este relato cuando el amor se tambalea o incluso muere, especialmente en lo que se refiere a la pasión en su dimensión doble: erótica e íntima. En ese momento y también en la terapia, cuando se propone profundizar en las características de la relación, en las etapas intermedias de la misma, cuando no se sabe si continuar o terminar con la relación porque se ha llegado a un final aparentemente definitivo, es cuando las preguntas sobre las historias de amor que los definen son más significativas para el cambio.

El ejemplo que se expone a continuación puede aclarar un poco mejor el tema al cual me refiero:

Marcelo y Magdalena conforman una pareja que me consulta luego de 20 años juntos y tres hijos de 19 (hijo), 13 (hija) y 8 (hija) años de edad porque han tenido una discusión más en la que se han planteado la separación como salida o una eventual terapia como último recurso.

Ambos se desempeñan en el mundo académico universitario con bastante éxito y reconocimiento, especialmente Marcelo, que dirige un Centro de Postgrado en Relaciones Internacionales aunque Magdalena no está muy distante de su formación profesional, que ha sido postergada si se considera que ha tenido que desempeñarse como ama de casa porque el trabajo doméstico y familiar no ha estado igualmente repartido.

Desde la primera consulta, Marcelo, que acaba de cumplir 50 años, plantea que se asfixia en el matrimonio porque Magdalena funciona como una carcelera que está pendiente de todos sus movimientos. No es tan difícil entender su posición de carcelera, porque han vivido dos separaciones anteriores que han coincidido con episodios de infidelidad de Marcelo con alguna de sus estudiantes y se imagina, por lo tanto, que la amenaza de separación obedece a un episodio más de una historia conocida frente a la cual adopta una posición defensiva, que agrava el problema.

Como ninguno de los dos está dispuesto a sufrir las consecuencias de una infidelidad (supuesta), prefieren optar por la separación temporal como medida preliminar para reflexionar más a fondo sobre la relación porque han llegado a un punto en el que no se escuchan, ya que el diálogo se interrumpe pronto por las múltiples quejas que no les llevan a ninguna parte.

Magdalena llora la ausencia e insiste que ha venido para continuar la relación pero la posición de Marcelo es firme, apoyado ahora en el sistema terapéutico que hemos creado y que les sirve de sostén a ambos. Abandona el hogar, aunque sigue manteniendo una relación estrecha con sus tres hijos a los que acompaña a la escuela o éstos vienen a visitarlo a su nuevo departamento de soltero.

En sesiones sucesivas se descubre que la separación produce efectos paradójicos: Marcelo sufre de una crisis de soledad y desamparo con insomnio y angustia cada vez más recurrente. Magdalena, por su lado, recupera sus ingresos y decide presentarse a su último examen de Doctorado en su especialidad en Literatura Francesa luego de obtener un premio en la escuela de sus hijas, que le ha validado en su rol de madre eficaz y responsable del cuidado de las relaciones familiares.

Con respecto a su historia familiar, en Marcelo la indagación produce, en resumen, la siguiente información, como resultado de una visita a su madre, quien radica en una ciudad lejana. Se trata del hijo mayor que ha "huido" de la casa para dedicarse a sus estudios desde muy temprana edad, para evitar la confrontación con su padre, una figura autoritaria y patriarcal. Sus hermanas menores se han casado y viven cerca de la madre, a la que cuidan con bastante dedicación, especialmente la del medio, que no abandonó a sus padres nunca y menos desde que el padre murió de un accidente vascular. No quiso enterar a su madre de su separación actual para no preocuparla más de la cuenta, a pesar de su maltrecho estado emocional inesperado.

La historia familiar de Magdalena es casi la opuesta: proviene de una familia en la que la autoridad y el poder estaban a cargo de la madre porque su padre era bastante débil y además, alcohólico. La cuarta hija de una familia de seis en la que los hombres eran los preferidos, su presencia pasó casi desapercibida y su matrimonio fue la continuación de la escasa atención que le prestaban.

Como sucede a menudo cuando la separación marca el fin de una historia de desamor, la identificación que cada uno realiza de la historia que le corresponde no es reconocida por el otro, de tal forma que parece que habitaran en diferentes planetas. Para Marcelo, su historia es asimétrica, la del profesor-estudiante que ha intentado reproducir en la pareja con Magdalena quien representó un papel complementario hasta fechas recientes, en parte por su necesidad de obtener una validación externa de sus méritos que no le habían sido reconocido jamás en su familia de origen.

La de Magdalena es una historia de adicción y codependencia que se genera en su infancia como resultado de la cercanía y afecto que experimentó con su padre, a quien confiaba ayudar y recuperar del alcoholismo con su cariño. De alguna forma extraña, ha intuido correctamente que Marcelo la necesita más de lo que reconoce, lo que se confirma parcialmente en el primer momento de la separación, cuando se evidencia el desbalance emocional que le produce la soledad a Marcelo, muy a su pesar.

Marcelo reacciona favorablemente más adelante, porque se dedica a terminar un libro que estaba escribiendo por años y después, con motivo de un viaje a un país que les albergó como pareja cuando más jóvenes y que ahora recorre solo, se interna en la selva con la intención de vencer el miedo que le rodea ahora en la realidad. Se sorprende positivamente por la vivencia de libertad que le produce, que se repite luego cuando por razones de trabajo, debe dirigirse a un país que no conoce y donde se habla un idioma incomprensible.

Magdalena ha superado también su historia de adicción en la medida que la comprende como un resabio de su pasado familiar que no se corresponde con lo que experimenta en el presente ni tampoco con el futuro que fantasea. Le parece que la historia del amor como un jardín es la más apropiada para sus circunstancias actuales y parece compatible con la de un "viaje" que es la propuesta metafórica de Marcelo luego de terminar con la pausa de un año separados.

En esta historia, ambos se reconocen como compañeros posibles en el viaje de la vida, en el cual comparten lo que les gustaría explorar y descubrir en el futuro, mientras cambian y maduran conjuntamente por medio de un proceso que se inicia en la terapia, con preguntas y fantasías sobre "mundos posibles" en el futuro.

Aunque las historias propuestas por cada uno de ellos sean diferentes, en la evaluación de las posibilidades, ventajas e inconvenientes que realizamos juntos les parecieron compatibles y decidieron, por lo tanto, continuar juntos, luego de una serie de encuentros, no siempre afortunados. El dialogo de la terapia se encaminó a rescatarles del "reclutamiento" que las historias anteriores ejercían sobre ellos y que les hacían más difícil caminar por otros rumbos.

MAPA 3

MAPA DEL MUNDO: Me asfixia su cercanía.		mapa del mundo: Requiero de su confirmación constante.
ENEATIPO V: Mi riqueza interna se dispersa si me dedico a ella y a la familia.	DILEMA TRANSPERSONAL	ENEATIPO II: Su ausencia emocional es equivalente al abandono porque no me necesita.
CARENCIA AFECTIVA: Mi madre me abandona tempranamente para dedicarse a mis hermanas.		CARENCIA AFECTIVA: Abandono por un padre alcohólico y un exceso de hermanos de quienes ocuparse.

MAPA 4

HISTORIAS DE AMOR: Me acomodo en una historia de maestro-alumna.	ENEATIPOS/HISTORIAS DE AMOR	HISTORIAS DE AMOR: Dependo de su cariño de tal forma que mi historia es de adicción.
FRACTURA: Me incomoda que no sea autónoma y se desarrolle profesionalmente.		FRACTURA: No tolero que se separe porque lo interpreto como un nuevo abandono.

Quizá este resumen peca de esquemático aunque sirve de ejemplo práctico para dar cuenta de la utilización de las historias de amor en el curso de la terapia. En este caso, se realizaron más de veinte sesiones, varias de las cuales fueron individuales y además, se les proporcionó material escrito con el objeto de que identificaran sus respectivas "historias de amor". Los cuadros que resultaron de sus relatos se graficaron en un pizarrón para identificar las explicaciones y descripciones de cada uno y las correlaciones posibles que, en este caso, les resultaron compatibles, y que posiblemente les ayudarán para continuar transitando juntos hasta donde sea posible...

En la apretada historia de esta terapia se confirma lo que planteaba antes con respecto a la terminación del amor luego del transcurrir del tiempo (diez años en promedio, según mis fuentes y experiencias), lo cual no significa que sea imposible su continuación, siempre y cuando se tenga presente que sus protagonistas no son más los mismos sujetos del principio y que logren retomar el rumbo perdido, aunque se trate ahora de una nueva historia que los embarca en una travesía desconocida.

---

[1] El acento de Bateson en el error como parte importante de los procesos de aprendizaje y cambio es uno de sus aportes más significativos para la terapia sistémica y ha sido un ingrediente fundamental para la capacitación de nuestros alumnos en Crisol, desde su fundación, para no confundir el error con el fracaso en la terapia, lo cual predispone a un mayor aprendizaje en lugar de apatía y desmoralización. Fortes, J., y cols. (2009), *El terapeuta y sus errores,* México, Trillas.

[2] Se trata de un verdadero salto cualitativo, de un nivel al otro, cuando el análisis del amor se realiza desde una perspectiva estructural y psicosocial en la que el énfasis se dirige a reconocer una configuración particular (romántico, necio,) y cuando lo que se intenta reconocer es una trama, una historia, una narración, con sentido literario o dramático. De esta forma, el planteamiento de Sternberg (1999), *El amor es como una historia,* Barcelona, Paidós, aunque deriva de la psicología social, se puede considerar que se inscribe en el paradigma de lo narrativo.

Epílogo

La primera vez que tuve la ocasión de presentar esta modalidad aún en ciernes para la terapia de pareja, en un congreso internacional que se llevó a cabo en Guadalajara, México, en 1995, llevé conmigo intuitivamente un caleidoscopio que hice circular entre los asistentes a lo largo de la sesión plenaria. No sabía entonces que me inauguraba en el uso de uno de los principios que rigen actualmente en la terapia dialógica y que J. Shotter ha denominado "acción conjunta" para reemplazar a la escucha empática, más afín al lenguaje de los enfoques humanistas cuando describe a la comunicación como una actividad visceral que ocurre entre seres humanos que "ven y actúan tanto con el uso de las palabras como con sus ojos y sus cuerpos" (1993, p.15). El caleidoscopio que giraba en círculos en la audiencia era una invitación a participar en este diálogo en el cual los mapas que propongo para la lectura del amor y la terapia de pareja se escucharan como un modelo para armar a su propio modo.

Desde el principio me incliné por utilizar al dolor que el amor produce como un ingrediente esencial para despertar la curiosidad sistémica que se requiere para adentrarse en las profundidades de un diálogo amoroso habitualmente interrumpido o fracturado en las parejas que nos consultan, pero las palabras de E. M. Cioran, filósofo rumano-francés escritas en *Del inconveniente de haber nacido* (1990, p. 138) me alertaron para no entusiasmarme demasiado:

> ...el sufrimiento abre los ojos, ayuda a mirar cosas que de otra manera no hubiéramos percibido. Entonces sólo es útil al conocimiento y, fuera de ahí, no sirve nada más que para envenenar la existencia. Lo cual, dicho sea de paso, favorece también al conocimiento.

Con el tiempo y la lectura de la mayoría de los autores que han escrito sobre la terapia de la pareja, me fue posible encontrar una serie de coincidencias, especialmente en lo que se refiere a la comprensión de la naturaleza paradójica de la relación amorosa que se expresa como un nudo de tipo doble vincular en el cual se anudan las conductas defensivas que surgen a lo largo de la distintas experiencias de carencias afectivas que, como seres humanos, no podemos evitar y que nos dejan especialmente vulnerables en puntos específicos que el conflicto crónico se encarga de revivir. El amor entonces es una historia que gira en círculos que no podemos abandonar tan fácilmente porque nos atrapa al mismo tiempo que nos abre una ventana para trascender lo que nos ha dejado huellas a niveles tan profundos como inconscientes.

El problema surge cuando es necesario encontrar la ruta que nos lleve a puerto, es decir, a encontrar la forma de trascender aquellos dolores tempranos, ahora que somos adultos y contamos con las posibilidades de un diálogo reflexivo como recurso para crear nuevas alternativas y no quedarnos en lo que E.M. Cioran advierte:

> "Ha sufrido, así pues, ha comprendido." Es todo lo que se puede decir de una víctima de la enfermedad, de la injusticia o de cualquier variedad de infortunio. El sufrimiento no hace mejor a nadie (salvo a los que ya eran buenos), se olvida como se olvidan todas las cosas, no entra en el "patrimonio de la humanidad", ni se conserva de ninguna manera, sino que se pierde como se pierde todo. Una vez más, sólo sirve para abrir los ojos.

El tercer mapa propuesto, en el cual se grafican las estrategias defensivas y los puntos de vulnerabilidad con los cuales se conectan de tal manera que se entrecruzan, porque justamente lo que intentamos a nivel de conductas, le hiere al otro en lo que es más vulnerable, representa este lugar de coincidencia con Elkaim, Caillee, Scheikman y seguramente muchos más de los que hemos sufrido y así pues, hemos comprendido.

Más adelante, se plantean caminos posibles para que el amor nos lleve más allá del sufrimiento y me refiero a las posibilidades que surgen de la incorporación del eneagrama y de las historias de amor para el diálogo terapéutico, es decir del cuarto mapa de la travesía.

Sin embargo, lo que no se ha planteado muy explícitamente aunque se insinúe es el pasaje casi imperceptible, no sólo de niveles, de menor a mayor complejidad en el uso del modelo, sino del cambio virtual de paradigma hacia el empleo del lenguaje en interés de las relaciones para aproximarse a lo que Bahktin (1981) llama "dialogismo".

"Las ciencias exactas se basan en una forma monológica del conocimiento: el intelecto contempla una cosa y habla de ella... Pero el sujeto como tal no puede ser percibido o estudiado como si fuera una cosa, ya que no puede ser un sujeto a menos que tenga voz; consecuentemente, no hay conocimiento del sujeto que no sea dialógico." (en L. Hoffman(2002), *Family Therapy, an intimate history*, p.161).

Con el ejemplo de una pareja que me consulta recientemente se puede intuir a lo que me refiero:

Ambos se encuentran cerca de los cincuenta años, tienen tres hijos ya adultos aunque la menor, de 19 años, vive con ellos. Para Juan, quien ha solicitado esta consulta, el problema consiste en el desagrado que le causa las múltiples operaciones de cirugía plástica que su esposa ha tenido, que, en sus palabras, son una forma de adicción que le enoja enormemente. Para Emilia, es un derecho que ejerce sobre su cuerpo que es equivalente al que Juan ha ejercido anteriormente y que incluye infidelidades.

En la historia de la pareja, lo que sobresale es su comienzo, en la adolescencia de ambos, que los llevó a casarse cuando Emilia tenía 15 años y un embarazo precoz de su hija mayor que actualmente tiene 35 años.

En esta primera sesión en la que se incluye el cuerpo de ella, que Juan describe como "erotizado y expuesto a la lascivia de los hombres" se descubre en el diálogo una voz de Emilia que proviene de su adolescencia, en la cual no tuvo ocasión de apreciar su belleza, en la medida de la transformación derivada de su embarazo temprano. Con frases llenas de ternura, da cuenta de lo feliz que se ha sentido, por medio de las operaciones, de no tener un cuerpo obeso y deformado por los embarazos, para experimentar, a partir de los cuarenta años, una segunda adolescencia que había perdido y que no había recuperado más que parcialmente, a través de sus hijas.

El diálogo al cual me refiero está muy atento a la emoción, al cuerpo y a las pequeñas desgarraduras que apuntan hacia aperturas que no habían tenido la oportunidad de expresarse abiertamente y que lo hacen en un espacio más protegido como el terapéutico, si es que se consigue crear una base segura para explorar lo que no se ha dicho, ni siquiera a uno mismo.

K. Gergen (1999) describe el uso de este lenguaje de la siguiente manera: "Si lo que queremos es el cambio, debemos enfrentar el reto que representa generar nuevos significados, transformarnos en activistas poéticos" (en L. Hoffman, *Family Therapy*, p.159).

No se trata entonces de que el dialogo terapéutico sea poético pero que tenga el sesgo de "poiesis", es decir, que se desdoble sobre sí mismo a medida que interactuamos como sujetos provistos no sólo de técnica sino de lenguaje.

Aún así, no está por demás finalizar con lo que dice un poeta en serio sobre el asunto, aunque no haya sido muy afortunado en el amor.

Dice F. Pessoa (2000), *Drama en gente*, Fondo Cultura Económica, p.131:

> Lo que vemos de las cosas son las cosas
> ¿Por qué habríamos de ver algo si fuera otra?
> ¿Por qué es que ver y oír sería ilusionarnos
> si ver y oír son sólo ver y oír?
>
> Lo esencial es saber ver,
> saber ver sin estar pensando
> saber ver cuando se ve
> y no pensar cuando se ve
> ni ver cuando se piensa
>
> Pero eso (¡tristes de nosotros que traemos el alma vestida!)
> eso exige un estudio profundo
> un aprendizaje de desaprender
> y un secuestro en la libertad de aquel convento
> del que los poetas dicen que las estrellas son las monjas eternas
> y las flores las penitentes convencidas de un solo día
> pero donde finalmente las estrellas no son sino estrellas
> ni las flores sino flores
> Y es por eso que les llamamos estrellas y flores.

Bibliografía

Abrahm, Spring, J. (1996). *After the Affair; Healing the Pain and Rebuilding Trust When a Partner Has Been Unfaithful.* Nueva York: Harper Collins.

Ahrons, C.R. (1994). *The good divorce: Keeping your Family Together When your Marriage Comes Appart.* Nueva York: Harper Collins

Andersen, T. (1991), *El equipo reflexivo.* Barcelona: Gedisa.

Anderson, H. y Goolishian, H. (1998). Human Systems as Linguistic Systems. *Family Process,* 27, 371-393.

Andolfi, M. y Angelo, C. (1989). *Tiempo y mito en la psicoterapia familiar.* Buenos Aires: Paidós.

Asen, E. y Jones, E. (2000). *Systemic Couple Therapy and Depression.* Londres: Karnac.

Bajtin, M. (1990). *Estética de la creación verbal.* México: Siglo XXI.

Bahkin, M. (1981). *The Dialogic Imagination.* Austin: University of Texas Press.

Bateson, G. (1972). *Steps to Ecology of Mind.* Nueva York: Ballatine. En español: (1998). *Pasos hacia una ecología de la mente.* Buenos Aires: Lumen.

_____, (1979). *Mind and Nature: A Necessary Unity.* Nueva York: E. P: Dutton. En español: (1982). *Espíritu y naturaleza.* Buenos Aires: Amorrortu.

Bateson, G., Jackson, D., Haley, J., Weakland, J. (1956). Toward a Theory of Schizophrenia. *Behavioral Science.* Vol. No. 4.

Bertalanfy, L. (1968). *Teoría general de los sistemas,* México: Fondo de Cultura Económica.

Barthes, R. (1982). *Fragmentos de un discurso amoroso.* México: Fondo de Cultura Económica.

Bentovim, A. (1979). Theories of Family Interaction and Techniques of Iterventions. *Journal of Family Therapy, I,* 321-345.

Bergl, I.K. (1994). *Family-Based Services: A Solution-Focused Approach,* Nueva York: Norton.

Berger, P. y Luckman, T. (1966). *The Social Construction of Reality.* Nueva York: Doubleday.

Bernales, S. (2006), "Fundamentos de la vida en pareja". En A. Roizblat. Cap 35, *Terapia familiar y de pareja.* Santiago de Chile: Editorial Mediterráneo.

Berne, E. (1966). *Juegos en que participamos*. México: Diana.

Biscotti, O. (2006). *Terapia de pareja. Una mirada sistémica*. Buenos Aires: Lumen.

Boscolo, L., y Bertrando, P. (2001). *Terapia sistémica individual*. Buenos Aires: Amorrortu.

Boscolo, L. Ceccin G., Hoffman L., y Penn P. (1987). *Milan Systemic Family Therapy*. Nueva York: Basic Books. En español: (1987). *Terapia sistémica de Milán*. Buenos Aires: Amorrortu.

Boszormenyl, Nagy, I. y Sparks, G. (1973), *Invisible Loyalties*. Nueva York: Harper and Row.

Bowen, M. (1978). *Family Therapy in Clinical Practice*. Nueva York: Aronson.

Bowlby, J. (1969). *Attachment and Loss*: Vol. I: *Attachment*. Nueva York: Basic Books.

_____, (1969). *Attachment and Loss*: Vol. III: *Loss*. Nueva York: Basic Books.

Brown, G. y Harris, T. (1978). *The Social Origins of Depression: A Study of Psychiatric Disorder in Women*. Londres: Tavistock.

Bruner, J. (1986). *Actual Minds, Posible Worlds*. Cambridge; MA: Harvard University Press. En español: Bruner, J. (2004). *Realidad mental y mundos posibles*. Barcelona: Gedisa.

Byng-Hall, J. (1995). *Rewriting Family Scripts*. Nueva York; Guilford.

Campbell, D., Draper, R. R. y Huffington, C. (1992). *Second Thoughts on the Theory and Practice of the Milan Approach to Family Therapy*. Londres: Karnac.

Carpenter, J. y Treacher, A. (1993). *Problemas y soluciones en terapia familiar y de pareja*. Barcelona: Paidós.

Caillé P. (1992). *Uno más uno son tres*. Madrid: Paidós.

Caruso (1969). *La separación de los amantes*. México: Siglo XXI.

Cecchin, G. (1987). Nueva visita a la hipotetización, la circularidad y la neutralidad: Una invitación a la curiosidad, *Family process*, Vol. 26, núm. 4, diciembre, pp. 405-413. En español: (1989). *Sistemas familiares*. Año 5, abril, pp. 9-16.

Ceccin, G. y Lane, C. (1991). *Irreverence: A Strategy for Therapist Survival*. Londres: Karnac.

Cirilo, S., Selvini, M. y Torrentino, A. (1988). *Los juegos psicóticos de la familia*. Barcelona: Paidós.

Corsi, J. (1995). *Violencia Masculina en la pareja*, Buenos Aires: Paidós.

Dallos, R. y Vetere A. (2009). *Systemic Therapy and Attachment Narratives*. Nueva York: Routledge.

Dallos, S. y Dallos, R. (1997). *Couples, Sex and Power. The Politics of Desire*. UK: Open University Press.

De la Peza, C. (2001). *El bolero y la educación sentimental* en México, México: UAM-Xochimilco.

Dell P.F. (1982). Beyond Homeostasis: Toward a Concept of Coherence. *Family Process*, Vol. 21 No. 1 March, 1982.

De Saussure, F. (1983). *Course in General Linguistics*. (Roy Harris, Trans). Londres: Duckworth. En español: (1986). *Curso de lingüística general*. México: Fontamara.

De Shazer S. (1985). *Keys to solutions in brief therapy*. Nueva York: Norton.

Díaz-Loving. (2002). *Psicología del amor*. México Facultad de Psicología UNAM.

Dicks, H. (1967). *Marital Tensions*. Nueva York: Basic Books.

Doherty, W.J. y Simmons, D.S. (1996). Clinical Practice Patterns of Marriage and Family Therapist: A National Survey of Therapists and Their Clients. *Journal of Marital and Family Therapy*. 22: 9-25.

Eagly, A (2004). *The Psychology of Gender*, Nueva York: Guildford.

Eguiluz, L. (2007). *Entendiendo a la pareja*. México: Pax.

_____, (2007). *El baile de la pareja*. México: Pax.

Elkman, P (2003). *Emotions Revealed*. Nueva York: Holt.

Elkaim, M. (1985). From General Laws to Singularities. *Family Process*. 24. pp 151-164.

_____, (1990). *Si me amas, no me ames*. Buenos Aires: Gedisa.

_____, (1994). *La terapia familiar en transformación*. Barcelona: Paidós.

Emery, R. Addressing Separation and Divorce During and After Couple Therapy, Capítulo 19, en *Clinical handbook of Couple Therapy*, ed. por Gurman, A. (3ª ed.) (2002). Nueva York: Guildford.

Engels, F. (1884). *El origen de la familia, la familia, la propiedad privada y el estado*.

Eynsenk, H.J. (1963). *Eynsenk Personality Inventory*. Londres: University of London Press.

Falicov, C. (comp.) (1991). *Transiciones de la familia*. Buenos Aires: Amorrortu.

_____, (1998). *Latino Families in Therapy*. Nueva York: Guilford.

Foerster, H. (1981). "Construyendo una realidad". En P. Watzlawick (Ed.). *La realidad inventada*. Barcelona: Gedisa.

Foucault, M. (1963). *El nacimiento de la clínica, una arqueología de la mirada médica.* México: Siglo XXI. 1987.

_____, (1994). *Herramientas del sujeto.* Madrid: Ediciones de Piqueta.

_____, (1988). *Tecnologías del yo y otros textos afines.* Barcelona: Paidós.

Framo, J.L. (1981). The Integration of Marital Therapy With Sessons With Family of Origin. En A.S. Gurman y D.P. Knisken (Ed.), *Handbook of Family Therapy.* Nueva York: Brunner/Mazel.

Freedman, J. y Combs, G. (1996). *Narrative Therapies.* Nueva York: Norton.

Freud, S. *Obras completas. Tomo 2* Duelo y melancolía (pp. 2291-2100). Madrid: Biblioteca Nueva, Tercera Edición.

Friedman, S. (2005). *Terapia familiar con equipo de reflexión.* Buenos Aires: Amorrortu.

Fromm, E. (1956). *El arte de amar.* Barcelona: Paidós.

Fortes, J. (2009). *El terapeuta y sus errores.* México: Trillas.

Gergen, K. (1991b). *El yo saturado.* Barcelona: Paidós.

_____, (1994). *Realities and Relationships.* Cambridge, MA: Harvard University Press.

_____, K. (2006). *Construir la realidad.* Barcelona: Paidós.

Glass, S.P. (2002). "Couple Therapy After the Trauma of Infidelity". En. A. S. Gurman y N.S. Jacobson (Eds.), *Clinical Handbook of Couple Therapy* (3rd Ed.) pp. 488-507). Nueva York: Guilford.

Glasersfeld, E. (1981). "Introducción al constructivismo radical". En P. Watzlawick, *En La realidad inventada.* Barcelona: Gedisa, 1988.

_____, (1981). Aspectos del constructivismo radical. En M. Pakman (1996). (Comp) *Construcciones de la experiencia humana.* Barcelona. Gedisa.

Goldner, V. (1998): The Treatment of Violence and Victimization in Intimitate Relationships. *Family Process,* 37, 263-286.

Goldner, V., Penn, P. Sheinberg, M. y Walker, G. (1990). Love and Violence: Gender Paradoxes in Volatile Relationships. *Family Process,* 29, 343-364.

Gottman, J.M. (1994a). *What Predicts Divorce?* Hilsdale, NJ: Erlbaum.

_____, (1994b). *Why Marriages Succeed or Fail.* Nueva York: Simon y Schuster.

_____, (1995). Por qué fracasan los matrimonios. *Sistemas Familiares,* año 11, núm. 1.

_____, (1999). *The Marriage Clinic: A Scientifically Based Marital Therapy.* Nueva York: Norton.

Gottman, J.M. y Notarius, C.I. (2002). Marital Research in the 20th Century and a Research Agenda for the 21st Century. *Family Process,* 41, 159-197.

Gracia Fuster, E. (2000). *Psicología social de la familia*. Barcelona: Paidós.

Griffith, J. y Griffith, M. (1994). *The Body Speaks* Nueva York, p 79. En español: *El cuerpo habla*. Buenos Aires: Amorrortu.

Gurman, A., Fraenkel, P. (2002). The History of Couple Therapy, a Millennial Review. *Family Process,* 41, 199-260.

Gurman, A., Jacobson, N. (2002). *Clinical Handbook of Couple Therapy.* 3ª Ed. Nueva York: Guildford.

Gurman, A. (2008). *Clinical Handbook of Couple Therapy*. 4ª ed. Nueva York: Guildford.

Gurman A.S. y Fraenkel, P. (2002): The History of Couple Therapy: A Milennial Review. *Family Process,* 41, 199-260.

Haley, J. (1976). *Problem-Solving Therapy.* San Francisco: Jossey-Bass. En español: (1979). *Terapia para resolver problemas*. Buenos Aires: Amorrortu.

Hoffman, L. (1981). *Exchanging Voices*. Londres: Karnac Books.

Hoffman, L. (1993). *Fundamentos de terapia familiar.* México: Fondo de Cultura Económica.

Imber-Black, E., Roberts, J. y Whiting, R. (1988). *Rituals in Families and Family Therapy*. Nueva York: Norton. En español: (1990). *Rituales terapéuticos y ritos en la familia*. Barcelona: Gedisa.

Jackson, D.D. (1965a). Family Rules: The Marital Quid Pro Quo. *Archives of General Psychiatry*, 4, 589-594.

Jacobson, N.S. y Gurman, J. (1998). *When Men Batter Women: New Insights Into Ending Abusive Relationships*. Nueva York: Simon y Schuster.

Johnson, S.M. y Whiffen, V. (Eds.) (2003). *Attachment Process in Couples and Families*. Nueva York: Guilford.

_____, Cap. 4 Emotionally Focused Couple Therapy: Creating Secure Connections. En Gurman, J. 2008). *Clinical Hand Book of Couple Therapy*. Nueva York: Guilford.

Keeney, B. (1983). *The Aesthetic of Change.* Nueva York: Guilford. En español: (1987). *Estética del cambio*. Buenos Aires: Paidós.

_____, (1986). *The Therapeutic Voice of Olga Silverstein*. Nueva York: Guilford.

Keim, J. y Lappin, J. (2002). Structural Strategic Marital Therapy. En Gurman A., Jacobson, N. (eds.) *Clinical handbook of Couple Therapy.* Nueva York: Guildford.

Laing, R., Phillipson, H., y Lee, A.R. (1978). *Percepción interpersonal*. Buenos Aires: Amorrortu.

Lebow, J. (1997). The Integrative Revolution in Couple and Family Therapy. *Family Process*. 36, 1-7.

Lederer, W y Jackson, D.D. (1968). *The Mirages of the Marriage.* Nueva York: Norton.

Linares, J.L., *Identidad y narrativa; la terapia familiar en la práctica clínica.* Barcelona: Paidós, 1996.

Lusterman, D.D. (1998). *Infidelity: A survival Guide.* Oakland, CA: New Harbinger.

Luhmann, N. (1985).*El amor como pasión.*Barcelona: Península.

Martin, P.A. (1976). *A Couple Therapy Manual.* Nueva York: Brunner/Mazel. En español (1979): *Manual de Terapia de pareja,* Buenos Aires: Amorrortu.

Maturana, H., Varela, F.J. (1980). *Autopoiesis and Cognition.* Boston: Reidel.

McGoldrick, M. (1998). *Re-Visionning Family Therapy: Race, culture and gender in clinical practice.* Nueva York. Guilford.

McNamee, S. y Gergen, K. (1996). *La terapia como construcción social.* Barcelona: Paidós.

Mead, M. (1970).*Culture and Commitment.* Nueva York: The natural History Press.

Minuchin, S. (1979). *Familias y terapia familiar.* Barcelona: Gedisa.

Minuchin, S. y Fishman (1989). *Técnicas de terapia familiar.* Barcelona: Paiós.

Morin, E. (1994). *Introducción al pensamiento complejo.* Barcelona: Gedisa,

Naranjo, Claudio (1994). *Carácter y neurosis.* España: Llaves.

Neubarger, R. (1998), *Nuevas parejas.* Buenos Aires: Paidós.

Onnis, L. (1990). *Terapia familiar y los trastornos psicomáticos.* Barcelona: Paidós.

Pakman, M. (1997). *Construcciones de la Experiencia humana.* Barcelona, Gedisa.

_____, (2000). Designing Constructive Therapies in Mental Health. *Family Process,* 27, 83-94.

Papp, P. (1983). *The Process of Change.* Nueva York: Guilford. En español: (1988). *El proceso del cambio.* Buenos Aires: Paidós.

_____, ed. (2000). *Couples on the Fault Line. New Directions for Therapists.* Nueva York; Guilford.

Paz, O. (1993). *La llama doble: amor y erotismo.* Barcelona: Seix Barral.

Perls, F., Hefferline, R., y Goodman, P. (1951). *Gestalt Therapy.* Nueva York: Dell.

Pearce, W.B. y Cronen, V.E. (1980). *Communication, Action and Meaning. The Creation of Social Realities.* Nueva York; Praeger.

Penn, P. (1985), Feed Forward: Future Question, Future Maps. *Family Process,* 40, 33-52.

Pinsof, W.M. (2002). The Death of 'Til Death Do Us Part: The Twentieth Century's Revelation of the Limits of Human Pair-Bonding. *Family Process, 41*, 133-157.

Pittman (1989). *Private Lies, Infidelity and the Betrayal of Intimacy*, Nueva York Norton.

Satir, Virgina;(1967). *Conjoint Family Therapy.* Palo Alto, Cal: Science and Behavior Books.

Sager, C.I. (1976). *Marriage Contracts and Couple Therapy. Hidden Forces in Intimate Relationships.* Nueva York: Brunner/Mazel. En español: *Contrato matrimonial y terapia de pareja.* Buenos Aires: Amorrortu.

Scheinkman, M. (2005), Beyond the Trauma of Betrayal: Reconsidering Affairs in Couples Therapy*: Family Process, 44*, 227-244.

_____, (2008). The Multi-Level Approach: Road Map for Couples Therapy. *Family Process* Vol. 47 No. 2 June.

Schnarch, D. (1997). *Passionate Marriage: Love, Sex and Intimacy in Emotionally Committed Relationships.* Nueva York: Holt.

Scott, R.D. (1980). A Family Oriented Service to the Londres Borough of Barnet. *Health Trends,* 12, 65-68.

Selvini Palazzoli, M. (1990). *Los juegos psicóticos en la familia.* Barcelona: Paidós.

Selvini, Mara, Boscolo, I., Ceccin, G. y Prata, G. (1986). *Paradoja y contraparadoja.* Barcelona: Paidós.

Shapiro, F. (1995). *Eye Movement Desensitization and Reprocessing, Basic Principles, Protocols, and Procedures.* Nueva York, Guilford. En español: EDMR, México: Pax, 2004.

Simon, F., Stierlin, H. y Wynne, L. (1997). *Vocabulario de terapia familiar.* Barcelona: Gedisa.

Skynner, A.C. R. (1976), *Sytems of Family and Couple Psychotherapy.* Nueva York: Brunner/Mazel.

Sluski, C. (1987). Cibernética y terapia familiar; un mapa mínimo. *Sistemas familiares,* pp. 65-69, agosto,1987.

_____, (1992). Trasformaciones: un esquema para los cambios narrativos en la terapia. *Sistemas Familiares.* Vol.14, 2, Julio 1998. Traducción al español de artículo publicado en *Family Process.N:* 3: pp 217-230, 1992.

Sternberg, R.J. (1998). *Love is a Story: A New Theory of Relationships.* Nueva York: Oxford University Press.

Teran. L.M., Butterweiser, P., Ferguson, L. W., Johnson, W. B. y Wilson, D. P. (1938). *Psychological Marital Happiness.* Stanford University Press.

Terman, L.M. (1938), *Psychological Factors in Marital Hapiness.* Stanford CA: Stanford University Press.

Tzeng, O.C.S. (1962). *Theories of Love Development: Maintenance and Dissolution: Octagonal Cycle and Differential Perspectives.* Nueva York: Praeger.

Van Gennep (1986). *Los ritos de paso.* Madrid: Taurus.

Varela, F.J. (1996). *Ética y acción.* Santiago de Chile: Dolmen.

Vicencio, J. (1992). La terapia de pareja sistémica. Cómo me duele quererte. *Psiquiatría.*

_____, (1997). Divorcio y terapia de pareja. *Psicología iberoamericana,* Vol. 5 Nº 3.

_____, (2004). Érase una vez una hipótesis. *De familias y terapia. Revista del Instituto Chileno de Terapia Familiar.* Año 12 No. 19 diciembre.

Vygotsky, L. (1988). *Pensamiento y lenguaje.* México: Quinto Sol.

Wallerstein, J.S. y Blackeslee. S. (1989). *Second Chances.* Nueva York: Ticknor y Fields.

Walsh, F. Jacob L y Simon, V. (1995). *Facilitating Healthy Divorce Processes. Therapy and Mediation Approaches.* En N. S. Jacobson y A. S. Gurman (Eds.), *Clinical Handbook of Marital Therapy.* New. York: Guilford.

Walsh, F. (2003). *Normal Family Processes* (3th. Ed.). Nueva York: Guilford.

Walters, M., Carter, B., Papp, P. y Silverstein, O. (1988). *The Invisible Web: Gender Patterns in Family Relationships.* Nueva York: Guilford.

Watzlawick, O. (1988). *La realidad inventada.* Barcelona: Gedisa.

Watzlawick, P. (1989). *Cambio.* Barcelona: Herder.

White, M. (2007). *Maps of Narrative Therapy.* Nueva York: Norton.

White, M. y Epston, D. (1990). *Medios narrativos para fines terapéuticos.* España: Paidós.

_____, (1993). *Guías para una terapia familiar sistémica.* Barcelona: Gedisa.

_____, (2000). *Reflections on Narrative Means in Therapeutic Ends:* Nueva York: Norton.

Whitehead, A. y B. Russell (1913). *Principia matemática,* Cambridge. Cambridge University Press, en español (1981). *Principia matemática.* Madrid: Paraninfo.

Wiener, N. (1948). En español: *Cibernética.* Madrid: Guadiana, 1971.

Wittgenstein, L. (1953). *Philosophical Investigations.* Nueva York: Macmillan.

Willi, J. (1985). *La pareja humana y la relación del conflicto.* Madrid: Mórata.

Whitaker, C. (1985). Meditaciones nocturnas de un terapeuta. Paidós: Barcelona.

Acerca del autor

Javier Vicencio es director general de *Crisol*, Centro de Postgrado en Terapia Familiar en México. Es profesor de postgrado en terapia familiar de varias universidades en el país y ha participado como invitado en congresos nacionales e internacionales.

Se especializó en psiquiatría y psicoterapia en Londres y desde su llegada a México en 1979 se ha dedicado a la docencia e investigación en terapia familiar y de pareja.

Es autor de múltiples artículos y capítulos de libros sobre terapia familiar, de pareja y de investigación psicosocial.

Esta obra se terminó de imprimir
en septiembre de 2018, en los Talleres de

IREMA, S.A. de C.V.
Oculistas No. 43, Col. Sifón
09400, Iztapalapa, D.F.